Peter Nitschke

W0059154

Formate der Globalisierung

Über die Gleichzeitigkeit des Ungleichen

2., aktualisierte und erweiterte Ausgabe

PETER LANG
EDITION

Bibliografische Information der Deutschen Nationalbibliothek
Die Deutsche Nationalbibliothek verzeichnet diese Publikation
in der Deutschen Nationalbibliografie; detaillierte bibliografische
Daten sind im Internet über http://dnb.d-nb.de abrufbar.

Gedruckt auf alterungsbeständigem,
säurefreiem Papier.

ISSN 1867-609X
ISBN 978-3-631-64749-3 (Print)
E-ISBN 978-3-653-03507-0 (E-Book)
DOI 10.3726/978-3-653-03507-0

© Peter Lang GmbH
Internationaler Verlag der Wissenschaften
Frankfurt am Main 2012
2., aktualisierte und erweiterte Ausgabe 2014
Alle Rechte vorbehalten.
Peter Lang Edition ist ein Imprint der Peter Lang GmbH.
Peter Lang – Frankfurt am Main · Bern · Bruxelles · New York ·
Oxford · Warszawa · Wien

Das Werk einschließlich aller seiner Teile ist urheberrechtlich
geschützt. Jede Verwertung außerhalb der engen Grenzen des
Urheberrechtsgesetzes ist ohne Zustimmung des Verlages
unzulässig und strafbar. Das gilt insbesondere für
Vervielfältigungen, Übersetzungen, Mikroverfilmungen und die
Einspeicherung und Verarbeitung in elektronischen Systemen.

Dieses Buch erscheint in der Peter Lang Edition
und wurde vor Erscheinen peer reviewed.

www.peterlang.com

Für Netti

Inhaltsverzeichnis

Vorwort

Die Vorgänge in der Gegenwart lassen sich kennzeichnen durch „eine noch nie dagewesene Periode industrieller Aktivität [...], eine Orgie der Börsenspekulation, Finanzschwindel, Abenteurertum der Aktienkompanien". So urteilte Karl Marx 1871.[1] Wenn wir heute Erscheinungsformen dieser Art der *Globalisierung* zurechnen, dann sieht man, dass sich bestimmte Dinge nicht geändert, wohl aber in ihrem Ausmaß verdichtet und dramatisch verschärft haben. Die Globalisierung als Phänomen ist in diesem Sinne nicht so neu, wie viele Interpreten meinen, neu sind allerdings die Zuschreibungsmuster und das Begreifen ihrer Zusammenhänge für die tägliche Existenz eines jeden Einzelnen. Davon handeln die folgenden Überlegungen und Ausführungen. Nun ist auch über diesen systemischen Aspekt der Globalisierung bereits viel geschrieben worden, insofern muss man schon begründen, warum man der guten und auch oft weniger guten Literatur zur Globalisierung noch eine weitere Darstellung hinzu legen will. Zum einen hat dies mit einem methodologischen Defizit der deutschen Politikwissenschaft zu tun, zum anderen mit einem inhaltlichen Aspekt der Globalisierung.

Die Politikwissenschaft in Deutschland beschäftigt sich im Bereich der Internationalen Beziehungen bzw. der Internationalen Politik mit vielen wichtigen Steuerungs- und Sachfragen, doch wird dies zumeist in Form von Modellen und theoretischen Grundsatzerörterungen vorgenommen. Die *Global-Governance-Debatte* liefert hierfür ein denkwürdiges Format, das aufgrund ihrer idealisierenden Komponenten und modellhaften Verkürzungen von *Realität* mit den Erscheinungsformen und Effekten in der globalen Existenzform von Staaten, Gesellschaften und Menschen als Bürgern wenig zu tun hat. Die folgende Argumentation und Beweisführung geht daher auch nicht von dem *einen* Interpretationsmodell für Globalisierung aus, sie hat, das sei hier ausdrücklich eingestanden, noch nicht einmal eine richtige Theorie dafür, jedenfalls keine der gängigen aus den Internationalen Beziehungen.

Stattdessen wird hier unter dem Paradigma einer eher postmodernen Dialektik der Dekonstruktion und Rekonstruktion eine ausgesprochen

---

1   Marx (1871): 594/595.

skeptische Beweisführung gesucht: skeptisch gegenüber den eigenen Leitlinien der Politikwissenschaft, skeptisch gegenüber den verordneten Selbstilluminationen des westlichen Okzidentalismus. Das bedeutet, Interpretamente spielen eine Rolle, die ansonsten eher in diesem Zusammenhang vernachlässigt werden. Zum Beispiel die Berücksichtigung von Fakten, die verstörende Dinge anzeigen, die man nicht aufnehmen möchte, weil sie mit dem Modell bzw. der (richtigen) Theorie nicht zusammen passen. Ausdrücklich wird im Folgenden die Herstellung von Zusammenhängen gesucht, die ansonsten (als Fakten) eher disparat erscheinen. Daher auch das gewählte Leitbild für den Inhalt dieser Untersuchung. Keineswegs wird hier der Anspruch erhoben, *die* Globalisierung vollständig erklären zu können. Mit der Chiffre *Formate der Globalisierung* geht es zunächst um das Verorten von bestimmten Effekten, die je nach Interpretationslage von Modellanalysen und theoretischen (Vor-)Urteilen des szientistischen Mainstreams von Ökonomen, Soziologen, Politikwissenschaftlern, Historikern etc. die Globalisierung erklären können sollen. Je mehr man aber die vorherrschenden Theorien zur Globalisierung systematisch betrachtet, wird die Uneinheitlichkeit bzw. Differenz in den analytischen Aussagen, den hermeneutischen Prämissen der jeweiligen Fachdisziplinen (und sogar in den einzelnen Disziplinen) selbst umso deutlicher. Die *Formate* zeigen also sowohl die Strukturen und Prozesse der Globalisierung an, als auch deren Dekonstruktion bzw. systemische Widersprüchlichkeit. Die Globalisierung erscheint einerseits zwar als große Erzählung, als das wahrhaft universale neue Narrativ, was alle postmodernen Dekonstruktionen zu widerlegen scheint, andererseits erweist sich aber gerade die Wissenschaft als nicht wirklich fähig dazu, diese neue große Geschichte von dem Leben der Menschen in einem Welt-Sinnzusammenhang tatsächlich zu beschreiben und sachlogisch zu bearbeiten. Die praktische Politik läuft ihr in diesem Unverständnis geradezu hinterher, von einem Missverstehen zum Nächsten, insofern sind die Krisen dieser Tage nicht zufällig systemische Krisen der zeitgenössischen Politik in einem Weltzusammenhang, den wir mit dem Begriff der *Globalisierung* wahrscheinlich weiterhin erst noch nur recht unvollständig etikettieren.

Die Unvollständigkeit im Begreifen resultiert vor allem auch daher, dass die Dinge, so wie sie passieren, a) mit einer ungemeinen Dynamik die Lebenswelten von Menschen und ihren Gesellschaften, Staaten, Kulturen durchfluten, b) oft in ihren faktischen Ausdrucksformen so disparat erscheinen, dass die Sinnzusammenhänge schwer zu verorten sind. Die meisten Theorien arbeiten schließlich mit einem Alleinvertretungsanspruch auf die Interpretation der Daten, demgegenüber Fakten, die damit konkurrieren, ausgeschlossen werden, d.h. *sachlogisch* bestritten, da ein Sinnzusammenhang nicht gesehen wird (oder werden darf).

Da viele Erscheinungsformen in der Globalisierung nicht nur disparat, sondern geradezu konträr ablaufen, ist der heuristische Ansatz der folgenden Beweisführungen von dem Effekt der *Gleichzeitigkeit des Ungleichen* ausgehend. Oder besser: Die *ungleiche Gleichzeitigkeit* der Dinge, *wie* sie passieren. Das führt auch zu einer speziellen Methodik in der Darstellung der Phänomene und der Analyse. Zwar kommen theoretische Interpretamente natürlich zu Wort, ohne Axiomata und weitere Schlussfolgerungen geht es nicht, jedoch wird das Augenmerk zentral auf die Erscheinungsformen selbst gerichtet, also den Dingen, die da in der globalen Konstellation *passieren*. In gewisser Hinsicht also eine sehr empirische Beweisführung, die (notwendigerweise) bei einem globalen Sinnzusammenhang mit strukturellen Daten argumentiert. Da man aber nie sicher sein kann, ob die angenommen *Struktur* tatsächlich zu den gewählten Aussageformen passt, sind permanent konkrete Beispiele zur Anschauung hinzu gezogen worden. Das Allgemeine muss sich am Konkreten in seiner Signifikanz erweisen. Mitunter mag das konkrete Beispiel auch nur einen vorläufigen Hinweis geben auf eine allgemeine Charakteristik in der globalen Erscheinungsform. Die gewählten Beispiele liefern skeptisch betrachtet (also vorsichtig formuliert) nur anschauliches Material für Vermutungen, dass es *so* grundsätzlich *ist*. Immerhin aber gibt es diese *Beispiele*. Und da es sie gibt, muss man sich fragen, was sie bedeuten. Die ausgewählten Beispiele sind gemäß dem hobbesschen Nominalismus Merkzeichen für Etwas, was in der Welt passiert. Die Beschäftigung des Verfassers mit diesen Merkzeichen geht auf eine Betrachtung dieser Phänomene zurück, die mittlerweile seit mehr als fünfzehn Jahren andauert. Im Wesentlichen wurde das Staunen über die Vorgänge der Globalisierung gestärkt und geschärft durch die Beobachtungen und Kommentare, die Thomas L. Friedman in seiner preisgekrönten Abhandlung hierzu Ende der 1990er Jahre quasi nebenbei notiert hat.[2] Seitdem hat der Verfasser permanent Daten und Interpretamente zu diesen Phänomen gesammelt. *Formate der Globalisierung* ist daher auch das Anzeigen von solchen (möglichen) Merksätzen zur Globalisierung, die aber längst noch kein umfassendes Lagebild ergeben, sondern eben nur bestimmte strukturelle Punkte für die Analyse. Aus dem vorhandenen Daten- und Interpretationsmaterial sind die hier angezeigten 14 Kapitel selbst auch nur Ausschnitte, eben Merkzeichen, von denen der Verfasser annimmt, dass sie nicht unwesentlich zum Verständnis der globalisierten Welt beitragen. Viele Effekte werden in der Presse bzw. den neuen Internetmedien ebenfalls systematisch beobachtet und kommentiert, daher ist der Zugriff auf die Daten und Interpretamente von diesen Medien in der Begleitfunktion mit grundiert worden. Die Zeitzeugenschaft für die Analyse hängt in hohem Maße von diesen Medien ab, von der Art und Weise, a) welche Informationen sie vermitteln, b) auf welche Weise dies geschieht. Über die Jahre hinweg wurden hier ganz unterschiedliche Tageszeitungen, Fachjournale, wissenschaftliche Publikationen benutzt, ausgehend von der Arbeitshypothese, dass für die analytische Funktion alle Interpretamente zunächst einmal gleich gut oder gleich schlecht sind – und somit die Frage der Quelle für die analytische Dezision notwendigerweise einer Willkür unterliegt, sogar unterliegen muss vor dem Hintergrund der Unendlichkeit der Daten und der Varianten zu deren Interpretation.

Herausgekommen ist dabei so etwas wie eine Beschreibung der Globalisierung im Stadium ihrer Verdichtung – nämlich der letzten zehn bis zwölf Jahre. Der Verfasser hat in diesem Zeitraum in regelmäßigen Abständen Vorlesungen und Seminare zur Globalisierung im Allgemeinen und bestimmten Themen im Besonderen abgehalten, um diverse Inhalte und Theoreme überprüfen und spezifizieren zu können. Natürlich ist dies kein abgeschlossener Prozess. Wenn im Folgenden oft auf Ereignisse des Jahres 2011 verwiesen wird, dann deshalb, weil dieses Jahr in mehrfacher Hinsicht eine ganz bemerkenswerte Verdichtung verschie-

---

2   Vgl. Friedman (1999).

dener Phänomene der Globalisierung geradezu spektakulär mit sich gebracht hat. Die Wende in der Klima-Politik in Deutschland als Antwort auf *Fukushima* und der *Arabische Frühling* sind nur zwei dieser bemerkenswerten Vorgänge, von der *Euro-Krise* ganz zu schweigen.

Bei der Überarbeitung zur zweiten Auflage sei an dieser Stelle Frau Marianne Averbeck für ihre profunde Kompetenz im Umgang mit der Layoutgestaltung gedankt, denn ohne ihre Hilfe bzw. Ratschlag wären bestimmte Gestaltungseffekte, die vom Textprogramm her widersprüchlich sind, nicht behoben worden. Selbstverständlich bleibt ansonsten alles dem Verfasser anzulasten.

Vechta, im Dezember 2011
bzw. Oktober 2013 Peter Nitschke

Literatur

Friedman, Thomas L. (1999): Globalisierung verstehen. Zwischen Marktplatz und Weltmarkt. Berlin.

Marx, Karl (1871): Zweiter Entwurf zum „Bürgerkrieg in Frankreich". In: Karl Marx / Friedrich Engels, Werke, Bd.17. Berlin 1968, S.572-610.

I. Lernsätze der Globalisierung

Die Globalisierung ist unser aller Schicksal. Niemand kann dem entrinnen. Man kann sie ignorieren, verachten, dagegen sein – die Globalisierung hat trotzdem ihre Gewalt über unsere Existenz. Wer für sie ist, wer sie bejaht, mag besser leben – einfacher wird es dadurch allerdings dann auch nicht.

Die Globalisierung ist ein derart umfassender Vorgang, dass hierdurch unser aller Leben gründlich verändert wird. In manchen Ländern geschieht diese Veränderung schleichend langsam, geradezu homöopathisch dosiert, dass die Zeitgenossen gar nicht so recht bemerken, was um sie herum (und vor allem: mit ihnen selbst) passiert. In anderen Ländern ist das andere Extrem vorherrschend – eine rapide Geschwindigkeit der Veränderungen in der Gesellschaft, ihrer ökonomischen Strukturen und ihrer politischen Zuständigkeiten. In der Mitte zwischen beiden Extremen befinden sich Staaten, und deren gibt es viele, in denen sich die Globalisierung mit einem Vor- und Zurückspringen ihrer Leistungen, aber auch ihrer Zumutungen, bemerkbar macht. Die Bundesrepublik Deutschland ist so ein Land in der Position der Mitte. Deshalb wird im Folgenden von Deutschland vergleichend stets die Rede sein. Denn die Globalisierung demonstriert ihre Effekte in jedem Land – und jedes Land hat existenziell hierunter zu leiden, seine Strukturen zu verändern und Vorteile zu verteidigen. Deutschland ist hier symptomatisch in seinem Verhalten gegenüber der Globalisierung: *Sie* wird sowohl zielstrebig angenommen als auch emphatisch abgelehnt. Ein hochentwickeltes Land wie Deutschland, eine Industrienation, ein globaler Exporteur mit Ambitionen auf Platz 2 im Weltexportgeschäft, hat im Kontext der Globalisierung Gewinner wie (eindeutige) Verlierer aufzuweisen. Aber dies gilt für (fast) alle hochentwickelten Staaten dieser Welt in gleicher Weise. Auch hiervon wird die Rede sein.

Es gibt aber auch eindeutige Gewinner der Globalisierung: Die (bisher) reichen Industrienationen gehören nur bedingt dazu, auf jeden Fall aber die Schwellenländer der Modernisierung. Länder wie Südkorea, Brasilien, Indien und vor allem China profitieren in einem Ausmaß vom globalen Handel und seinen Infrastrukturen, dass sie ökonomisch, ge-

messen am klassischen Wachstum der alten Industrienationen Europas
oder auch dem Aufstieg der USA als Welthandelsmacht seit dem Ende
des 19. Jahrhunderts, in einer Dynamik begriffen sind, welche die herkömmlichen Maßstäbe für die Entwicklung einer Gesellschaft in der
Zeitperspektive außer Kraft setzten. Nie wurde derart schnell ein so ho-
hes Niveau im Wirtschaftswachstum erzielt, wie zurzeit in China oder
Indien. Die Globalisierung bricht auf der Zeitachse mit einer derartigen
Wucht auf die sozialen wie kulturellen Infrastrukturen dieser Länder ein,
dass der Begriff *Wandel* in revolutionären Attributen diskutiert werden
muss.

Ebenso profitieren auch kleinere Länder (wie etwa Panama) durchaus
von der Globalisierung, indem sie im weltumfassenden Handel bestimmte Produktpaletten und Ressourcen gewinnbringend platzieren und damit
eine Verbesserung des Lebensstandards ihrer Bevölkerung erzielen, die
in dieser Geschwindigkeit unter den herkömmlichen Bedingungen einer
lediglich nationalisierten Marktwirtschaft so nicht möglich gewesen wäre.[1] Das führt allerdings auch zu Abhängigkeiten von den Geschehnissen
des Weltmarktes, seiner Finanzsysteme, die (wie die Finanzkrise von
2008/09 deutlich gezeigt hat) eine wechselseitige Transfergemeinschaft
bedingen, bei der eine einzelne Nation mit ihrem Wirtschaftssystem mitunter nur noch in der Fiktion der klassischen Staatstheorie oder des so
genannten Völkerrechts die Kontrolle über die Handlungsoptionen in
Politik und Wirtschaft behält. Die Faktizität der Ereignisse, ihre Ausweitung auf eine Variabilität von Faktoren mit weltumspannender Perspektive, die daraus resultierende Veränderung der Strukturen, in denen entschieden oder nicht entschieden wird, werden kann und werden darf,

---

1   „Panama ist als globalisierte Gesellschaft geboren", konstatiert emphatisch der
    Vizepremier des kleinen Landes (hier zit. n. Hornig 2006: 128). – Im Hinblick
    auf die etwa 100 Kilometer fehlende Verbindungslücke, welche die Route der
    Panamericana im Dschungel von Panama auf ihrer gewaltigen Strecke von
    Alaska nach Feuerland unterbricht, bemerkt ein lokaler Politiker (hier zit. n.
    Marek 2012: R12): „Die Menschen wollen die Moderne. Das Geld dafür kön-
    nen sie nur mit dem verdienen, was wir hier haben: Rinder und Landwirt-
    schaft. Alle […] wollen den Ausbau der Panamericana." Derart emphatisch
    würde sich derzeit kaum ein Politiker in Europa zur globalen Vernetzung be-
    kennen!

führt psychologisch zu einer Konstellation, bei der viele Zeitgenossen den Eindruck haben, nicht mehr zu verstehen, was da eigentlich passiert.

Die Konfusion wächst mit der Zahl der Deutungen zur Globalisierung. Angesichts eines derart umfassenden Phänomens, das in seiner Breitenwirkung allenfalls mit der Entstehung der Industrialisierung oder der Völkerwanderung in der Spätantike gleich gesetzt werden kann, verwundert es nicht, dass auch mit zeitlichem Abstand zum Beginn der Debatte über die Globalisierung, die in den frühen 1990er Jahren weltweit einsetzte, der Interpretationsbedarf nicht geringer, sondern eher noch größer geworden ist. In politikwissenschaftlichen Lehrbüchern zum Zeitpunkt der deutschen Wiedervereinigung kam das Thema *Globalisierung* gar nicht vor. Auch noch gegen Ende des letzten Jahrhunderts waren es erst wenige Wissenschaftler, zumeist Ökonomen, die das neue Phänomen diskutierten. In der praktischen Politik agierte man zwar bereits global, aber es darf bis heute bezweifelt werden, ob die derzeitigen Entscheidungsträger in der Politik wirklich realisiert haben, was dies alles bedeutet.

Als zutreffendstes Statement zur Globalisierung hat man recht früh eine Interpretation zum Standard gemacht, welche die Verflechtung der bis dato nationalen Ökonomien nicht nur zu einem internationalen, sondern globalen Marktgeschehen kennzeichnet. Die heterogene Durchdringung (fast) sämtlicher Märkte wäre hier das vorherrschende Kriterium, an und mit dem man *Globalisierung* messen könnte. Wir werden in einem eigenen Kapitel dieser Interpretationsperspektive nachgehen und zeigen, dass sie in der Tat in beeindruckender Weise zutrifft, jedoch auch Effekte bewirkt, die krasse dysfunktionale Phänomene beinhalten.

Das Wachstum in den Schwellenländern dieser Welt geht mit einer Vermassung des Bildungswesens einher. China und Indien bilden nicht nur die entscheidenden Konsumentenmärkte des 21. Jahrhunderts, sie produzieren auch mit Abstand die meisten Fachleute für die nächsten Jahrzehnte. *Made in China* ist bereits jetzt das Gütesiegel einer gigantischen Produktion, die kostengünstig ist, weil die Arbeitskräfte auf dem chinesischen Markt nach wie vor mit einem niedrigen Lohneinkommen zufrieden sind, was wiederum von der bürgerlichen Mittelklasse in allen Ländern als Konsumenten ohne Bedenken honoriert wird. Tatsächlich hat die Globalisierung viele Dienstleistungen und Güter nicht teurer, sondern preiswerter gemacht. Die Schwellenländer profitieren am Stärksten hiervon, weil die durchschnittliche Arbeitszeit pro Arbeitnehmer und der entsprechende Lohn in der Summe günstiger ausfällt als für die hochentwickelten Sozialsysteme der alten (klassischen) Industriestaaten.

Die heutige Kommunikationstechnologie mit dem *World-Wide-Web*, einer Datenübertragung in Sekundenschnelle, bei der Bilder und Töne medial noch eindrucksvoller wirken als geschriebene Texte, führt zu einem veränderten Status von Öffentlichkeit: Auch das ist Globalisierung, wenn sich Menschen unabhängig von ihrem Land, ihrer Kultur und ihrer Gesellschaftsordnung die gleiche You-Tube-Sequenz anschauen. Wissensbestände werden hin und her gegoogelt und in sozialen Netzwerkforen diskutiert. Die *Öffentlichkeit*, wer immer das ist im Netz, schläft nie.

Die ökonomische Dimension ist aber nur das eine, zweifellos hervorstechende Phänomen in der Globalisierung. Damit einher geht der schleichende, sich jedoch in den letzten Jahren immer mehr beschleunigte Prozess einer *politischen* Veränderung für alle Staaten dieser Welt. Historisch gesehen mag der Beginn der Globalisierung im Aufstieg der Vereinigten Staaten von Amerika im Verlauf des 19. Jahrhunderts gelegen haben. Die USA sind am Vorabend des Ersten Weltkriegs schon die sich ankündigende Supermacht auf dem Globus, auch und gerade wenn die klassischen europäischen Großmächte dies so noch nicht realisiert hatten. Spätestens aber mit dem Ende des Zweiten Weltkriegs ist für alle Analysten dieser Sachverhalt klar: das NS-Regime und die japanische Militärmaschinerie wären gar nicht bezwungen worden, wenn die USA militärisch nicht aktiv geworden wären. Der Siegeszug der USA politisch und kulturell nach 1945 und ihre weltumspannende Vorherrschaft auf ökonomischem Gebiet, die auch von Moskau trotz aller Versuche nicht strukturell durchbrochen werden konnte, lässt die Globalisierung als eine amerikanische Veranstaltung erscheinen. Über weite Strecken (vor allem in der zweiten Hälfte des 20. Jahrhunderts) ist die Globalisierung insofern gleichzusetzen mit einer *Amerikanisierung*. Das ist zugleich in der Betonung des Freihandels nicht nur ein durch und durch ökonomisches Projekt, sondern vor allem auch ein kulturelles. Hollywood überstrahlt seit den 1950er Jahren alle anderen (nationalen) Medien und Kulturentwürfe. Politisch führt dies dazu, dass die Auseinandersetzung mit dem Lebensprofil demokratischer Kulturen, deren selbstkritische Reflexivität zum Grundmuster einer weltumspannenden Bewegung wird, die sich sowohl theoretisch wie auch praktisch in immer neuen Formationen bis in die letzten Winkel afrikanischer Dörfer hinein finden lässt. Insofern ist die *Demokratisierung* der Welt ein Vorgang, der Hand in Hand geht mit der Amerikanisierung, obwohl nicht an allen Orten und zu allen Zeiten eine Kopie des *American Way of Life* stattfindet. Die Demokratisierung ist auch nicht ohne Widerspruch, a) in sich selbst (also ideologisch betrachtet) und b) von außen durch eine konkurrierende Interpretation von politischer Ordnung. Aus heutiger Sicht – mit dem zeitlichen Abstand auf die historischen Erscheinungsformen des Kalten Krieges bemessen – wirkt vieles von dem, was zwischen 1945 und 1990 zwischen Moskau und Washington vorgetragen wurde, wie ein Bericht aus einer anderen (fernen) Welt. Gemessen an den aktuellen Problemen und ihrer Komplexitätsdichte erscheint eine politische Landkarte, in der sich lediglich ein freiheitliches und ein kommunistisches Lager gegenüber standen (mit ein paar Neutralen dazwischen, die jedoch eher auch Satelliten waren), recht einfach dimensioniert.

Demgegenüber ist die heutige Konstellation in der internationalen Politik nicht einfach durch eine bipolare Konfrontation geprägt, sondern es herrscht allenthalben Diversifikation, Fragmentierung und ein fast chaotischer Wandel vor. Ob dies auf ein Mehr an Demokratisierung hinaus läuft, wie Idealisten meinen, oder aber die Demokratie im 21. Jahrhundert auf der Strecke bleibt, wird noch zu diskutieren sein. Eine weitergehende Amerikanisierung wird es jedoch nicht mehr geben. Die USA haben den Zenit ihrer Weltgestaltungsmacht deutlich überschritten. Obwohl sie (noch) derzeit die einzige Militärmacht darstellen, die global agieren kann, zeigen die Kriege in Afghanistan und im Irak auch die Grenzen der Weltmacht *No.1*.

Ob und inwieweit China hier im neuen Jahrhundert an diese Stelle treten können wird, hängt nicht zuletzt von den diversifizierenden Effekten der Globalisierung ab. Militärische Kompetenz, so elementar sie ist, entscheidet nicht mehr alleine über den Auf- oder Abstieg von Mächten. Insofern kann man bereits als gesichert nach der Amerikanisierung und Demokratisierung als drittes politisches Phänomen die *Asiatisierung* der Welt anzeigen. Hier allen voran China mit seinen enormen Ressourcen an Menschen, Produktionsmöglichkeiten und (damit verbunden) auch an Konsuminteresse. Das schafft ganz neue Begehrlichkeiten, Abhängigkeiten – vor allem für die europäischen Staaten, die doch lange von der Globalisierung recht monopolistisch profitiert haben. Insofern verschieben sich mit China und Indien, aber auch den Schwellenländern Taiwan und Südkorea, die Optionen für die Wirtschaftsmärkte (und damit auch die Maßstäbe für ihre Beurteilung). Für die Europäer (und Amerikaner) gilt zu beachten:[2] „Was sie in Asien sehen, ist nicht eine Fortsetzung ihrer Gegenwart, sondern der Beginn einer neuen."

Die Asiatisierung von Politik und Wirtschaft im globalen Maßstab bedingt zugleich eine *massive Umverteilung*, nicht einfach nur in den Besitzständen dieser Welt, sondern eben auch in den politischen Entscheidungsstrukturen. Was die *Bank of China* sagt, ist für den US-Dollar mittlerweile überlebenswichtig:[3] „Hustet China, bekommt der Rest der Welt eine Lungenentzündung." Der Ressourcenhunger eines Volkes von über 1,2 Milliarden Menschen mit aufstrebenden Märkten erstreckt sich in seinem Zugriff auf die ganze Welt und befindet sich damit in direkter Konkurrenz zu den westlichen Industrienationen, die ihren Wohlstand verteidigen wollen.[4]

Überhaupt – der *Westen*! Die Dechiffrierung europäischer Demokratien im Zusammenhang mit den USA, Kanada und Australien (inklusive

---

2   Steingart (2006): 46. – Das größte Hochhaus der Welt, der *Azerbaijan Tower*, mit einer Höhe von über 1.000 Metern wird derzeit am Kaspischen Meer gebaut. Fast die Hälfte aller derzeitigen Bauprojekte in Hochausbauten der Superlative wird in China umgesetzt. Die Zukunft der futuristischen Bauvorhaben liegt somit in den Schwellenländern, nicht mehr in der Ersten Welt (vgl. Steiner 2012).

3   Stocker (2012): 13.

4   Allerdings gilt dies auch für die Staaten Asiens selbst: „China", so Fareed Zakaria während einer strategischen Debatte unter prominenten Analysten zur Zukunft des Landes im 21. Jahrhundert, „wächst nicht in einem luftleeren Raum. Es wächst auf einem Kontinent, auf dem es viele, viele Konkurrenten hat" (Kissinger/Zakaria/Ferguson/Li 2012: 27).

Neuseelands) als einer Länder- und Staatengruppe, die man mit dem Etikett *westlich* versieht, demonstriert wie kein anderes Signum, dass die Globalisierung zu einer interkontinentalen Betrachtungsweise anleitet, bei der kulturelle und politische wie ökonomische Bestimmungsmuster zu einem geopolitischen Szenario führen. Handels- und Konsumketten wie *MacDonalds* oder *Starbucks* prägen ein Bild der *Westernization* im kulturellen wie ökonomischen Erscheinungsformat von Nationen rund um den Globus.[5] Doch zugleich gibt es bereits auch eine andere prägende Erscheinungsform. Noch keine einhundert Jahre nach Erscheinen von Oswald Spenglers *Untergang des Abendlandes* ist bereits genau jene Konstellation strukturelle Wirklichkeit geworden, die Spengler seinerzeit als eine Perspektive für die Politik der Zukunft bezeichnet hatte.[6]

Die Vorherrschaft der USA (und damit des Westens) ist ökonomisch Geschichte. Im Grunde lässt sich im Fortgang der Globalisierung seit dem Ende des Zweiten Weltkriegs ein sukzessiver Prozess der schleichenden Entmachtung der USA beobachten. Während die USA noch 1945 fast 50 Prozent des Welthandels bestimmten, sind es derzeit lediglich noch ca. 19 Prozent am Anteil am Weltmarkt – Tendenz weiter fallend.[7] Auch im militärischen Bereich geht diese sinkende Leistungsfähigkeit mit der politischen Kompetenz, die sich verringert, einher: Während der Vietnam-Krieg noch mit ganzer Macht geführt wurde und gleichzeitig die Sowjetunion nuklear in Schach gehalten werden konnte, sind die USA schon beim Zweiten Golfkrieg zu Beginn der 1990er Jahre auf finanzielle Unterstützung (z.B. durch Deutschland) angewiesen gewesen. Im Dritten Golfkrieg gegen Saddam Hussein war dann die militärische Unterstützung aus der *Allianz der Willigen* eine willkommene Hilfe für das Pentagon.

Vieles von dem, was sich in den letzten 20 Jahren ereignet hat, lässt sich zweifellos auch als Abkehr vom Primat der Amerikanisierung deu-

---

5   Vgl. auch Scherrer/Kunze (2011): 18.

6   Vgl. Spengler (2007). Kurioserweise sah Spengler den Untergang der abendländischen Kultur nicht im Ersten Weltkrieg, dieser war für ihn nur ein Vorbote dessen, was den Abstieg Europas beinhaltete. Für die Epoche nach dem Jahr 2000 vermutete er hingegen das Ende der europäischen Vorherrschaft auf der Welt (vgl. hierzu Nitschke 2011: 139).

7   Vgl. Global Economic Outlook (2012).

ten. Insofern ist die Globalisierung Manifestation eines tiefgehenden Wandels der Zivilisationen der Erde, bei dem das scheinbar Eindeutige in eine schier unübersehbare Menge von kontrastierenden Erscheinungsformen und Handlungsoptionen übergeht. Selbst kleinste Akteure wie etwa Griechenland bekommen nun eine systemische Qualität, weil nunmehr (wie beim Euro) alles mit allem zusammenhängt. Die Variablen (als Handlungsoptionen) werden dabei unüberschaubar – oder besser: sie lassen sich nicht mehr mit den bisher gängigen Analysemustern einer Nationalökonomie oder dem strategischen Konzept eines Nationalstaats bearbeiten. Das schafft enorme Friktionen, die Schockwellen gleich in einem fiebrigen Körper nationale Gesellschaften erschüttern und (auch) zerrütten können. Vielleicht ist es überhaupt das grundlegende Kennzeichen der Globalisierung, dass die ökonomischen und sozialen Friktionen (und damit einher gehend auch die kulturellen Zusammenstöße) auf der Welt zunehmen – bei gleichzeitiger Standardisierung von Produktionsabläufen und Konsumentenverhalten. Letzteres betrifft dann auch eine Generalisierung von Normen sowie deren massiver Bestreitung im Sinne regionaler Kulturbehauptungen.

Die Uneinheitlichkeit der Welt wird gleichzeitig von massiven Schüben zugunsten einer Vereinheitlichung durchbrochen und angetrieben. Noch ist nicht auszumachen, wohin dies konkret im 21. Jahrhundert führt. Über einige Effekte bzw. Phänomene lässt sich jedoch bereits jetzt schon deutlicher etwas sagen. Davon soll im Folgenden anhand von zentralen Themenfeldern die Rede sein.

Literatur

Global Economic Outlook (2012): November 2011. Unter: www.conference-board. org/data/globaloutlook.cfm (aufgerufen am 13. Dezember 2011).

Hornig, Frank (2006): Im Nadelöhr der Weltwirtschaft. In: Der Spiegel (16. Oktober 2006) Nr.42, S.122-128.

Kissinger, Henry / *Zakaria*, Fareed / *Ferguson*, Niall / *Li*, David Daokui (2012): Wird China das 21. Jahrhundert beherrschen? Eine Debatte. München.

Marek, Michael (2012): Die Lücke von Panama. In: Die Welt (28. April 2012) S.R12.

Nitschke, Peter (2011): Oswald Spengler und Carl Schmitt – Zur Morphologie des Kampfes. In: Freund-Feind-Denken. Carl Schmitts Kategorie des Politischen. Hrsg. v. R. Voigt. (Staatsdiskurse 15) Stuttgart, S.131-147.

Scherrer, Christoph / *Kunze*, Caren (2011): Globalisierung. Göttingen.

Spengler, Oswald (2007): Der Untergang des Abendlandes. Umrisse einer Morphologie der Weltgeschichte. Düsseldorf.

Steiner, Eduard (2012): Höhenwahn am Kaspischen Meer. In: Die Welt (10. März 2012) S.IM1.

Stocker, Frank (2012): Investoren fürchten China-Kollaps. In: Die Welt (21. August 2012) S.13.

Steingart, Gabor (2006): Weltkrieg um Wohlstand. In: Der Spiegel (11. September 2006) Nr.37, S.44-75.

II. Ungleiche Gleichzeitigkeit

Ein wesentliches Phänomen der Globalisierung ist ihre *ungleiche Gleichzeitigkeit.* Damit ist gemeint die paradoxe Konstellation, dass Dinge passieren, die sich in ihrer Logik eigentlich radikal widersprechen. Nun ist der Widerspruch eine Grundkonstante im Leben der Menschen. In der Logik gehört der Satz vom Widerspruch sogar zu den Prämissen eines vernunftbezogenen, man könnte auch sagen *aufgeklärten*, Geistes. Ohne den Satz vom Widerspruch, das wissen wir spätestens seit Karl R. Poppers Plädoyer im Rahmen der *Logik der Forschung* kann ein kritisches Bewusstsein nicht stattfinden.[1] Die kritische Selbstreflexion gehört geradezu zu den Grundbedingungen moderner Wissenschaftlichkeit. Kritik nicht um ihrer selbst willen, wohlgemerkt, was leider manchen politischen Ideologien sehr zu eigen ist, sondern um der angemesseneren Interpretation in Bezug auf die Fakten und die Erkennung von realistischen Aussagen willen.

Die *Realität* der Globalisierung lässt sich schwerlich mit einer umfassenden Theorie begreifen. Sämtliche Versuche, dahingehend mit einer griffigen theoretischen Formel und einem entsprechenden Theoriegebäude zu arbeiten, sind bisher gescheitert.[2] Die Globalisierung tritt in ihren Erscheinungsformen zu disparat, zu widersprüchlich auf, als dass man sie auf eine einfache Formel (gar mit Alleinstellungsmerkmal) hin klassifizieren könnte. Die unter (I) angesprochen Lernsätze sind eben auch nur *Lernsätze*, im Sinne von Anzeichen bzw. *Merksätzen* der Erscheinungsformen, mit deren Hilfe die Wissenschaft und die Medien sich klar zu machen versuchen, was da passiert und (vor allem) *was* es zu bedeuten hat. Aus methodologischer Sicht können wir mit guten Gründen zunächst einmal der nominalistischen Prämisse folgen, wie sie Thomas Hobbes eindrucksvoll vorgeführt hat,[3] dass unsere Bezeichnungen dieser Phänomene von Globalisierung zunächst nichts weiter als nützliche Eti-

---

1 Vgl. Popper (1966).

2 Vgl. hierzu im Überblick Teusch (2004), Zolo (2007) oder Scherrer/Kunze (2011).

3 Vgl. hier besonders die Begründung des Nominalismus in der Argumentation bei den *Elementen der Philosophie* in *De Corpore*, Hobbes (1997): 25ff.

ketten sind, mit denen wir uns darüber verständigen, was wir hier überhaupt als *Anzeichen* wahrnehmen wollen (oder können).

Eine Demokratiebewegung, wie sie derzeit in Nordafrika quasi wie eine gigantische Welle autoritäre und diktatorische Regime hinweg gespült hat, ist dann zunächst nur einmal dem Zeichen nach eine Bewegung in Richtung *Demokratie*. Es kann auch das falsche Zeichen (als Etikettierung) sein, was wir hierfür benutzen. Sowohl die Demonstrierenden in den Maghreb-Staaten wie im Nahen Osten, als auch die Beobachter und freudigen Kommentatoren in den westlichen Metropolen mögen den falschen Begriff für die *richtige* Sache verwendet haben. Oder umgekehrt: einen an sich richtigen, d.h. logischen Begriff für einen sozialpolitischen und kulturellen Vorgang verwenden, der gar nicht in dieser Form passend ist.[4] Aber – wie wir noch sehen werden, so logisch-klar ist der Begriff der Demokratie auch nicht – jedenfalls nicht für einen universalen Maßstab.

Die ungleiche Gleichzeitigkeit in den Vorgängen der Globalisierung resultiert in beträchtlicher Weise auch daher, dass unsere kognitiven, d.h. heuristischen Maßstäbe zur Erfassung der Realität von altvertrauten Interpretationsmustern ausgehen, die sich zwar empirisch gesättigt aus den historischen Prozessen Europas (und den USA) ergeben haben, die jedoch im Angesicht ihrer Nachahmungen und reduktionistischen Vereinfachungen in vielen Ländern der Welt zu merkwürdigen Symbiosen mit den dort üblichen Kulturformen und Interpretationsvorstellungen geführt haben. Das bedeutet, dass grundsätzliche Ansichten über Men-

---

4   Um hier in der Äquivalenz der nominalistischen Interpretation von Hobbes zu bleiben: Wenn Hobbes feststellt, dass wir aufgrund unserer Erfahrungen bei der Ansicht einer dunklen Wolke davon ausgehen, dass es demnächst Regen geben wird, dann unterstellen wir eben aufgrund unserer historischen Erfahrungen in Europa und den USA, dass bei den machtvollen Demonstrationen in Kairo und anderswo ein demokratisches Profil heraus kommt, eben weil doch das *Volk* demonstriert! – Der Merksatz *dunkle Wolke* für *Regen* ist jedoch nur eine Vermutung für ein Ursache-Wirkungsverhältnis, das zwar einer gewissen statistischen Wahrscheinlichkeit entspricht, jedoch keineswegs immer zutreffen muss! – Ebenso wenig muss mit Notwendigkeit die *Herrschaft des Volkes* dabei heraus kommen, wenn das Volk demonstriert, zumal, wenn gar nicht klar ist, wer oder was das *Volk* ist.

schenrechte, Staatlichkeit, Vorstellungen über Gesellschaft und Individuum, personale Verantwortung, überhaupt die Einordnung der Existenz des Menschen in den Kosmos (und dies nicht nur in der physischen
Präsenz auf dieser Welt) ganz mannigfachen Dekodierungen und Neukodierungen unterworfen sind.[5] Die Globalisierung hat somit die alte
philosophische Frage nach der Sinninterpretation von der *Vielfalt in der
Einheit* noch einmal in extremer Weise multiplizierend ausgeweitet. Und
dies gilt nicht nur für die Wahrnehmung der Phänomene, sondern auch
für die Wahrnehmung der Zeit. Die europäische Auffassung von Geschichte und ihrer Progression im Sinne eines zivilisatorischen Fort-
schritts greift in globaler Perspektive nur noch bedingt.[6] Die Zeitstruktu-
ren werden in ihrer räumlichen Wahrnehmung rund um den Globus
gleichermaßen verdichtet wie auch entkoppelt. Was ist hier die Einheit
angesichts einer unübersehbaren Fülle von divergenten Faktoren und
widersprüchlichen Phänomenen zwischen beispielsweise wachsendem
Reichtum für einige wenige Individuen einerseits und einer nach wie vor
grassierenden Massenarmut weiter Teile der Weltbevölkerung, zwischen
pazifizierten Zonen der Erde, in denen die Menschen seit Jahrzehnten
friedlich leben und Regionen, in denen ebenso lange schon Bürgerkriege
und erschreckende Kriminalität existieren? Ist die *Globalität* überhaupt

---

5   Die Frage nach den Dekodierungen und Neukodierungen dessen, was ge-
    schieht, ist auch die methodologische Herangehensweise, mit der Investment-
    banker ihre Analysen zu den Phänomenen der Globalisierung angehen. Wie es
    der wegen Veruntreuung von Milliardensummen verurteilte Wertpapierhänd-
    ler Kweku Adoboli in der Selbsteinschätzung seiner früheren Tätigkeit be-
    schreibt: „*Viele sind der Meinung, Investment-Banking sei nur eine Art professionellen
    Spekulierens. In Wirklichkeit bin ich ein guter Trader geworden, weil ich so viel Zeit damit
    verbrachte, die Strukturen und Verbindungen der globalen Geschäftswelt zu verstehen. Die
    Börse war wirklich ein Experimentierlabor für uns alle, und das ETF-Geschäft stand im
    Zentrum des Investment-Bank-Experiments von UBS. Wir waren der einzige Bereich, der
    mit allen Arten von Anlagen handeln durfte, und wir mussten genauer als alle anderen ver-
    stehen, welche Auswirkungen beispielsweise das Statement eines chinesischen Ministers auf
    die Preise eines Anbieters von Luxusartikeln haben könnte. Oder welche Auswirkungen
    ein protestierender tunesischer Markthändler, der sich anzündet und Selbstmord begeht, auf
    den deutschen DAX oder den Schweizer SMI-Index hat. Natürlich muss so was jeder ver-
    stehen, aber wenn wir uns täuschen, bestand die Gefahr einer Implosion.*" – Hier zit. n.
    Borger (2013): 15 (Hervorhebung ebd.).
6   Vgl. auch Rohbeck (2010).

hier die Einheit – oder handelt es sich dabei eher um eine Denkfigur, mit der man die große Unübersichtlichkeit noch am ehesten kalkulatorisch bewerten kann?

Die Rede von der Globalisierung scheint zu suggerieren, dass alles, was passiert, irgendwie zusammengehört – und in der Endkonsequenz (eines fernen Tages) auch zusammen wächst. Doch stimmt dies wirklich, wie bei der Chaostheorie, dass der Flügelschlag eines Schmetterlings am Amazonas ein Erdbeben in Ostasien auslöst? – Der Tzunami, der die japanische Nordostküste verheerend traf, hat mit dieser Theorie nichts zu tun. Ursache-Wirkungsverhältnisse sind hierfür andere gewesen. Aber die Interpretamente der Chaostheorie passen insofern doch gut in das Bild der Globalisierung, weil die Effekte, die der Tzunami in der Menschenwelt hervor gerufen hat, eine Kette von Reaktionen und transnationalen Aktionen ausgelöst hat, bei denen u.a. sogar eine Landtagswahl am anderen Ende der Welt in Deutschland ein spektakuläres Ergebnis brachte und eine Trendwende in der allgemeinen (politischen) Bewertung der Nutzung von Atomenergie bewirkte – allerdings auf diese dramatische Weise auch nur in Deutschland.

Hieran lässt sich aber auch signifikant ablesen, dass die *Regionalität* die andere Seite der Globalität darstellt. Beide Phänomene sind Bestandteile ein und derselben Medaille, nämlich der irdischen Existenz. *Think global, act local* war nicht umsonst bereits seit der Umweltkonferenz von Rio de Jainero (1992) das leitende Denkmotiv für engagierte Umweltschützer. Man sollte nicht erst auf die große Klimadebatte warten, um die Umwelt vor Ort vor Schadstoffen zu schützen und eventuell nach einem sachkundigen Verfahren seinen eigenen Müll in der Tonne zu entsorgen. Was aber manche hier mit viel Engagement und Enthusiasmus betreiben, wird von (vielen) anderen Zeitgenossen aus Ignoranz und Desinteresse eben nicht praktiziert. Insofern sind das Verhalten der Masse und das des Einzelnen bei vielen globalen Themen nicht kongruent.

Diese systemische Inkongruenz führt angesichts der Vielfalt der Variablen, die in den politischen Handlungen, den ökonomischen Strukturen und den kulturellen Erscheinungsformen der sich vernetzenden Gesellschaften auftreten, bei dem einzelnen Zeitgenossen zu einem Bewusstsein, das quasi wie bei der berühmten leibnizschen Monade oftmals *fensterlos* zu agieren scheint.[7] D.h., man sieht nicht, was um einen herum passiert. Oder – noch deutlicher formuliert: selbst, wenn man *sieht*, was passiert, heißt dies nicht, dass man es wirklich versteht. Das führt zu merkwürdigen, bizarren, mitunter auch einfach nur skurrilen Effekten in der Wahrnehmung politischer Ereignisse. So haben sich deutsche Urlauber bei ihrer Rückkehr in die Heimat im Januar 2011 vor den laufenden Fernsehkameras darüber beschwert, dass sie ihren doch so lang ersehnten Urlaub in Tunesien haben abbrechen müssen, weil dort eine Revolution angezettelt wurde. Die Einen machen eine Revolution in ihrem Land und die Anderen, die gerade zufällig zu Gast *vor Ort* sind, wollen nicht einsehen, warum dies gerade *jetzt*, wenn sie doch ihren Urlaub genießen wollen, stattfinden muss![8]

7　　Die *Monade* als zentrale seelische Substanzeinheit ist in der Metaphysik von Leibniz das logische Beschreibungsmodell für die einfachste, d.h. in sich identitäre Einheit in der Welt. Monaden bewegen sich zwar, agieren auch untereinander, aber sie „haben keine Fenster, durch die irgend etwas ein- oder austreten könnte" (Leibniz 1998: 13). Denkt man sich also den Menschen in seiner kognitiven Identität im Sinne einer solchen leibnizschen Monade, dann ist die Frage für die Bewertung der Vorgänge der Globalisierung hierbei symbolisch deutlich heraus kristallisiert: Wie lässt sich das Besondere und die Vielfalt (*la spécification et la varieté*) für den einzelnen Zeitgenossen in der Komplexität richtig erfassen (ebd.: 14)? – Das kognitive Dilemma fängt schon bei jedem Individualismus konkret damit an, dass wir uns selbst als „eine Vielfalt der einfachen Substanz" erfahren, „indem wir feststellen, daß der geringste Gedanke, dessen wir uns bewußt sind, eine Mannigfaltigkeit des Inhalts einschließt" (ebd.: 17). – Vgl. dazu im Einzelnen Gueroult (1947) u. Burkhardt (2001).

8　　Diese paradoxe Konstellation betrifft jedoch nicht nur die Einstellung zwischen unpolitischen Konsumenten eines spießbürgerlichen Urlaubsvergnügens und Menschen, die die Dinge in ihrem Land zum Besseren wenden wollen, sondern auch das Verhalten der politischen Klasse selbst. So belegt z.B. der gehackte Mail-Verkehr von Assad und seiner Ehefrau, wie banal und wirklichkeitsfremd das Ehepaar in einer ungleichen Gleichzeitigkeit den syrischen Bürgerkrieg begehen. Asma Assad hat während der Kämpfe um Homs nichts Besseres zu tun als sich beim Online-Shopping Gedanken zu machen, ob sie Stöckelschuhe mit 16 Zentimeter-Absätzen, die noch dazu mit hochwertigen Kristallen für 4.000 Euro besetz sind, tragen sollte oder nicht. Einer Freundin schreibt sie per Mail: „Diese Teile sind nicht für die Öffentlichkeit gemacht

Die Gleichzeitigkeit des Ungleichen hat es immer schon gegeben,[9] aber noch nie gab es eine derart systemisch-paradoxe Konstellation in einem weltumspannenden Maßstab. Wenn z.B. die USA im Jahr 2010 mit ihrer Staatsverschuldung beinahe die Grenze von 14 Billionen Dollar erreichen, dann ist das so, als wenn alle Menschen dieser Erde (zum damaligen Zeitpunkt etwa 7 Milliarden) eine persönliche Verschuldung in Höhe von 2.000 Dollar mit sich herum tragen würden – und dies nur zum Wohl der Konsumenten in den USA![10]

Auch frühere Systeme kannten den ökonomischen Kollaps, doch blieb dies meist regional oder lokal begrenzt. Im Falle des Verlusts an Kreditwürdigkeit bereits kleinerer Länder wie Griechenland oder Irland sieht man jedoch in diesen Tagen, welche gravierenden Folgen dies nicht nur für die Europäische Union im Ganzen, sondern auch für die finanzpolitischen Ströme am Weltmarkt hat. Insofern ist die amerikanische Staatsverschuldung ein zentrales Problem für die Qualität der globalen Wirtschaft: Was immer hier auch passiert, hat Folgen für sämtliche nationalen Ökonomien auf der Welt (im Positiven wie im Negativen). Erschreckend ist allein schon die Tatsache, dass die Amerikaner selbst an der Irrealität ihrer Lebensweise nicht verzweifeln, dass sie also bis dato keine Anstalten unternehmen, ihre eigenen Konsumansprüche an der

---

[…] Haha … du wirst lachen, aber ich liebe sie, doch ich denke leider nicht, dass sie in nächster Zeit nützlich sein werden." (Keller 2012: 8).

9 So notiert auch Kant dieses Phänomen, vor allem bedingt durch den Satz vom Widerspruch, weil er für das menschheitlich Ganze eine identitäre Einheit ansetzt (Kant 1976: 36): „Ist Luxus in (Paris) und Elend auf dem Lande contrast oder Widerspruch? In der Empfindung ist es contrast, denn der Luxus macht das Elend in der Anschauung noch elender; aber in der Beurtheilung und dem Begriffe des Ganzen ist es Widerspruch." Die Gleichzeitigkeit des Ungleichen in der heutigen Dimension ergibt sich insofern auch erst dann (und nur dort), wenn und wo man mit dem Begriff der *Globalisierung* eine Vereinheitlichung von Lebenschancen auf verschiedenen Kontinenten in gänzlich differenten Gesellschaften und Kulturen annimmt oder dies als Forderung unterstellt. Niemand wäre im 18. oder im 19. Jahrhundert auf die Idee gekommen, die massiven sozialen Unterschiede etwa zwischen afrikanischen Stämmen und dem Lebensstil des britischen oder französischen Bürgertums auf eine gemeinsame Stufe der Diagnose zu stellen.

10 Vgl. Stocker (2011): 47.

Produktivität ihrer Wirtschaft auszurichten. Stattdessen finanziert man die irrealen Ansprüche über die Kreditaufnahme am internationalen Aktien- und Kapitalmarkt.[11]

Es ist besonders die systemische Konstellation, jene Einheitlichkeit in der Vielfalt der Erscheinungsformen, die hier kognitiv die handelnden politischen Akteure und Institutionen zu überfordern scheint, weil man sich die Systematik der Ursache-Folgen-Relationen gar nicht klar macht – oder: besser ausgedrückt, noch gar kein *System* dafür hat, um verstehen zu können, was hier passiert.[12]

Immer schon sind seit Beginn der Weltgeschichte Menschen gestorben und geboren worden. Doch wenn nun weltweit pro Sekunde 2,6 Menschen statistisch auf den Erdenplan hinzu treten, dann hat dies gravierende Folgen für die Existenz aller. Auch hier ist die Gleichzeitigkeit des ungleichen Lebens, das viele dieser neuen Erdenbürger haben werden, heuristisch kaum zu begreifen. Wie soll eine Politik der gerechten Daseinsvermittlung in Zukunft aussehen, wenn bereits nach der Lektüre dieses Kapitels allein über 9.000 Menschen mehr auf dieser Welt existieren?[13] – Das Wachstum der Weltbevölkerung um eine deutsche Großstadt mit mehr als 200.000 Menschen pro Tag führt zur Notwendigkeit einer nachhaltigen Politik, die nicht erst in der Zukunft, sondern bereits in der Gegenwart beginnen muss. Doch merkt die Politik der Gegenwart diese Problematik und stellt sich ihr – oder gibt es hier mehrheitlich nur kognitive Abwehrreflexe?

Die Ungleichheit in der Gleichzeitigkeit ist hier sogar in einer sektoralen Differenz zu beobachten: Während in den Industriestaaten des

---

11 Während die USA 1980 noch zu 80 Prozent die Finanzierung ihrer Bedürfnisse durch die eigene Wirtschaftsleistung abgedeckt haben, sind es derzeit nur noch 62 Prozent. Zum Vergleich: Deutschland finanziert sich mit seiner Wirtschaftsleistung immerhin noch mit 71 Prozent selbst, der Rest kommt hier allerdings auch schon nur noch durch Kreditaufnahme zustande (vgl. Stocker 2011: 47). Insofern ist das hier beschriebene Problem kognitiv für die meisten Staaten dieser Welt das Gleiche.

12 Wie Ulrich Beck (2013) analysiert: „Wir befinden uns in einer Lage, in der unser Nichtwissen das Wissen überwiegt. Besonders gilt das für die Wirtschaftswissenschaften. Kurz, wir erleben eine unerhörte Mobilisierung der Verhältnisse und dürfen selbst nicht reglos bleiben."

13 Vgl. zu den Daten der so genannten *Weltbevölkerungsuhr* Kapitel XI.

Westens (mit Ausnahme der USA) die Geburtenrate abnimmt, steigt sie in den Ländern der Dritten Welt in bestimmten Kontinenten weiterhin signifikant an. Die Globalisierung führt hier bei einer Reihe von Politik-feldern zu einer epidemischen Vernetzung dieses Sachverhaltes: a) den weltweiten Migrationswellen, b) den sich verschärfenden Konkurrenzbe-dingungen um die natürlichen Ressourcen dieser Welt, die schließlich nicht nur im Energiebereich keineswegs beliebig ausbaubar sind, c) den Implikationen aus sich wechselseitig destabilisierenden Gesellschaften in Folge des Bevölkerungsdrucks (regional wie international).

Es zeichnet sich ab, dass sich dies alles zu einer hybriden Mischung verdichtet, die nicht mehr nach den bekannten Mustern der politischen Logik und ihrer bisherigen Regeln erfolgt. Die Welt in der Globalisierung erscheint verrückt: eine anomische Struktur, bei der die Kontingenzen gegenüber den berechenbaren Erscheinungsformen überwiegen. Die In-terdependenzen machen sich in allen Sektoren des Lebens bemerkbar: „Ob wir mögen oder nicht," konstatiert Bill Clinton für das 21. Jahr-hundert,[14] „was an einem Ort geschieht, beeinflusst Menschen an ande-rer Stelle. Was hier gut scheint, kann dort Unruhe und Destruktion ver-ursachen." Alles ändert sich – und zwar viel schneller als es der Kreislauf des Lebens in der Zeitspanne von Biografien bisher angezeigt hatte. Als sicher geglaubte Regeln, Riten und Strukturen erscheinen ungewiss, wer-den einem dynamischen Wandel unterzogen, der weder vor dem Staat, der Nation, der Religion oder gar dem Individuum halt macht. *Change* ist so gesehen zu Recht nicht nur das politische Motto bei der Wahl Oba-mas gewesen, sondern das Signum der globalen Epoche. Die Zahl der beratenden Fachliteratur zum so genannten *Change-Management*, *Changing*

---

14 Clinton (2011): 2. – Die Frage stellt sich daher systematisch, ob die Politiker bei ihren Entscheidungen zugunsten von Handlungsoptionen die Komplexität der Sachverhalte tatsächlich noch überblicken? Bezeichnend etwa die Feststel-lung von Jean-Claude Juncker zum Modus der intergouvernementalen bzw. supranationalen Zusammenarbeit zwischen den Staats- und Regierungschefs in der EU bei ihren oft mitternächtlichen Sitzungsrunden: „Wir beschließen etwas, stellen das dann in den Raum und warten einige Zeit ab, ob was pas-siert. Wenn es dann kein großes Geschrei gibt und keine Aufstände, weil die meisten gar nicht begreifen, was da beschlossen wurde, dann machen wir wei-ter – Schritt für Schritt, bis es kein Zurück mehr gibt." (Eder 2013: 9).

Cultures ist Legion. Das Zauberwort der globalen Epoche indiziert eine alles bestimmende Kraft, der sich die Menschen weder individuell noch in ihren institutionellen Gehäusen entziehen können. Die Auswirkungen sind organisatorisch-personell betrachtet derart fundamental, dass man die Frage stellen muss, ob die meisten Zeitgenossen wirklich verstehen, was da (mit ihnen) passiert?

Der irische Soziologe Charles Handy hat bereits 1989 über das Phänomen des systemischen Wandels in dieser Welt und den damit verbundenen individuellen Auswirkungen am Beispiel seiner eigenen Karriere in *The Age of Unreason* festgestellt:[15] Wenn er all das gemacht hätte, was ihm seine Firma, in der er Ende der 1950er Jahre als junger Mann tätig war, voraus gesagt hat, dann hätte er etwas falsch gemacht. Prognostiziert hatte man ihm eine steile Karriere mit einem attraktiven Posten in einer ausländischen Filiale der Firma. Handy ging einen anderen Weg: Er quittierte den Dienst in der Firma, studierte Soziologie und Ökonomie und wurde Wissenschaftler. Rückblickend stellte er nun fest, dass es nach ca. 30 Jahren a) die Firma gar nicht mehr gab, in der er hätte Karriere machen können, b) auch nicht mehr die Berufsbezeichnung und c) auch nicht mehr das Land bzw. den Staat, in dem er hätte tätig werden sollen! Die Dynamik der Globalisierung hatte all dies zunichte gemacht bzw. verändert. Welche Sicherheiten hat man also bei der ganz individuellen Berufsplanung, wenn immer weitere Sektoren der Wirtschaft einer globalen Vernetzung unterliegen? – Es ist vor allem die Diskontinuität der Erscheinungsformen, die hierbei hervorsticht.[16] Der kontinuierliche Wechsel von Personen im Rahmen von Arbeitsprozessen, von Strukturen innerhalb der Institutionen ist geläufig und normal, gehört so zusagen mit zur Grundausstattung der modernen Lebenssituation. Aber die mit der Globalisierung immer deutlicher und verstärkt auftretenden abrupten Übergänge und paradoxen Wechsel führen zu einer kognitiven Herausforderung, der sich die meisten Zeitgenossen (und hier vor allem die Politiker) nur unzureichend stellen.[17] „Wenn die Welt sich verändert und

---

15 Vgl. Handy (1993): 5.
16 Vgl. ebd.: 5ff.
17 Handy zeigt hierfür zwei Beispiele an (vgl. ebd.: 7f.): a) die Ignoranz der Inkas und ihr Nichtverstehen des Neuen (und für sie Bedrohlichen) als die spanischen *Conquistadores* an Land gingen; b) das Verhalten des Frosches, der im

neue Konkurrenten auftauchen, dann reicht Stillstand nicht. Dann reichen die erprobten Institutionen und Verfahren der Vergangenheit nicht mehr aus", hat der polnische Außenminister Radoslav Sikorski in einer vielbeachteten Rede konstatiert:[18] „Dann sind kleine Schritte der Veränderung nicht genug. Man muss schon schnell genug sein, um wenigstens die Position zu halten."

Literatur

Beck, Ulrich (2013): Über den Merkiavellismus. In: Frankfurter Allgemeine Zeitung (16. Januar 2013). Unter: www.faz.net/aktuell/feuilleton/debatten/ (aufgerufen am 29. Januar 2013).

Borger, Sebastian (2013): Auf der Suche nach der Quelle der Gier. In: Die Welt (22. Juni 2013) S.15.

Burkhardt, Hans (2001): Antizipation, Verkettung der Phänomene und ontologische Struktur. In: Nihil sine ratione. Mensch, Natur und Technik im Wirken von G. W. Leibniz. VII. Internationaler Leibniz-Kongreß. Vorträge, 1. Teil. Hrsg. v. H. Poser in Verbindung mit C. Asmuth, U. Goldenbaum u. W. Li. Berlin, S.163-170.

Clinton, Bill (2011): Ein großer Mann. In: Die Welt (18. Mai 2011) S.2.

Eder, Florian (2013): Der Abschied des letzten Europäers. In: Die Welt (22. Januar 2013) S.9.

Gueroult, Martial (1947): Die Konstitution der Substanz bei Leibniz. In: Leibniz' Logik und Metaphysik. Hrsg. v. A. Heinekamp u. F. Schupp. Darmstadt 1988, S.484-511.

Handy, Charles (1993): The Age of Unreason. Reprint second Edition, London.

Hobbes, Thomas (1997): Elemente der Philosophie. Erste Abteilung – Der Körper. Übersetzt, mit einer Einleitung u. mit textkritischen Annotationen versehen u. hrsg. v. K. Schuhmann. Hamburg.

Kant, Immanuel (1976): Auswahl aus den Reflexionen, Vorarbeiten und Briefen Kants. In: Materialien zu Kants Rechtsphilosophie. Hrsg. v. Z. Batscha. Frankfurt a.M., S.36-73.

Wasserbehälter sitzt und sich wohl fühlt, wenn die Temperatur langsam gesteigert wird. Die Frage ist, schafft es der Forsch, noch rechtzeitig heraus zu springen oder wird er langsam zu müde und wird daraufhin zu Tode gekocht?

18 Sikorski (2011): 2.

Keller, Gabriela M. (2012): Nachricht von Sam. In: Die Welt (16. März 2012) S.8.

Leibniz, Gottfried Wilhelm (1998): Monadologie. Frz./dt. Übersetzt u. hrsg. v. H. Hecht. Stuttgart.

Popper, Karl R. (1966): Logik der Forschung. 2., erweiterte Aufl. Tübingen.

Rohbeck, Johannes (2010): Aufklärung und Geschichte. Über eine praktische Geschichtsphilosophie der Zukunft. Berlin.

Scherrer, Christoph / *Kunze*, Caren (2011): Globalisierung. Göttingen.

Sikorski, Radoslav (2011): Deutschland muss stärker führen. In: Die Welt (30. November 2011) S.2.

Stocker, Frank (2011): Wie pleite ist Amerika? In: Welt am Sonntag (13. März 2011) S.47.

Teusch, Ulrich (2004): Was ist Globalisierung? Ein Überblick. Darmstadt.

Zolo, Danilo (2007): Globalisation. An Overview. Colchester.

III. Ökonomische Vernetzung

Für die meisten Zeitgenossen ist das wesentliche, weil empirisch vorherrschende und für jedermann individuell erfahrbare, Kennzeichen der Globalisierung die ökonomische Vernetzung im weltweiten Maßstab. Hierbei wird die privatwirtschaftliche Sphäre zu einer globalen Netzwerkstruktur verflochten, bei der sowohl die Einheitlichkeit der Produkte als auch deren Diversifikation in ambivalenter Weise auftritt.[1] Die Globalisierung liefert aufgrund ihrer ökonomischen Vernetzung den *Referenzrahmen* für die nationalen Wirtschafts- und Gesellschaftspolitiken, die nun nicht mehr voneinander unabhängig betrachtet und entwickelt werden können.[2] Diese Konstellation ist im Prinzip so neu nicht, wie man anfänglich meinte. Historische Studien haben gezeigt, dass es durchaus Zeiträume in der Geschichte der Menschheit gegeben hat, die mit vergleichbaren oder ähnlichen Erscheinungsformen anzuzeigen sind.[3] Somit ist die Globalisierung keineswegs nur der New Economy geschuldet, wie zunächst vielfach von Wirtschaftsvertretern gern geäußert wurde. Tatsächlich ist sie historisch vor dem Hintergrund langer Datenreihen betrachtet eine Fortentwicklung des Kolonialismus und des Imperialismus, allerdings mit Effekten, die weitaus mehr als nur mit autoritärer Herrschaft und Fremdbestimmung zu tun haben.[4]

Sofern man die Globalisierung als eine auf Extension von Produkten, Ideen und Technologien angelegte Innovation von ökonomischen Strukturen versteht, kann man für lange Zeiträume in der Geschichte der Menschheit etwas Derartiges nicht beobachten. Bis zur Renaissance und Reformation lässt sich ein entsprechender überregionaler Warenaustausch zwar für das *Imperium Romanum* und die christlichen Nachfolgesysteme des Mittelalters feststellen, aber in Bezug auf einen interkontinentalen, erst recht weltumspannenden Handel gilt dieses Kriterium

---

1   Man kann hier auch von einer dialektischen Konstellation sprechen, bei der sich Regionalität (in Form einer *Spezialisierung* der Arbeitsprozesse) und Globalität (als *Synthetisierung* von Marktansprüchen durch die Etablierung eines weltweiten Konsumentenniveaus) wechselseitig, d.h. *arbeitsteilig*, bedingen.

2   Vgl. so bereits Messner (1997): 135.

3   Vgl. z.B. Osterhammel/Petersson (2003).

4   Vgl. auch Teusch (2004): 11.

trotz der Existenz der bereits seit der Antike klassischen Seidenstraße als Verbindung zwischen Asien und Europa nicht. Das Zeitalter vor 1500 kann man daher als *präglobale Epoche* bezeichnen.[5]

Die Erschließung der Welt im Rahmen einer ökonomischen Vernetzung entspringt einer geopolitischen Ausweitungsstrategie der europäischen Mächte, die, beginnend mit der spanischen Entdeckung der Neuen Welt und der darauf folgenden Zerstörung der Hochkulturen der Inkas und Azteken sowie der Ausbeutung der dortigen Ressourcen, einen imperialen Kolonialismus begründen.[6] Wenn Karl V. (1500-58) sagen konnte, dass in seinem Reich die Sonne nie untergehe, dann ist er der erste Herrscher in der Geschichte der Menschheit, der sich (hierin noch recht unbewusst) in einer globalisierten Perspektive bewegt hat.

Die erste systematische Vernetzung der Welt sowohl ökonomisch wie auch kulturell findet dann zwischen Renaissance und Industrialisierung statt. Verglichen mit dem heutigen Grad der globalen Marktstrukturen jedoch erst in Ansätzen, insofern macht es Sinn, hier von einer *Protoglobalisierung* zu reden.[7] Kolonialismus, Sklaven- und Teehandel begründen in einer auch aus heutiger Sicht merkwürdigen Verschmelzung staatliche und privatwirtschaftliche Interessens- und Legitimationslagen – aber dies bereits in einer weltumspannenden Konstellation, bei der kein Kontinent mehr unberührt bleibt.[8]

Die eigentliche *Globalisierungsphase* beginnt jedoch erst mit der großen Phase der Industrialisierung in Europa (und den USA) ab den 1840er Jahren. Mit neuen Kommunikationsmitteln wie dem Telegraphen, später dann dem Telefon, sowie der Schaffung von gigantischen Eisenbahnnetzen wird vor allem die zweite Hälfte des 19. Jahrhunderts zu einem Zeitabschnitt, in dem sich der Handel weltweit mit einer bis dahin auch von der technischen Schnelligkeit her nicht gekannten Dynamik perfektioniert.

Der Erste und Zweite Weltkrieg können demgegenüber als deutlicher Rückschritt für die Globalisierungsfrage verbucht werden. Im Grunde

---

5   Vgl. Fäßler (2007): 52ff.
6   Vgl. u.a. Schilling (1999): 78ff.
7   Vgl. Fäßler (2007): 60ff.
8   Was bekanntermaßen auch bei Adam Smith zu einer wichtigen Rolle in seinen Begründungen einer Nationalökonomie geführt hat (vgl. Smith 2009).

spielt sich hier auch ökonomisch eine Renationalisierung ab, zu der besonders die USA durch ihre Abstinenz in weltpolitischen Fragen nach 1919 beitragen – und damit de facto den militärisch und ideologisch aggressiven Regierungen in Italien, in Japan, Deutschland und der Sowjetunion das Feld überlassen. Die zweite Welle der Globalisierung beginnt somit folgerichtig erst mit dem Ausgang des Zweiten Weltkriegs und zieht sich eher unvollständig bis etwa 1989 hin. *Unvollständig* deshalb, weil auch die aufmerksamen Zeitgenossen dieser Epoche das Spezifische der Globalisierung – nämlich die schleichende Vernetzung der nationalen Ökonomien – lange Zeit gar nicht bemerkt haben.[9]

Erst gegen Ende der 1980er Jahre bemerkte man in der Volkswirtschaftslehre genauer, dass sich signifikante Veränderungen im Welthandel nicht beiläufig über die Jahre hinweg ergeben hatten. Die Daten, die nun in Langzeitanalysen betrachtet wurden, sprachen (und sprechen) für sich: Im Zeitraum von 1950 bis 1996 betrug die Wachstumsrate im Welthandel durchschnittlich 6,5 Prozent pro Jahr. Das Weltsozialprodukt stieg im gleichen Zeitraum um ca. 4 Prozent pro Jahr.[10] Besonders signifikant war die Steigerung bei den grenzüberschreitenden Direktinvestitionen – zwischen 1970 und 1996 wuchsen sie um durchschnittlich 11 Prozent pro Jahr![11]

Mit dem Beginn der *dritten Globalisierungsphase*, die man für die Zeit nach dem Ende des Ost-West-Konfliktes ansetzen kann, also etwa seit 1990,[12] lässt sich eine atemberaubende Vernetzung (fast) sämtlicher Volkswirtschaften der Erde konstatieren. Die Anzahl der von der Globalisierung ökonomisch betroffenen Länder dieser Welt war noch nie so

---

9   Die Europäische Integration seit den Tagen der Gründung der *Montanunion* ist so gesehen ein systemischer Indikator für die regionale Seite der Globalisierung. *Regional* deshalb, weil hier zunächst einmal (nur) für die westeuropäische Peripherie eine Politikperspektive struktureller Gemeinsamkeiten erhoben wurde, die sukzessive schließlich zu einem beinahe kontinentalen Programm geführt haben. – Vgl. hierzu in der Genese der historischen Schritte sehr übersichtlich Brunn (2002), speziell zur Entstehung Loth (1996), allgemein für die Übersicht auch Elvert (2006).

10 Vgl. Bender (2000): 9.

11 Vgl. ebd.

12 Vgl. Fäßler (2007): 153ff.

groß wie derzeit. Vor allem für die Staaten Südost- und Ostasiens hat dies enorme Auswirkungen. Selbst die Mehrzahl der klassischen Entwicklungsländer ist nunmehr mit Gewinnmargen im Welthandel involviert. Hier gibt es nur noch drei krasse Ausnahmen, die zugleich (auch nicht zufällig) als politisch-ideologische Außenseiter fungieren: Kuba, Nordkorea und (nur noch bedingt) Myanmar.[13]

Von der systemischen Vernetzung des Welthandels profitieren zwar (bis dato) die Länder der Ersten Welt, die OECD-Staaten am Meisten, denn einen Großteil ihres Außenhandels wickeln sie (nur) untereinander ab,[14] doch ist der Anteil der Handelstransaktionen mit Ländern der Dritten Welt in den Jahren bis 2000 um 40 Prozent gestiegen.[15] Für die Entwicklungsländer ist daher die Globalisierung die Chance zur Weiterentwicklung ihrer Gesellschaften und ihrer Ökonomien: mehr als 60 Prozent ihres gesamten Außenhandels orientiert sich an den Beziehungen zur Ersten Welt.[16]

Die globale Vernetzung der bislang nationalen Ökonomien ist also keineswegs ein Verlustgeschäft, wie viele Kritiker und Globalisierungsgegner (besonders in Staaten der Ersten Welt) immer wieder behaupten.[17] Eher ist das Gegenteil der Fall: der Nationalstaat wird hierbei aus

---

13   Vgl. Bender (2000): 10.
14   Beispiel Deutschland: Die Bundesrepublik hat seit ihrer Gründung auf *Platz 1* ihrer Außenhandelsbeziehungen Frankreich als Partner. Für das Nachbarland gilt diese Konstellation in gleicher Weise.
15   Vgl. Bender (2000): 10.
16   Vgl. ebd. – Von 1975 bis 2000 stieg der Anteil der Entwicklungs- und Schwellenländer am Weltexport von 18 auf ca. 30 Prozent. Allein die vier erfolgreichen asiatischen Tiger (Hongkong, Singapur, Südkorea und Taiwan) haben zwischen 1975 und 2000 ihren Exportanteil von 3 auf 10 Prozent erhöht – und das trotz der Währungskrise von 1997, die besonders diese Staaten betraf. Vgl. Siebert (2002): 13.
17   Oft werden hierbei einfach die Datensätze nicht in ihrer historischen Relation betrachtet. Ein Beispiel für diese unredliche Simplifizierung in der Globalisierungskritik liefern auch Scherrer/Kunze, wenn sie kritisieren, dass Afrika im Jahr 2008 nur 3 Prozent Anteil am Welthandel hatte und dies als Manifestation einer krassen Benachteiligung bewerten (vgl. 2011: 15). Dabei war der Anteil afrikanischer Staaten am Welthandel historisch noch nie größer als in der Gegenwart!

seinen limitierten Perspektiven der klassischen Nationalökonomie heraus geführt – oder – psychologisch betrachtet: widerwillig getrieben. Oft ist es daher ein schieres Unverständnis, was besonders in den etablierten Wohlfahrtsökonomien der Ersten Welt an Kritik zur Globalisierung geäußert wird. „Jede Volkswirtschaft kann durch den internationalen Güteraustausch Wohlstand gewinnen", konstatiert der Präsident des Instituts für Weltwirtschaft, Horst Siebert.[18] Die nationale Wettbewerbsfähigkeit im internationalen Zusammenhang unterliegt nicht den Maximen eines Nullsummenspiels, bei dem nur der eine Spieler gewinnt und der andere entsprechend verliert. Die Volkswirtschaften haben „einen gesamtwirtschaftlichen Vorteil durch die Spezialisierung auf ihr Exportgut".[19] Globalisierung bedeutet in dieser Hinsicht auch keine Umverteilung im herkömmlichen Sinn einer nationalstaatlichen Sozialperspektive, sondern sie beinhaltet eine Verlagerung und Ausdifferenzierung durch weltwirtschaftliche Integration hin zu einer „weltweit effizienteren Verwendung der Produktionsfaktoren Arbeit und Kapital".[20] Selbst im intrasektoralen Handel wird arbeitsteilig in einer globalisierten Perspektive differenziert. Was allerdings dann dazu führt, dass eine nationale Omnipotenz in allen wichtigen Erwerbsbranchen nicht mehr möglich ist. Der Nationalstaat muss sich im Rahmen der Globalisierung auf bestimmte Sektoren von Produktionsprozessen konzentrieren und spezialisieren. Alles andere, nämlich die Vorstellung einer umfassenden Nationalökonomie vom Agrarsektor bis in die modernen Dienstleistungen des High-Tech-Zeitalters, war ohnehin (nur) Ausdruck einer Philosophie aus dem 19. Jahrhundert vom autarken Nationalstaat und seiner Ökonomie.[21] Genau hierin aber besteht das Problem in der allgemeinen Wahrnehmung und kognitiven Verarbeitung der ökonomischen Effekte der Globalisierung: Da die arbeitsteilige Ausdifferenzierung der Produktionspro-

---

18   Siebert (2002): 13.
19   Ebd.
20   Bender (2000): 13.
21   Dabei hatte Adam Smith schon sehr weitsichtig auf die Dynamik und die Kostenvorteile des internationalen Handelswettbewerbs hingewiesen. Je freier sich dieser Wettbewerb gestalten lässt, desto besser letztlich für alle Beteiligten, die stets in der Konsumenten- wie Produzentenkonstellation gleichermaßen existieren (vgl. Smith 2009).

zesse und der konsumorientierten Nachfrage nunmehr auch sektoral, d.h. in unterschiedlicher Weise durch eine nationale Gesellschaft, erfolgt (und zwar mit zunehmender Dynamik), führt dies dazu, dass die Mehrwerteffekte der Globalisierung z.T. mit enormer Diskrepanz wahr genommen werden. Der Gleichheitsgrundsatz einer nationalen Solidarität moderner Gesellschaften wird dadurch nachhaltig beschädigt bzw. unterhöhlt. Ein *Volk* gibt es dann immer weniger, es geht vielmehr (nur noch) um die jeweils sektoral tätigen Menschen im Rahmen der Vernetzung der sich steigernden Effizienz globaler Märkte. Dies führt zu Strukturen der Ausgrenzung und Fragmentierung – und hier greift die Kritik an der Globalisierung zu Recht. Die fraktale Differenzierung und Wertminderung von Arbeitskräften in ihrem bisherigen nationalen Tätigkeitsrahmen, der nunmehr in ökonomischer Leistungskonkurrenz zu anderen nationalen Anbietern global steht, betrifft oft sogar ein und die gleiche Berufsgruppe (wie Beispiele aus den Ingenieurswissenschaften oder der Informatik) zeigen.[22]

Das Problem der Ausdifferenzierung von Arbeitsprozessen und der Verteilung und Vergütung von Arbeit betrifft aber nicht so sehr diejenigen, die im weltweiten Markt- und Konsumentensystem mit hohen Bildungsabschlüssen ausgestattet sind. *Brain-Drain-Arbeiter* bleiben der Motor der Weltwirtschaft und sind damit strukturell allen Ortens gefragt. Unqualifizierte (körperliche) Arbeit hingegen fällt damit noch weiter zurück als in der klassischen maschinellen Industrieproduktion bisher oh-

---

22　Vgl. hier bereits sehr früh zutreffend in der Globalisierungsdebatte Cohen (1997): 94ff. Selbst ein gut ausgebildeter Informatiker kann heutzutage ein Spitzengehalt bekommen – oder arbeitslos werden! – Anlässlich des Vorwahlkampfes von Hillary Clinton während der Primaries von 2007 notierte ein Journalist folgende Aussage der Kandidatin zum Effekt globaler Märkte und dem dadurch entstandenen Konkurrenzdruck für die nationalen Arbeitnehmer (Krauel 2007: 2): „In Iowa traf ich vorgestern einen jungen Ingenieur, der mir sagte: ‚Senator, ich lerne gerade meinen Nachfolger an. In Indien, zu einem Zwanzigstel meines Lohns. Ich habe aber doch alles richtig gemacht. Man sagte mir, ich solle lernen, und ich lernte. Man sagte mir, Computer seien die Zukunft, und ich wurde ein guter Ingenieur. Nun werde ich entlassen, Senator, was habe ich falsch gemacht?‘" – *Nichts*, kann man sagen – und genau das ist das Problem!

nehin schon.[23] Die Frage stellt sich insofern nachhaltig, wie eine zukünftige Arbeitsorganisation, die auf Dezentralisierung der Produktionsabläufe im weltweiten Maßstab setzen kann, weiterhin einen nationalen Zusammenhang im Sinne einer staatlichen Solidargemeinschaft strukturieren *kann* und *will?*

Die meisten Menschen arbeiten auf diesem Planeten noch in der Landwirtschaft.[24] Insofern erfasst die Globalisierung nur bestimmte Segmente arbeitsteiliger Prozesse im Welthandel, mitnichten die Masse der Weltbevölkerung. Das Steuerungsproblem ist somit für die klassisch etatistische Politik einer Ausrichtung auf die Wohlfahrtsorientierung hinsichtlich der Nation evident: Der Weltmarkt benötigt (eigentlich) keine große Wirtschaftsnation.[25] Wohl große Konzerne und auch sich vergrößernde Wirtschaftsräume, aber diese müssen nicht mehr spezifisch *national* geordnet sein. Der Unternehmer, der am Welthandel partizipiert, was bereits für viele mittelständische Betriebe in Deutschland gilt, hat eine Konkurrenzsituation *am Markt* zu berücksichtigen, bei der nicht mehr die nationalen Mitanbieter die entscheidenden Konkurrenten sind, sondern *die Anderen*, welche aufgrund geringerer Arbeitskosten in ihren Gesellschaftssystemen in der Herstellung von Produkten preiswerter am Markt anbieten können.

„Der Unternehmer ist ein professioneller Knappheitsüberwinder", konstatiert Patrick Adenauer als Präsident der Arbeitsgemeinschaft Selbständiger Unternehmer im Jahr 2005:[26] Das Ethos des Unternehmers „und sein zentraler Auftrag ist" es, „das Brot zu vermehren, nicht es – im Zeichen etwa der ‚sozialen Gerechtigkeit' – zu teilen". Verteilungsfra-

---

23 Vor etwa 30 Jahren beschäftigte die amerikanische Industrie noch ca. 19 Millionen Arbeiter, heute sind es dagegen nur noch 12 Millionen! Viele einfache Arbeitsabläufe wurden wegrationalisiert, von Robotern übernommen oder in asiatische Betriebe ausgelagert. Vgl. Fink (2011): 34. – Mit der Verlagerung von Arbeitskapazitäten in Länder der Dritten Welt sinkt auch zugleich der Repräsentationsanspruch und die Legitimation der (nationalen) Gewerkschaften in der Ersten Welt, die mit sinkenden Mitgliedszahlen zu kämpfen haben (vgl. dazu Klosek 2013).

24 Vgl. Cohen (1997): 20.

25 Vgl. auch ebd.: 118.

26 Adenauer (2005): 9 (Hervorhebung v. Adenauer).

gen sind somit Sache des Staates, aber je stärker dieser sich hierbei in die Belange der Wirtschaftlichkeit von Unternehmen einmischt, desto mehr gefährdet er damit die Konkurrenzfähigkeit der nationalen Produkte am internationalen Markt. „Überall da, wo der Staat in Überschätzung seines Wissens und seiner Kompetenz trotz aller gegenteiligen Erfahrung in die Wirtschaft eingreift, die Einkommen sozialisiert und die Menschen in seinen sozialen Versorgungssystemen am Gängelband hält, geht es mit der Standortqualität bergab".[27]

Die systemische Vernetzung vieler Produktionsprozesse und Konsumstrukturen durch die globale Marktwirtschaft führt dazu, dass der Staat nur noch intern betrachtet die Eigenschaft eines Wohlfahrtssystems aufweist, welches die Solidargemeinschaft der Nation beinhaltet. Faktisch wird jedoch (von außen betrachtet) der Staat bereits in die Rolle eines Agenten seiner nationalen Unternehmen und Konsumenten gedrängt, der sich in einer immer größer werdenden Vielfalt von anderen Staaten als Anbieter von Leistungen und Nachfragewünschen am Weltmarkt positionieren muss – wie schon der Unternehmer klassisch seit jeher.

Die auf die Nation und ihre Interessen ausgerichtete Politik hat mit dieser Entwicklung „nicht Schritt gehalten [...] und liegt bei der politischen Flankierung des Globalisierungsprozesses weit zurück".[28]
Im Grunde verhält sich das politische Establishment hier geradezu agnostisch, indem man in den Ruinen der volkswirtschaftlichen Betrachtungsweise des 19. und 20. Jahrhunderts verbleibt und noch dazu deren ideologische Modelle für den Sozialstaat hartnäckig als wahre Lehre von der Existenz des bürgerlichen Menschen auch für das 21. Jahrhundert propagiert. Dies gilt ganz besonders in Deutschland, wo fast alle Parteien sich am Zauberwort der *sozialen Gerechtigkeit* geradezu betrunken ereifern können, aber eine wirkliche Solidarität mit den weniger gut aufgestellten Sozialsystemen dieser Welt nicht einmal annähernd zur Kenntnis nehmen, geschweige denn *praktizieren*.
Die entscheidende Frage für das 21. Jahrhundert ist, ob und wie ca. drei Milliarden junge Menschen eine Arbeit finden, von der sie existieren

---

27   Ebd.
28   Straubhaar (2009): 65.

können? – Und wie wird die Politik, ob national oder international, darauf reagieren? Die Globalisierung findet eine Antwort auf diese Frage – durch ökonomische Diversifikation: Schwellenländer wie die so genannten *BRICS* steigen mit beeindruckenden Wachstumszahlen in der Weltwirtschaft auf,[29] die alten Industriestaaten, allen voran die USA, bauen ab.[30] Entwicklungsländer profitieren letztlich an diesem mit hoher Dynamik ablaufenden Prozess. Afrika hatte im Jahr 2007 zum fünften Mal in Folge ein Wachstum von mehr als fünf Prozent, das globale Wachstum lag hingegen nur bei 3,4 Prozent.[31] Die guten Wachstumszahlen resultieren aus der Beilegung regionaler militärischer Konflikte sowie der Liberalisierung der nationalen Wirtschaftssysteme. Nicht Abschottung, sondern Öffnung zum Welthandel, ist hier die Strategie. So erklärte auch der Außenminister Kenias:[32] „Globalisierung heißt freier Wettbewerb, und Konkurrenz belebt das Geschäft. Die Warnung vor dem chinesischen Imperialismus klingt besonders heuchlerisch, wenn sie aus den USA oder der EU kommt. China hat Milliarden in Nordamerika und Europa inves-

---

29 Die sogenannte *BRICS*-Staatengruppe besteht aus den Schwellenländern Brasilien, Russland, Indien, China und Südafrika. Ihre 2011 noch weltweit an den Börsen gefeierte innovative Reputation hat mittlerweile schon wieder an Ansehen verloren. Die internationalen Investoren ziehen ihr Geld aus diesen Ländern aus unterschiedlichen Gründen zurück. Z.T. liegt es an der mangelnden Attraktivität gegenüber den nunmehr wieder wachstumsstarken Industrieregionen der Ersten Welt. Die wachsende Skepsis hat aber auch etwas zu tun mit der weiterhin nachhaltig hohen Korruption in den BRICS-Staaten, ihren immensen sozialen Problemen, deren politische Lösung nicht erkennbar ist. – Vgl. Stocker (2013): 13.

30 Die Globalisierung führt zu einer Nivellierung der Arbeitskraft in ihrer Relation zu den bisher üblichen nationalen Konsummöglichkeiten. Wenn beispielsweise ein Facharbeiter bei *General Motors* (GM) in Pontiac vor dem Freihandelsabkommen, das Bill Clinton in den 1990er Jahren umgesetzt hat, 62 Dollar pro Stunde verdiente, im neuen GM-Werkslager im Mexiko jedoch nur 24 Dollar, dann hat sich diese Relation aus der Sicht des amerikanischen Facharbeiters mittlerweile verschlechtert. Der GM-Mitarbeiter in Pontiac bekam im Jahre 2009 nur noch 42 Dollar ausgezahlt, hier schon alle Sonderleistungen inklusive! – Vgl. Schmitt (2009): 8.

31 Vgl. Stocker/Zschäpitz (2008): 17.

32 Zit. n. Buch (2007): 6.

tiert, und in Peking gibt es heute mehr McDonald's-Filialen als in Texas und mehr Airbus-Jets als in Berlin!"

Allerdings konzentriert sich der wirtschaftliche Erfolg in Afrika bisher nur auf zwei bestimmte Regionen: a) auf Südafrika und b) auf den arabischen Norden. Alle übrigen schwarzafrikanischen Staaten haben zusammen (2008) nur ca. 500 Unternehmen, die an den internationalen Börsen überhaupt als Kapitalanlage (mit einem Gesamtwert von 100 Milliarden Dollar) notiert sind.[33]

„Das Erfolgsrezept der Globalisierung ist eigentlich ganz einfach", konstatiert Thomas Straubhaar angesichts solcher Daten zu Recht,[34] „es folgt konsequent einer alten Erfahrung: Volkswirtschaften beschleunigen ihr Wachstum, wenn sie ihre Grenzen öffnen und von der internationalen Arbeitsteilung profitieren". – „Denn je größer und offener die Märkte, desto stärker ist auch der Anreiz, Fähigkeiten und Techniken zu entfalten und neue Produkte und Verfahren zu entwickeln". Deshalb sind Transportwege und Transportmittel und ihre Technologie so wichtig geworden. Deshalb ist die Erweiterung beispielsweise des Panamakanals um eine neue, breitere Fahrrinne, die noch größere Containerschiffe aufnehmen kann, ein zentraler Operationspunkt in der Globalisierung. Euphemistisch, aber zu Recht, konstatiert der panamesische Staatspräsident: „Wir schaffen eine neue Weltordnung in Sachen Logistik".[35]

Die ökonomische Vernetzung in der Globalisierung folgt hierbei jedoch nicht den Prinzipien der nationalstaatlichen Volkswirtschaftslehre – sie diskreditiert diese sogar massiv. Die neue Konstellation lässt sich in ihrer oft paradoxen Wechselwirkung und Ambivalenz am besten mit der Gesetzmäßigkeit der Thermodynamik verständlich machen: Man stelle

---

33   Zum Vergleich: allein die Börse in Johannisburg verzeichnet 167 Unternehmen (im Jahr 2008) mit einem Wert von insgesamt 483 Milliarden Dollar. Allein die Firmen in Ägypten bringen im gleichen Jahr 80,2 Milliarden Dollar an die nationale Börse. – Vgl. Stocker/Zschäpitz (2008): 17.

34   Straubhaar (2009): 63.

35   Hier zit. n. Müller (2012): 10. – Die bis dato teuerste Durchfahrt durch den Kanal war die des Kreuzfahrtschiffes *Norwegian Pearl*. Die Kosten von 375.000 Dollar sind jedoch im Vergleich zu den veranschlagten Kosten von 4 Millionen Dollar, die eine Umschiffung um Kap Horn herum erbracht hätte, ein Beispiel für die Minimierung von Kosten durch die Optimierung von globalen Verkehrsnetzen.

sich im Modell zwei Räume vor, von denen der eine Raum stark beheizt wurde und der andere recht kühl gehalten. Beide Räume sind miteinander nur durch *eine* Tür verbunden. Ansonsten gibt es hier auch keine weiteren Öffnungen oder Fenster – nur die eine Tür. Was passiert nun, wenn man die beiden Räume, die möglicherweise über Jahrzehnte hinweg so geschlossen waren, miteinander verbindet, indem man die Tür öffnet? – Die Antwort ist klar: die Wärmezustände in den beiden Räumen diffundieren und gleichen sich an. Der bisher warme (vielleicht sogar zu heiße Raum) wird kühler und der bis dato kalte Raum bekommt mehr Wärme. Ab einem gewissen Zeitpunkt werden beide Räume, sofern es keine andere Öffnung gibt, eine annähernd gleiche Temperatur haben.

Stellen wir uns nunmehr die beiden Räume als *Nationalstaaten* vor, die sich auf diese Weise voneinander abgeschlossen haben und nun ihre Tür öffnen, wird die Wirkung eine diffundierende sein. Analogisieren wir die *Wärme* aus unserem Modell mit Variablen wie *Sozialstandards*, *Arbeits*- und *Produktionsbedingungen*, wird deutlich, dass nichts so bleibt wie es bis zur Öffnung der Tür war. Das ist jedoch bezogen auf die Globalisierung kein Nullsummenspiel. Die ursprünglich antike Vorstellung, wirtschaftliche Sachverhalte im Sinne einer Nullsummenoption zu perspektivieren, hat für die Nationalökonomie die simple Vorstellung ergeben, dass jeglicher Abzug von Wirtschaftskraft auf der einen Seite, Gewinne auf der anderen ergeben müsse.[36] Dabei ist das Modell für die globale Konstellation viel komplexer: diffundierende Faktoren schaffen aufgrund der arbeitsteiligen Prozesse ganz differente Gewinn- und Verlustoptionen (und zwar räumlich wie zeitlich).

Wenn man das Modell aus der Perspektive der Thermodynamik weiter denkt, dann handelt es sich bei der globalen Konstellation nicht um die Diffusion von zwei oder drei Räumen, sondern um ein Vielfaches. Eigentlich unendlich viele Räume sind mit ihren nunmehr geöffneten Türen miteinander verbunden. Da die vormals nationalen *Räume* auch keineswegs einfach linear aneinander hängen, sondern Unter- und Oberkammern haben, die z.T. schräg und quer angebaut wurden, die Verbindungstüren auch mal auf und (zeitlich) wieder zugeschlagen werden, ist

---

36 Vgl. auch Hörl (2013): 2.

hier nach dem Gesetz der Thermodynamik ein gigantischer Sog der Wärmeregulierung entstanden, der sich in verschiedenen Räumen mit unterschiedlicher Geschwindigkeit und Effekten auswirkt. Mit der Globalisierung werden im Grunde alle Räume in ihren Temperaturzuständen *geflutet*, nicht zeitgleich, aber sukzessive immer mehr in einer Synchronisierung.

Aus der stetig voranschreitenden Verflechtung der nationalen Wirtschaftsräume erwächst zudem eine schier unübersehbare Fülle von neuen Politikformen. Wirtschaftliches Verhalten, in Demokratien ohnehin mitunter quasi *militärisch* vorgetragen, wird nun zur grundlegenden Gestaltungsform der Politik. Jeder nationale Standort, d.h. hier: die Nation als Ganzes, steht mit anderen Standorten in unmittelbarer Konkurrenz. Man ist nicht unbedingt mehr *Feind* im etatistischen Sinn des 19. und 20. Jahrhunderts, auf jeden Fall aber *Konkurrent* im Wettbewerb um Waren, Dienstleistungen, Konsumansprüchen und Ressourcen, um diese zu befriedigen.[37] Die klassische Geopolitik bekommt nunmehr durch die Globalisierung ein völlig neues Gewicht. Die Spielformen des Handelns haben sich verändert: während im Zeitalter des Ost-West-Konflikts das Schachbrett die raumanaloge Konstellation war, auf der man operierte, Länder eroberte und verteidigte, ist es nun ein Denken im Stile pluraler *Monopoly*-Ansprüche.[38]

Da alles mit allem zusammenhängt, ist ein einseitiges Handeln von Staaten nicht mehr möglich. Zwar suggerieren die nationalen Politiker dies ihrem jeweiligen Wahlvolk, doch sind die tatsächlichen Handlungsmöglichkeiten in der Struktur der vernetzten globalen Ökonomie nur noch bedingt für einen nationalen Alleingang gegeben. Die Weltfinanzkrise, die 2008 begann (und eigentlich immer noch nicht zu ihrem Ende gekommen ist) hat dies auf dramatische Art anschaulich gezeigt. Was wir gegenwärtig erleben, ist wahrscheinlich das Ende der Dollar-Suprematie in der Weltwirtschaft. Noch im Jahre 2005 waren ca. 60 Prozent der weltweiten Währungsreserven (geschätzte 3,7 Billionen Dollar) in der

---

37   Vgl. auch Friedman (1999): 34.
38   Vgl. ebd.: 250f.

US-Währung angelegt. Nur 20 Prozent demgegenüber in der Euro-Währung.[39]
Eine Verlagerung der Währungsreserven vom Dollar- in den Euro-
oder Goldstandard, wie es sich teilweise 2010/11 temporär angedeutet
hat, bringt natürlich erhebliche Probleme für den Welthandel mit sich.[40]
Die Diffusionseffekte zwischen den nationalen Märkten werden immer
stärker und zeitlich dynamischer. Da auch bisher finanzstarke Industrieländer (wie Frankreich und Großbritannien) von den Ratingagenturen
abgestuft wurden, verändert sich damit auch die Bonitätsbewertung für
die Schwellenländer. Sie werden relational lukrativer. Damit verändern
sich aber auch die Gewissheiten am Markt. „Vor fünf Jahren war die
Welt vorhersehbar", konstatiert ein Ratingexperte:[41] „So etwas wie Ban-
kenkrisen gab es vor allem in den sich entwickelten Volkswirtschaften.
Jetzt leben wir in einer Welt, in der viele dieser Annahmen verschwun-
den sind." Nach Schätzungen lagern etwa 60 Prozent sämtlicher globaler
Währungsreserven bei den sieben größten asiatischen Banken! Davon
allein 40 Prozent bei Banken in China und in Japan.[42] Das Problem eines
schwachen US-Dollars ist damit auch ein Problem für die chinesische
Volkswirtschaft bzw. für den chinesischen Staat als größten Kapitaleig-
ner.
Da die US-Bürger seit 1971 stets mehr Waren in ihr Land importiert
haben als die eigene Wirtschaft exportiert hat, ist der Konsum der amerikanischen Gesellschaft strukturell nur durch einen permanenten Kre-
ditzufluss durch den Rest der Welt gegenfinanziert worden.[43] Die eigene
Produktivität reichte bei weitem nicht aus. Insofern ist es nicht nur ein
Haushaltsdefizit – und zwar ein Gigantisches, was die USA haben, sondern zugleich auch ein Außenhandelsdefizit.

---

39 Vgl. Struve/Zschäpitz (2005): 17.
40 So hatte beispielsweise innerhalb von nur 29 Handelstagen seit Anfang Mai
    2010 der Euro im Vergleich zum US-Dollar um 10 Prozent zugelegt (auf eine
    Quote von 1,30 Dollar)! Das entsprach im Frühsommer 2010 einer Vermö-
    gensumverteilung von den USA nach Europa um ca. 1,3 Billionen Dollar! Vgl.
    Eckert/Zschäpitz (2010): 17.
41 Hier zit. n. Welt-Kompakt (2013): 15.
42 Vgl. Eckert/Zschäpitz (2010): 17.
43 Vgl. Graw (2011): 3.

Somit sind besonders die USA, bisher Marktführer in der Liberalisierung des Welthandels, von den Vernetzungseffekten des Weltmarktes betroffen. Dies gilt vor allem für den Bereich der Finanztransaktionen. Bereits der Einbruch, den der amerikanische Aktienmarkt Mitte April 2000 hinnehmen musste, hat zu einer Kapitalvernichtung von etwa 4.000 Milliarden DM seinerzeit geführt. Welche Bedeutung dies für die amerikanische Gesellschaft hatte, lässt sich daran ermessen, dass im Vergleich zum Börsencrash vom Oktober 1987, bei dem jeder fünfte amerikanische Haushalt davon in Mitleidenschaft gezogen worden war, im Jahr 2000 bereits jeder zweite US-Haushalt betroffen gewesen ist.[44]

Die Weltfinanzkrise von 2008 ist ebenfalls unmittelbar durch ein eher innenpolitisches Phänomen ausgelöst worden – durch die Immobilienkrise in den USA.[45] Die geplatzte Immobilienblase hat dort allein die gigantische Summe von geschätzten 2 Billionen Dollar vernichtet. Da zwei Drittel aller US-Bürger Eigenheimbesitzer sind, hat dies verheerende

---

44 Vgl. Dries (2000): 1.
45 Unter dem Motto einer *forderungsbedingten Schuldverschreibung* hatten US-Banken bis zum Jahr 2008 Kredite an Hausbesitzer vergeben, die sich finanziell eigentlich gar kein Haus hätten leisten können, weil sie nicht über das nötige Kapital verfügten. Solche Hauskredite konnten ganz legal dank eines entsprechenden Gesetzes aus der Ära Jimmy Carters vergeben werden, indem Hypothekenbanken Risikoaktien darauf angelegt haben. Wenn ein Hausbesitzer seinen Kredit nicht mehr abzahlen konnte, dann wurden einfach die Risikoaktien weiter verkauft. Im Jahre 2007 kamen viele (dieser eigentlich armen) Hausbesitzer in den USA aufgrund der enorm gestiegenen Ölpreise in Zahlungsschwierigkeiten wegen ihrer Zinsverpflichtungen. Die Folge war eine rasant gesteigerte Abgabe von Risikoaktien am Kapitalmarkt, was dazu führte, dass diese Aktien immer mehr an Wert verloren und bestimmte US-Banken, die auf dieses Geschäft schwerpunktmäßig spezialisiert waren, pleitegingen. Vgl. u.a. Krauel (2008): 3. – Allein die Investmentbank *Fannie Mae and Freddie Mac* hatte auf dem US-Markt Hypotheken im Wert von 5,3 Billionen Dollar angehäuft. Das war im Jahre 2008 die Hälfte aller Hypotheken in den USA und entsprach vom Volumen her einem Drittel der Bruttoinlandsproduktivität der USA! Nur dank massiver Stützungsfinanzierung am Aktienmarkt durch die Regierung konnte diese Bank erhalten werden. Sie war (leider) systemrelevant. Eine Insolvenz wäre fatal gewesen für die gesamte US-Wirtschaft. – Vgl. Ridderbusch (2008): 6.

Folgen für die soziale Infrastruktur der Gesellschaft.[46] Die Ergebnisse einer Analyse der Bostoner Consulting Group zeigen, dass im Jahr 2008 fast 12 Billionen Dollar weltweit vernichtet worden sind.[47]

Was die aktuelle Politik in der seitdem stattfindenden Nachbekämpfung der Weltfinanzkrise betrifft, so kann man hier eher von Scheinlösungen sprechen als dass die Maßnahmen tatsächlich die Realität erfolgreich strukturieren.[48] Wenn der amerikanische Präsident in einem Positionspapier im Vorfeld des G-20-Gipfels in London im März 2009 die Botschaft verbreitet, dass es keine Probleme mit der Finanzierung der Staatenwelt geben würde, wenn sich alle gemeinsam an eine Linie (wohl die der USA) halten würden, dann ist dies einigermaßen naiv-idealistisch.[49] Denn das Kennzeichen der Globalisierung hinsichtlich der ökonomischen Vernetzung ist, dass sie gerade nicht gleichmäßig für alle verläuft. Alle sind zwar involviert, aber in *unterschiedlicher* Weise. Folglich sind auch die Zieloptionen zwischen den Staaten nicht identisch, geschweige denn die Mittel und Möglichkeiten.

Der Kern des Problems ist auch nicht die Vernetzung in der globalen Finanzwirtschaft, die mit immer schnelleren Dominoeffekten aufwartet, sondern die Staaten selbst sind das Grundproblem.[50] Nicht nur Griechenland ist vom Staatsbankrott bedroht, eigentlich sind auch die USA angesichts ihrer gigantischen Verschuldung von über 14 Billionen Dollar längst pleite. Die Staaten agieren hier wie Drogenjunkies, die sich mit dem therapieren wollen, was die Ursache für ihre Sucht ist: Geld für den Konsum – und zwar einem Konsum, der nicht real erwirtschaftet wird, sondern nur durch einen Kredit auf die Zukunft erkauft werden kann.

Dieses Verhalten ist, da hat der dreifache Pulitzer-Preisträger Friedman ganz Recht, nicht einfach ein finanztechnisches Problem, sondern im Kern „ein ethischer Störfall": Denn es werden „nachhaltige Werte durch situationsbezogene ersetzt".[51] Die Banker hätten, so argumentiert Friedman, das I.G.B.-Y.B.G.-Prinzip bei der Kreditvergabe praktiziert:

---

46   Vgl. Schmitt (2011): 8.
47   Vgl. Gersemann (2009): 9.
48   Vgl. auch Müller/Graap (2012): 5.
49   Vgl. Obama (2009): 7.
50   Vgl. hier u.a. Reinhart/Rogoff (2010) u. Beck (2011).
51   Friedman (2009): 38.

I'll be gone, you'll be gone – wenn der Kredit eines (fernen) Tages zurückgezahlt werden muss.[52] Leider gilt das Gleiche (oder eigentlich noch viel stärker) auch für die Verantwortung des Staates bei der Kreditaufnahme zu Lasten der kommenden Generationen. Nationale Regierungen müssen im Angesicht der Weltfinanzkrise im Grunde dazu übergehen, strukturell vorausschauender zu planen. Sich hier lediglich auf die alten wohlfahrtstaatlichen (und im Kern paternalistischen) Reflexe zu beziehen, reicht nicht mehr aus bzw. ist die falsche Option. Die Dimension staatlichen Handelns muss schrumpfen, damit die Qualität der Leistungen des Staates besser wird. Hermeneutisch impliziert dies die Frage nach dem nicht unterschreitbaren Kern der staatlichen Funktionen.

Aber auch das Nachdenken über die Grundlagen der Ökonomie wird sich verändern müssen. Im Zeitalter der Globalisierung kann es nicht mehr zureichend sein, hier lediglich in den Kategorien der Nationalökonomie und in dem Referenzrahmen gesellschaftlicher Wohlstandsmaximierung pro Nation zu reflektieren. Auch die Vorstellungen darüber, was überhaupt ein globaler Markt ist und welche Effekte von welchen Akteuren zu einer bestimmten Zeit ausgelöst werden können, bedarf neuer theoretischer Perspektiven. Zu Recht konstatiert der New Yorker Ökonom Roman Frydman:[53] „Die gängigen Modelle betrachten die Märkte als effizient und damit stabil. Alle Abnormitäten gelten als Abweichungen von der Norm. Aber mit einem so stark beschnittenen Blick auf die Wirklichkeit kann man keine Krise vorhersagen." – „Die gegenwärtigen makroökonomischen Theorien ignorieren die Wirklichkeit", kritisiert Frydman darüber hinaus:[54] „Deren Vertreter haben eine klare Vorstellung davon, wie rationales Verhalten aussieht. Und ihre Modelle setzen voraus, dass sich Anleger und Märkte verhalten, wie in der Vergangenheit – ganz mechanisch." Die Globalisierung jedoch lässt sich mit einem mechanischen Verständnis nicht mehr begreifen.

Wichtig in diesem Zusammenhang ist allerdings nicht nur die Suche nach neuen Theorien, die zu einem besseren Verständnis ökonomischer

---

52 Ebd. – Illustre Beispiele zur Kritik an den Strukturen des internationalen Kapital- und Aktienmarktes liefern in systematischer Übersicht auch Munk/Essiger (2010): 136ff.
53 Frydman (2011): 10.
54 Ebd.

Vorgänge in vernetzten *Volkswirtschaften* beitragen,[55] sondern ebenso auch die strukturelle Lösung des Problems der Entscheidungsfindung in immer dynamischeren heterogenen Prozessen am Welt-Finanz-Markt. Die enormen Schwierigkeiten, die mit der immensen Staatsverschuldung Griechenlands zu einer beispiellosen Destabilisierung in der supranationalen Politik der EU geführt haben,[56] demonstrieren anschaulich das Grundproblem in der Eurozone: Wer entscheidet (mit welcher Legitimation) über das viele Geld, welches hier unter dem Vorwand der europäischen Solidarität umverteilt wird? – 17 Nationalstaaten, also 17 Regierungen, die ganz unterschiedliche Wirtschaftsvolumina aufweisen, oder etwa die Kommission in Brüssel – oder die EZB? Anders als bei der amerikanischen Regierung, die ebenfalls ein erschreckendes Staatsdefizit zu verantworten hat, zersplittert sich die Legitimationsfrage im Euro-Raum. Übertragen auf die USA wäre das so, als wollte man Texas und Oregon erlauben, über die Dollar-Politik mitzuentscheiden. Eine absurde Vorstellung! Man sieht an diesem Vergleich, woran es der EU ermangelt: nach wie vor beharren die nationalen Regierungen auf ihre Dezisionskompetenz, was aber (bei gemeinsamer Währung) zu einer Fragmentierung führt. Eine Vereinigung der Staaten der Eurozone wäre hier dringend notwendig, andernfalls kann man auch gleich wieder in die nationalen Währungen zurückgehen.

Literatur

Adenauer, Patrick (2005): Deutschland vertreibt das Kapital. In: Die Welt (29. April 2005) S.9.

Beck, Hanno (2011): Staatsverschuldung. Ursachen – Folgen – Auswege. München.

---

55 Wahrscheinlich ist der Begriff *Volkswirtschaft* allein schon irreführend, da sich marktwirtschaftliche Aktivitäten nicht nur bei großen Konzernen, sondern auch bei erfolgreichen Mittelständlern immer weniger unter dem Aspekt einer *nationalen* Mehrwertschöpfung erfassen lassen.

56 Paradoxerweise sind seit Ausbruch der Krise im Euroraum die Staatsausgaben nicht gesunken, sondern insgesamt sogar noch gestiegen. Wenn hier strukturell nichts wieder in den Ausgabenansprüchen zurück gestuft wird, dann werden Steuererhöhungen in den Mitgliedsländern unvermeidbar sein. – Vgl. Wieland (2013): 275.

Bender, Dieter (2000): Internationale Handelspolitik und weltwirtschaftliche Integration der Entwicklungsländer. In: Aus Politik und Zeitgeschichte 50 (2000) H.9, S.9-15.

Brunn, Gerhard (2002): Die Europäische Einigung von 1945 bis heute. Stuttgart.

Buch, Hans Christoph (2007): Von Sekten, Slums und Serengetti. In: Die Welt (16. Juli 2007) S.6.

Cohen, Daniel (1997): Fehldiagnose Globalisierung. Die Neuverteilung des Wohlstands nach der dritten industriellen Revolution. 2. Aufl. Frankfurt a.M./New York.

Dries, Folker (2000): Das Beben an der Wall Street. In: Frankfurter Allgemeine Zeitung (17. April 2000) Nr.91, S.1.

Eckert, Daniel / Zschäpitz, Holger (2010): Der Euro zwischen Triumph und Niedergang. In: Die Welt (17. Juli 2010) S.17.

Elvert, Jürgen (2006): Die europäische Integration. Darmstadt.

Fäßler, P. E. (2007): Globalisierung – ein historisches Kompendium. Köln/Weimar/Wien.

Fink, Pierre-Christian (2011): Nach der Uni der Ruin. In: Die Zeit (15. September 2011) Nr.38, S.34.

Friedman, Thomas L. (1999): Globalisierung verstehen. Zwischen Marktplatz und Weltmarkt. Berlin.

Friedman, Thomas L. (2009): „Zeige mir dein Geld, Mann!" In: Welt am Sonntag (25. Oktober 2009) Nr.43, S.38.

Frydman, Roman (2011): „Die Modelle taugen nichts". Ökonom Roman Frydman über das Versagen der Finanzforschung, Markt-Exzesse und Gier. In: Die Welt (2. Mai 2011) S.10.

Gersemann, Olaf (2009): Dauerhaft ärmer geworden. In: Die Welt (15. September 2009) S.9.

Graw, Ansgar (2011): Die amerikanische Krise. In: Die Welt (22. Juli 2011) S.3.

Hörl, Michael (2013): Klub der roten Richter. In: Die Welt (18. Februar 2013) S.2.

Klosek, Artur (2013): Quo vadis, deutsche Gewerkschaften? Herausforderungen im globalisierten 21. Jahrhundert am Beispiel der IG Metall. Frankfurt a.M. u.a.

Krauel, Torsten (2007): Unterwegs mit Hillary Clinton. In: Die Welt (2. Februar 2007) S.2.

Krauel, Torsten (2008): Das Boot droht zu kentern. In: Die Welt (19. Januar 2008) S.3.

Loth, Wilfried (1996): Der Weg nach Europa. Geschichte der europäischen Integration 1939-1957. 3. Aufl. Göttingen.

Messner, Dirk (1997): Ökonomie und Globalisierung. In: Globale Trends 1998. Fakten, Analysen, Prognosen. Hrsg. v. I. Hauchler, F. Nuscheler u. dems. Frankfurt a.M., S.134-167.

Müller, Ute (2012): Oh, wie schön wird Panama sein. In: Die Welt (4. Februar 2012) S.10.

Müller, Armin / *Graap*, Torsten (2012): Die ewige Krise. Warum wir aus der (Wirtschafts-)Krise nicht herauskommen. Marburg.

Munk, Ernst / *Essiger*, Nicole (2010): Masterplan zur Sanierung der Weltwirtschaft. Praxishandbuch zur Insolvenzprophylaxe von Staat und Wirtschaft. Wiesbaden.

Obama, Barack (2009): Packen wir die Krise gemeinsam an. In: Die Welt (24. März 2009) S.7.

Osterhammel, Jürgen / *Petersson*, Niels P. (2003): Geschichte der Globalisierung. Dimensionen, Prozesse, Epochen. München.

Reinhart, Carmen M / *Rogoff*, Kenneth S. (2010): Dieses Mal ist alles anders. Acht Jahrhunderte Finanzkrisen. 2. Aufl. München.

Ridderbusch, Katja (2008): Schulden machen, um kreditwürdig zu sein. In: Die Welt (18. Juli 2008) S.6.

Scherrer, Christoph / *Kunze*, Caren (2011): Globalisierung. Göttingen.

Schilling, Heinz (1999): Die neue Zeit. Vom Christenheitseuropa zum Europa der Staaten. 1250 bis 1750. Berlin.

Schmitt, Uwe (2009): Eine Stadt stürzt ab. In: Die Welt (9. März 2009) S.8.

Schmitt, Uwe (2011): Freiwillige Zwangsräumung – Amerikaner ohne Haus im Glück. In: Die Welt (25. Januar 2011) S.8.

Siebert, Horst (2002): Die Angst vor der Globalisierung. Sieben Thesen. In: Frankfurter Allgemeine Zeitung (24. August 2002) Nr.196, S.13.

Smith, Adam (2009): Der Wohlstand der Nationen. Eine Untersuchung seiner Natur und seiner Ursachen. Mit einer umfassenden Würdigung des Gesamtwerkes hrsg. v. H. C. Recktenwald. 12. Aufl. München.

Stocker, Frank / *Zschäpitz*, Holger (2008): Investoren gehen auf Entdeckungsreise in Afrika. In: Die Welt (26. April 2008) S.17.

Stocker, Frank (2013): Angst vor Schwellenländer-Crash wächst. In: Die Welt (20. Juni 2013) S.13.

Straubhaar, Thomas (2009): Die gefühlte Ungerechtigkeit. Warum wir Ungleichheit aushalten müssen, wenn wir Freiheit wollen. Berlin.

Struve, Anja / Zschäpitz, Holger (2005): Die Dollar-Bombe tickt. In: Die Welt (11. März 2005) S.17.

Teusch, Ulrich (2004): Was ist Globalisierung? Ein Überblick. Darmstadt.

Welt-Kompakt (2013): Zahl der Länder mit Topbonität sinkt dramatisch. In: Die Welt (28. März 2013) S.15.

Wieland, Volker (2013): Wachstum durch Fortschritt. Fragen an einen Wirtschaftsweisen. In: Forschung & Lehre, 20 (2013) H.4, S.274-275.

IV. Revolution der Kommunikation

Die Globalisierung resultiert in ihrer Dynamik in der Gegenwart vor allem auch aus den technischen Innovationen in der Kommunikation. Seit der ersten elektrischen Fernsprechübertragung durch Philipp Reis im Jahre 1861 hat sich die Möglichkeit der Menschen, untereinander in einem preiswerten Kosten-Nutzen-System zu kommunizieren, enorm weiter entwickelt. Dieser Prozess ist besonders dadurch gekennzeichnet, dass anfänglich hohe Betriebskosten, etwa bei einem Telefongespräch zwischen New York und Paris zu Beginn des 20. Jahrhunderts, im Laufe der Zeit durch Massenproduktion und Verkauf an breite Schichten in der Gesellschaft immer kostengünstiger geworden sind.[1] Der Siegeszug des Computers und damit verbunden auch der Internet-Kommunikation rund um den Globus in den letzten 30 Jahren demonstriert dies in aller Deutlichkeit.[2]

Die Web-Generation der Gegenwart kann individuell je nach Interessenlage und Laune (fast) ohne Probleme von einem Ende der Welt bis zum anderen kommunizieren – und zwar in *Echtzeit,* wenn man will.[3] Dadurch rücken Informationen in einer bis dato nicht gekannten Ver-

---

1   Der erste Prototyp eines Handys, mit dem der Erfinder Martin Cooper im April 1973 in New York telefonierte, kam erst 10 Jahre später in den Handel und war zunächst recht teuer. Selbst als Gorbatschow 1987 mit dem ersten russischen Handy demonstrativ telefonierte, kostete das Gerät zu diesem Zeitpunkt umgerechnet mehr als 5.000 Euro! – Vgl. Heine (2013): 8.

2   Eine Aussage, demzufolge der technische Fortschritt „eine notwendige, aber keine hinreichende Bedingung der Globalisierung" sei (Scherrer/Kunze 2011: 55), verkennt das Ausmaß und die Bedeutung der digitalen wie formativen Funktion der Kommunikation. An diesem Missverständnis zeigt sich auch, wie wenig sinnvoll es ist, die Globalisierung lediglich unter ökonomistischen Fragestellungen oder denen der IB abzuhandeln.

3   *Jack Bauer,* der Antiterrorjäger der amerikanischen Erfolgsserie *24,* ist paradigmatisch der Protagonist der neuen technischen Möglichkeiten, die dazu führen, dass Schnelligkeit in der Entscheidungsfindung zum Maß aller Dinge wird, weil (scheinbar) die Dringlichkeit von Informationen keinen Aufschub mehr duldet für soziales wie politisches Handeln. Welche Folgen dieser kognitive Handlungsdruck nicht nur für Individuen, sondern auch für ganze Gesellschaften, Kulturen und Staaten hat, wird in den folgenden Kapiteln noch zu besprechen sein.

dichtung zusammen: Entscheidungen an der Wallstreet haben fast im Halbstundentakt Auswirkungen auf die übrigen Börsen dieser Welt (und umgekehrt). Während eine Nachricht der *Eastindia Company* im 18. Jahrhundert mehrere Wochen benötigte, um nach London per Schiff zu gelangen, erfolgen elektronische Übertragungen heute im Sekundentakt. Dies schafft aber nicht nur Vorteile, sondern produziert auch systemische Abhängigkeiten neuen Typs – und ist als Phänomen vor allem längst nicht so einheitlich, wie die Onlinenutzer meistens unterstellen.

Selbst bei aller kostengünstigen Preisentwicklung im Internetzeitalter bleibt die Onlinenutzung (bis dato) ein Bereich für privilegierte Schichten der Weltgesellschaft. Immer noch sind über fünf Milliarden Menschen von dieser Nutzung ausgeschlossen, weil sie a) nicht die finanziellen Mittel dazu haben oder b) überhaupt nicht die technischen Voraussetzungen bzw. das entsprechende Know How.[4] Wer nicht lesen und schreiben kann, wird auch den einfachsten Computer nicht beherrschen. Der *Digital Divide*, die Kluft zwischen denjenigen, die weltweit kommunizieren und denjenigen, die technisch wie sozial auf die Face-to-Face-Kommunikation ihrer örtlichen Umgebung angewiesen (und dem auch ausgeliefert) sind, hat sich trotz rasanter Wachstumszahlen der Onlinenutzung strukturell für die globale Perspektive noch nicht entscheidend verbessert. Da sich hierbei vor allem sektorale, also innergesellschaftliche Nutzungsdifferenzen zwischen wohlhabenden und armen Bevölkerungsgruppen ergeben und regionale bzw. sogar kontinentale Schwerpunktbildungen, betrifft die digitale Vernetzung nur eine Minderheit der Weltbevölkerung von etwa 2 Milliarden Menschen.[5] Die meisten Internetnutzer leben nach wie vor in den USA, auch wenn sich der chinesische Markt hier in den letzten Jahren signifikant etabliert und rasant entwickelt hat.[6] Im Grunde muss man hier mit Blick auf die Weltbevölkerung nach wie vor von einer USA- oder Europa-Kommunikation reden,[7] denn insbesondere die USA dominieren die weltweite Tele- und digitale Daten-

---

4   Vgl. Wittmann (2006): 209f.
5   Vgl. Hanrath/Leggewie (2012): 158.
6   Vgl. Wittmann (2006): 212, Hanrath/Leggewie (2012): 160. – Allein in China gibt es derzeit (Ende Juni 2013) ca. 591 Millionen Internetnutzer (vgl. Erling 2013: 7).
7   Vgl. auch Stegbauer (2008): 3.

kommunikation. Ca. 70 Prozent der Websites dieser Welt sind in den USA angesiedelt, Englisch ist die alles dominierende Sprache im Internet.[8] Wenn man also die Informationsmöglichkeiten, die das Internet bietet, im Sinne einer *Wissenstransfermaschine* betrachtet,[9] die eine Art von *Hypermedium* darstellt,[10] bei der verschiedene mediale Technologien zusammenfließen, dann besteht dieser Transfer bisher nur zu denjenigen, die es sich technisch leisten können, hieran zu partizipieren. Die Frage ist jedoch auch, worin der *Transfer* inhaltlich besteht?

Wikileaks und *Wikipedia* demonstrieren wie auch *Google* oder *Facebook* einen geradezu atemberaubenden Zugang zu allen möglichen Informationen. Aber sind es auch die richtigen, die gebraucht werden?[11] – Letztlich entscheidet der Nutzer selbst als Suchender, was er lesen oder sehen und hören will. Das Internet liefert insofern ein großartiges Panorama der Dekonstruktion von bevormundenden Systemen. Es ist jedoch hierbei wiederum paradoxerweise selbst schon *System*. Zwar gewinnt das nach diesem oder jenem Wissen suchende Individuum hierdurch eine Unabhängigkeit von Autoritäten (und besonders von Behörden), doch ist diese Form der Unabhängigkeit nur eine scheinbare, denn im Netz findet sich auch nur das, was irgendwer aus irgendeinem Grund irgendwann hinein gestellt hat. Das Internet gibt sich in seinen diversen Chaträumen und Facebook-Foren kritisch, doch ist dies oft nur eine Form der oberflächlichen Kritik: Sie zielt mehr auf Show-Effekte denn auf substanzielle Begründungen. Bilder werden wichtiger als Worte, besonders Bewegungsbilder.

Das hat Folgen für das politische Bewusstsein (weltweit). Bilder in Form von Gesten entscheiden über politische Sachverhalte. Der Zuschauer am

---

8   Vgl. Wittmann (2006): 216. – Allerdings ist hier in den letzten Jahren eine gewisse Ausdifferenzierung zugunsten anderer Sprachen erkennbar. – Vgl. auch Hanrath/Leggewie (2012): 160.
9   Wittmann (2006).: 223.
10   Hanrath/Leggewie (2012): 159.
11   Die Effekte, die durch den Digital Divide auftreten, demonstrieren, dass es sich bei der Internet-Kommunikation paradoxerweise um ganz differente Erscheinungsformen handelt: Nicht nur eine Zusammenführung von Informationen, sondern auch deren systemische Segmentierung und Fragmentierung kommt durch das Internet zustande. – Vgl. hier auch Hepp (2008): 10.

PC muss gar nicht verstehen, was da am anderen Ende der Welt passiert, es reicht, wenn er *mit fühlt.* Empathisches Sich-Verhalten ersetzt rationale Diskurse.[12] Man würde es sich jedoch zu einfach machen, wenn man lediglich so argumentiert. Tatsächlich erlaubt die Nutzung des Internets mit all seinen Kommunikations- und Präsentationsformen eine Flexibilität und Vielfalt, die jegliche monokausale Reduktion schon von vornherein unmöglich werden lässt.[13]

Das Internet ist eigentlich in seinen Nutzungsmöglichkeiten zu unübersichtlich und kognitiv weitreichend, als das man sich hier auf nur eine Bedeutungsebene hin festlegen kann. Vermutlich hat der Chefideologe von *IBM*, Gunter Dueck, Recht, wenn er die Ansicht vertritt, dass das Internet unser aller Leben sehr viel mehr verändere als dies bis dato allgemein wahrgenommen wird. „Wozu benötigen Sie noch einen Bankberater", ist seine Frage,[14] „wenn Sie selbst nach zwei Stunden Surfen besser über einen Aktienfonds Bescheid wissen als er?" Die Veränderung in der Deutungshoheit des Wissens sei derart revolutionär, bilanzierte Dueck auf einem Internet-Kongress, dass der Alltag für die meisten Menschen, die in modernen Produktionsverhältnissen leben, vom Netz aus organisiert wird, so dass dieses *Netz* zu einer Art Betriebssystem für die globale Gesellschaft geworden sei.[15]

---

12 *Wissen* zählt im Grunde nicht, man kann es ja aus dem Internet jederzeit abrufen. Doch damit schwindet auch die Struktur der Analysefähigkeit. Sie hängt mehr und mehr von der Netzperformanz ab und weniger vom eigenen Denken. – Vgl. auch Florin (2012).

13 Nicht wenige Intellektuelle neigen dazu, das Internet als Forum der Eitelkeiten und Trivialitäten zu diffamieren und zu missverstehen. Mario Vargas Llosa beispielsweise sieht im Internet einen groß und systematisch angelegten Kulturraubbetrieb angelegt. Sofern die digitalen Voraussetzungen vorliegen, kann (fast) jeder *jedes* und *jeden* kopieren. – Vgl. Böhme (2013): 1.

14 Hier zit. n. Fuest (2011): 12.

15 Vgl. ebd. – Als eine Schülerin in der holländischen Kleinstadt Haren ihren 16. Geburtstag im September 2012 feiern wollte, machte sie mit einem Mausclick-Fehler bei Facebook diese Veranstaltung scheinbar zu einem öffentlichen Event. Das Ergebnis waren ca. 30.000 ungeladene Gäste, die aus dem gesamten Land angereist kamen und unter dem Schlachtruf „Wo ist die Party? Hier ist die Party!" randalierend durch die Kleinstadt zogen. Ein Supermarkt wurde geplündert, Autos zerstört. Die niederländischen Medien bezeichneten die

Es gibt nicht wenige Kommentatoren, die in den revolutionären Vorgängen in der arabischen Welt dieser Tage die Bestätigung für eine solche Interpretation der *Netz-Gesellschaft* sehen. In der Tat ist der Erfolg Obamas bei seiner Wahl in das Amt des amerikanischen Präsidenten 2008 u.a. auch der massiven Einwerbung von Sympathisanten und Aktivisten über *Facebook* und Email-Nachrichten zu verdanken. Die Partizipationsbereitschaft und die Möglichkeit, sich individuell mit Informationen zu versorgen und Aktionen kognitiv wie handlungsrelevant mit zu gestalten, steigen mit Mobilfunk und Internet gewaltig. Die wochenlangen Demonstrationen auf Teherans Straßen (2009) von Seiten der Opposition gegen die Verfälschung der Wahlen durch das herrschende Regime haben signifikant demonstriert, wie wichtig eine Kommunikation in Echtzeit ist, bei der man mittels *Twitter* und *SMS* innerhalb kürzester Zeit große Menschenmengen an bestimmten Plätzen logistisch zusammen bringen kann. Auch zum Siegeszug der Demonstranten in Tunesien und in Ägypten hat die Internet-Kommunikation maßgeblich beigetragen.[16] Zwar ist die Internetnutzung in den arabischen Ländern im Vergleich mit Europa oder den USA noch längst nicht ausgereift, dennoch sind selbst die relativ kleinen Nutzerzahlen von vier Millionen etwa in Marokko oder 1,6 Millionen in Tunesien für die staatlichen Apparate nicht

---

Vorgänge als *Schlacht von Haren*. Die Eintragung zur Geburtstagsfeier war bei Facebook etwa 250.000 Mal weitergepostet worden. – Vgl. Weber (2012): 16.

16   Von Oktober 2009 bis zum Januar 2011 stieg bezeichnenderweise die Nutzerzahl von *Facebook* in Tunesien um ca. 200 Prozent an. Etwa ein Viertel der Gesamtbevölkerung ist damit in diesem Land vernetzt. Vgl. Alexander/Mülher (2011): 8. – Für die Revolutionsbewegung in Ägypten ist u.a. paradigmatisch der Fall von Khaled Said gewesen. Der junge Mann war von zwei Polizisten im Juni 2010 brutal zu Tode geprügelt worden, nachdem er im Internet ein Video veröffentlicht hatte, in dem Mitglieder der ägyptischen Drogenpolizei nach einer Razzia gezeigt wurden, wie sie das beschlagnahmte Rauschgift unter sich aufteilen. Nach der Ermordung des 28jährigen gingen in seiner Heimatstadt Alexandria tausende junge Leute aus Protest auf die Straßen, um gegen die abscheuliche Tat und die weitverbreitet Korruption in Polizei und Justiz zu demonstrieren. Hieraus entwickelte sich bei *Facebook* ein Forum unter jungen Ägyptern, das auch weltweit Furore gemacht hat: *We are all Khalid Said*. – Vgl. Flade (2011) u. König (2011).

mehr kontrollierbar.[17] Die Diskussionen in den Blogforen nehmen zu und ersetzen zwischen Casablanca und Kairo immer mehr das traditionelle Gespräch im Kaffeehaus. Diese Foren „sind eine Art Schule der Demokratie, die die Arbeit übernehmen, die in den arabischen Medien oder auch nationalen Parlamenten nicht geleistet wird", meint ein Blogger.[18]

Dennoch ist Skepsis weiterhin geboten. Die neue Technologie allein für sich betrachtet ist nicht entscheidend. Wichtiger noch ist die Vernetzung mit anderen Medien (wie dem Fernsehen oder den Tageszeitungen) oder auch die Frage, ob sich der Protest in einer bereits entwickelten Zivilgesellschaft formuliert oder in einer Diktatur bzw. einem autokratischem Regime?[19] Der anders verlaufende Gang der Dinge im Jemen oder in Syrien zeigt in brutaler Deutlichkeit, dass in Ländern, in denen eine bürgerliche Mittelschicht (noch) unterentwickelt ist, und entsprechende Internetstandards erst rudimentär vorhanden sind, sich eine Demokratisierung nicht einfach per digitaler Kommunikation von allein einstellt. „Der virtuelle Raum der neuen sozialen Medien bietet keinen wirklichen Ersatz für zivilgesellschaftliche Akteure."[20] So hält denn auch der Nahost-Experte Walter Laqueur die vielgerühmte technische Revolution via Twitter für nicht entscheidend, wenn es um die Umsetzung demokratischer Maßstäbe und die Implementierung besserer verfassungskonformer Standards für das Leben der Menschen geht:[21] „Wie viel auch getwittert wird, Ägypten bleibt ein armes Land."

---

17   Vgl. Hackensberger (2008): 5.
18   Hier zit. n. ebd.
19   Vgl. auch Hanrath/Leggewie (2012): 160ff.
20   Ebd.: 169.
21   An den strukturellen Gegebenheiten, die inhaltlich der Anlass für die Revolutionen in der arabischen Welt sind, ändert eben auch das Internet nichts – die Kommunikation und Selbstreflexion in den *Chatrooms* macht es allerdings den Betroffenen viel bewusster. „Dort [im Nahen Osten], so kommentiert Laqueur (2011: 3) die Situation, „sind 65 Prozent der Bevölkerung jünger als 35 Jahre. Viele von ihnen sind arm, frustriert und ohne Arbeit. Achtzig Prozent aller Konflikte gingen in den zurückliegenden Jahrzehnten von Staaten aus, deren Bevölkerung zu mehr als sechzig Prozent unter dreißig Jahre alt war. Bleibt es dabei, wird keine Ruhe in der arabischen Welt einkehren".

Auch wenn die digitale Technologie eine neue Dynamik für die Kommunikation in der Öffentlichkeit darstellt, weil sich hierbei private und öffentliche Sphären subtil vermischen lassen, ändert dies nichts daran, dass politisches Handeln immer noch *physisch* bleibt und *tatsächlich* umgesetzt werden muss. Schicke, telegen gemachte Internetkampagnen auf YouTube, wie die der Organisation *Invisible Children* mit dem Aufruf zur Festnahme eines Massenmörders in Afrika, ändern nichts daran, dass eigentlich Regierungen handeln müssten.[22]

Die Möglichkeiten der preiswerten weltweiten Kommunikation lassen sich im Übrigen nicht nur für die Belange der Aufklärung im Sinne der Erweiterung zivilgesellschaftlicher Bedürfnisse benutzen. Wie jede technische Neuerung beinhaltet das World-Wide-Web auch die Schattenseiten der Gesellschaften in Form von Kriminalität,[23] Pornografie und ver-

---

22 Das Video dieser NGO war die bis dato erfolgreichste Social-Video-Kampagne im Internet. Die Skandalisierung der ungestraften Existenz des Massenmörders Joseph Kony, der mit seiner *Lord's Resistance Army* im Norden Ugandas sein Unwesen treibt, Kinder ermorden, vergewaltigen und zu Soldaten umfunktionieren lässt, ist im Netz mehr als 100 Millionen Mal abgerufen worden. Per Mausklick konnten die Interessenten zugleich hierbei 30 Dollar spenden. Durch dieses vor allem im englischsprachigen Raum populäre Video konnte *Invisible Children* ca. 32 Millionen Dollar einnehmen. Den eigentlichen Zweck hat die Aktion allerdings nicht erreicht: Joseph Kony läuft immer noch im Urwald Ugandas frei herum. Allein 2012 töteten seine Anhänger etwa 50 Menschen. Zwar haben die USA aufgrund des Medieninteresses ein Kopfgeld in Höhe von 5 Millionen Dollar ausgelobt, doch hat zugleich das ugandische Militär die Suche nach Kony eingestellt. Auch was die Mitgestaltungskraft von NGO-Aktivisten angeht, so bleibt der mediale Anspruch in der physischen Welt beschränkt. Wer Videos solcher Art sich anschaut, ist deshalb noch lange kein Aktivist. So beklagt ein deutscher Unterstützer der Anti-Kony-Kampagne, dass sich seine Generation „für fast nichts" engagiere: „Vielleicht geht es uns zu gut. Ich bin mir allerdings sicher, dass Millionen auf die Straße gehen würden, wenn ihnen der Facebook-Account gesperrt würde. Afrika ist eben weit weg." – Hier zit. n. Putsch/Hedemann (2012): 7.; vgl. auch Welt (2013a): 6.

23 Die Internetkriminalität liegt weltweit schon an zweiter Stelle nach der Finanzkriminalität. Mit jedem Mobiltelefonkontakt steigt im Prinzip die lokale Gefährdung der Menschen. – Vgl. Tauber/Wüpper (2012): 14. – Nach einer Untersuchung sind allein in Deutschland 37 Prozent der Schüler ab dem 14.

stärkter ideologischer Hasstiraden seitens links- wie rechtsextremistischer und vor allem dschihadistischer Kreise, welche die Nutzer nun ganz privativ zu Hause im stillen Kämmerlein abrufen können. Was daraus folgen kann, ist nicht nur ein Kapitel für den *homemade terrorism*,[24] sondern auch für Anweisungen zum Völkermord.[25]

So hat insgesamt im Laufe der letzten Jahre die systemische Relevanz des Internets zweifellos zugenommen. Damit hat sich auch der Maßstab für Kommunikation verändert: Aufklärung ist nicht mehr gleich *Aufklärung*. Wo Kant noch das gesprochene oder geschriebene Wort im Sinne einer

---

Lebensjahr schon einmal über die digitalen Kommunikationsforen beleidigt oder belästigt worden. – Vgl. Weber (2012): 16.

24   Der erste erfolgreiche Anschlag mit islamistischem Hintergrund auf deutschen Boden dokumentiert diese Dimension in aller Deutlichkeit. Arid U., der Attentäter, der am Frankfurter Flughafen im Frühjahr 2011 zwei amerikanische Soldaten erschoss und weitere Personen verletzte, hatte sich durch den Konsum dschihadistischer Videos im Internet und den entsprechenden Chatrooms radikalisiert. Seine Familie, die aus dem Norden des Kosovo eingewandert war, galt als religiös, aber nicht als fanatisch. Vgl. Banse/Crolly/Flade/Lutz (2011): 4f. – Mehr dazu unter Kapitel XIII.

25   Ignace Murwanashyaka, dem der Prozess in Deutschland wegen Beihilfe zum Völkermord gemacht wurde, hatte ein unbescholtenes Leben in Bonn und in Mannheim mit seiner Familie geführt, zugleich jedoch war er der Oberbefehlshaber für die Hutu-Rebellen und gab seine Anweisungen für Kriegsverbrechen im Kampf gegen das Regime in Ruanda per Mail und SMS heraus. Über 6.100 Kilometer entfernt bekam der zuständige Kommandeur vor Ort von Murwanashyaka die Anweisung per SMS „Create a humanitarian catastrophy!" Über die Verbindungslisten eines Satellitentelefonanbieters in Abu Dhabi ließ sich für die UN-Ermittler die Befehlsquelle zurückverfolgen. Der Einsatzbefehl für die Hutu-Rebellen beinhaltete einen nächtlichen Überfall auf die Kleinstadt Busurungi (in Ruanda), wo mindestens 96 Menschen ermordet wurden, darunter 25 Kinder und 23 Frauen. Ein Überlebender berichtete: „Ich kam am nächsten Morgen zurück und fand die Leichen von Menschen, denen die Köpfe abgeschlagen worden waren, von Verbrannten und Vergewaltigten". Neben neun verkohlten Kinderleichnamen fand der Überlebende „auch zwei Frauen, die schwanger waren". „Die Rebellen hatten ihnen die Bäuche aufgeschnitten und die Föten herausgeholt." Der Befehlsgeber für diesen Einsatz, Murwanashyaka, feierte hingegen zur gleichen Zeit den *Muttertag* in Deutschland! – Vgl. Frenzel (2011): 10, ebenso auch Böhm/Denso (2011): 17.

Suche nach dem besseren oder dem besten Argument verstanden hat, da hat sich in der permanent fließenden Gegenwart des World-Wide-Webs eine Tendenz zum Spektakulären eingeschlichen. Es zählt das, was Aufmerksamkeit erheischt. Wichtig ist nicht das, was *wirklich* ist, sondern das, was Interesse findet. Der Hang zum Spektakel zwingt dann auch die Berichterstatter in und mit dem Medium zu wetteifern. Insofern ist die Skandalisierung der Politik eine logische Folge dieser massenmedialen Veränderung.[26] Kritiker sprechen hier von einer *intellektuellen Herrschaft des Mobs*.[27] Die *Schwarmintelligenz*, die so erzeugt wird, kann aufklärerisch wirken oder das Gegenteil davon sein: im wahrsten Sinne verdummend.[28] Tatsächlich macht *Wikipedia* die Welt auch nicht schlauer. Der Vorteil liegt nur darin, dass man *seine* Informationen nun schneller bekommt als

---

26   Vgl. auch Böhme (2013): 1.

27   Mosler (2011): 11.

28   Das Beispiel der Jagd auf den chinesischen KP-Funktionär, der eine Schwäche für teure Armbanduhren hatte, ist ein Musterbeispiel für die Schwarmintelligenz bzw. die enttarnende Funktion der Kommunikation im Internet. Der Direktor der Behörde für Unfallsicherheit in der Provinz Shaanxi war im Internet unrühmlich aufgefallen, weil er bei einem furchtbaren Tanklastunfall, bei dem 36 Menschen starben, am 26. August 2012 auf einem Foto am Unfallort scheinbar grinsend zu sehen war. Chinas Internetnutzer und vor allem die Bloggerszene, die pro Jahr etwa 274 Millionen Mikroblogs schreibt, fanden kein Gefallen an der Performance des Direktors. Es begann eine Jagd auf das Privatleben des Direktors. Wo immer er im Internet zu finden war, analysierte die Schwarmintelligenz seine Präsentation. Heraus kam dabei u.a. eine auffallende Vorliebe für teure Armbanduhren. Uhren, die sich der KP-Funktionär von seinem normalen Gehalt so eigentlich nicht hätte leisten können. Auf verschiedenen Fotos war er mit verschiedenen teuren Uhren zu sehen. Der Direktor wollte die Flucht in der Offensive antreten und behauptet in einer TV-Online-Fragestunde, dass er im Besitz von 5 Uhren im Gesamtwert von 15.000 Euro sei. Die Entdeckung weiterer Fotos im Internet ergab jedoch eine Zahl von mindesten 11 Uhren, das teuerste Schmuckstück im Wert von 50.000 Euro! Danach gab es auch für die offiziellen Medien kein Halten mehr, sie beteiligten sich an der investigativen Suche und recherchierten neue Tatsachen. Schließlich wurden die Ermittlungsbehörden tätig und es wurde Anklage erhoben. Am Ende wurde der Beamte zu 14 Jahren Haft verurteilt – Vgl. Erling (2012): 7 u. Welt (2013b): 10.

zuvor.[29] Doch was sind das für Informationen – und vor allem: wie werden sie genutzt?[30]

Das Internet als kollektive Aufklärungsplattform zu verstehen, ist nicht wirklich angebracht. Tatsächlich sind Desinformationen im großen Stil, Fehlanzeigen und gezielte Ablenkungen bzw. Blockaden Teile des Systems. Die Rede vom *Cyberwar* und der *Cyberkriminalität* verschleiert,[31] dass das Medium als solches grundsätzlich positiv wie negativ genutzt werden kann. Gerade die technische Vielfalt ist hier das Eingangstor zur Partizipation durch politisch-ideologische, ökonomische wie kriminelle Interessen. Die Übergänge sind fließend, nicht nur beim Durchklicken der Websites.

Auch die Wahrnehmung des Rechts wie die des Öffentlichen verändert sich mit der Dynamik, die das Internet erzeugt. Klassischerweise setzt der Diskurs des Öffentlichen einen privaten Diskurs voraus bzw. stellt sich dem gegenüber. Doch wo ist im Internet das Öffentliche und wo beginnt das Private? Im Zeitalter von *Facebook* und *YouTube* wird die Öf-

---

29 Die Möglichkeit der Echtzeit-Kommunikation ist zweifellos der entscheidende Faktor. Bilder und Nachrichteninhalte können nun mit einer Geschwindigkeit vermittelt werden, bei der die klassischen Bemühungen der Regulierung und Kontrolle der Informationen durch die jeweilige Regierung grundsätzlich konterkariert werden kann. So haben beispielsweise chinesische Blogger den spektakulären Bombenauftritt eines Rollstuhlfahrers auf dem Pekinger Flughafen im Juli 2013 bereits nur 45 Minuten nach der Explosion im Netz präsentiert und diskutiert. Die offiziellen Medien wollten den Vorgang nach den Vorgaben der Polizei eigentlich verschweigen. Der Rollstuhlfahrer hatte mit dieser Tat auf seine Situation aufmerksam machen wollen, weil er um eine finanzielle Entschädigung kämpft, die ihm vom Staat verweigert wurde, nachdem Hilfspolizisten den Mann mit Eisenstangen querschnittsgelähmt geschlagen hatten. – Vgl. Erling (2013): 7.

30 Es stellt sich auch die Frage, ob der Zeitbezug mit dem Raumbezug identisch ist? Oft ist dies nur symbolisch der Fall. Der *Ort* im Internet ist letztlich nichts anderes als nur dieser kleine Guckkasten im Monitor, mehr nicht! Soziale, kulturelle, religiöse und ökonomische Unterschiede verschwinden damit auch nicht, sie werden nur scheinbar (eben virtuell) nivelliert. – Vgl. auch Stegbauer (2008): 7.

31 Die NATO registriert täglich allein bis zu 30 Angriffe aus dem Internet auf ihre Server. Cyberattacken sind mittlerweile das gängige Machtspiel zwischen Staaten. – Vgl. Tauber/Wüpper (2012): 14 sowie Gaycken (2012).

fentlichkeit „vernichtet, weil ihr das notwendige Gegenüber, nämlich das Private fehlt".[32]

Dieser systemischen Diffusion entspricht die Labilität des Internets. Das Web steigert durch seine schier unermessliche Funktionalität die Abhängigkeit von externen Diensten. Doch was ferngewartet wird, kann auch aus der Ferne sabotiert werden. Organisierte Kriminalität (OK) im Internet und Cyberattacken, eventuell unterstützt von einer staatlichen Logistik rivalisierender politischer Systeme, sind für die IT-Fachleute weltweit die größten Gefahrenpotenziale.[33] Wenn der Strom ausfällt, funktioniert das Internet nicht mehr. Und was passiert, wenn das Internet zusammenbricht? Dann gibt es auch hier und da keinen Strom mehr. Insofern ist die Einschätzung realistisch, dass gerade die moderne Informationsgesellschaft aufgrund ihrer individualisierenden Technologien in der Kommunikation die Gesellschaft insgesamt „immer fragiler" macht:[34] „Die Robustheit der Bevölkerung gegen Havarien der Kommunikationsinfrastruktur geht zurück."

Das gilt auch für den Schutz der Daten. Der klassische Datenschutz ist sowohl hinsichtlich seines konventionellen Verständnisses wie auch in Bezug auf die technischen Möglichkeiten (nämlich mit der Bindung an die Individualität einer Person) komplett veraltet.[35] Aufgrund des Nutzungsverhaltens in der weltweiten Kommunikation, in dem die Rollen von Konsumenten und Produzenten beliebig schnell gewechselt werden können, arbeiten Privatindustrie und Sicherheitsbehörden Hand in Hand. *Big Brother is Watching You* galt schon als Paradigma zu Orwells Zeiten, nur war dies auf die totalitären politischen Regime ausgerichtet.

---

32 Gerhardt (2012): 7.

33 „Den 11. September der Informationstechnologie – im Sinne eines globalen Bewusstseinswandels – hatten wir noch nicht", konstatiert der Leiter des IT-Lagezentrums im Bonner Bundesamt für Sicherheit der Informationstechnologie: „Aber aus meinem Arbeitsbereich kann ich bestätigen, dass wir schon mehrfach nur knapp an wirklich großen IT-Krisen vorbeigeschrammt sind." – Clauss (2012): 22.

34 Ebd.

35 Vgl. auch Clauss (2013): 3. – Insofern hat das Web durchaus so etwas wie eine kommunitarische Funktion. Es vergesellschaftet Menschen, auch (und gerade dann) wenn sie sich selbst dabei als individuelle Akteure verstehen. – Vgl. auch Marichal (2012): 31.

Heutzutage zeichnet sich diese Totalität durch die geschickte Gestaltung umfassender Angebote von *Google, Facebook* oder *Amazon* aus. Durch ein gezieltes, auf das Individuum herunter gebrochenes *Diversity Management* kommt es zu einer Steuerungsmöglichkeit,[36] bei der die schleichende Anpassung an Konformität das Markenzeichen ist. Die Vorstellung, man bewege sich frei im Netz, ist ebenso naiv wie gefährlich. Mitunter ist sie politisch auch höchst fatal.

Insofern ist auch die Aufregung über die Spähprogramme der *National Security Agency* (NSA) der US-Regierung eher ein Ausdruck über das Unverständnis hinsichtlich der systemischen Veränderungen, die sich aufgrund der digitalen Revolution ergeben haben. Nichts von dem, was die NSA im Rahmen ihrer Suchfilter im modernen Email- und Handy-verkehr in Milliardenaccounts gesammelt hat, ist illegal,[37] geschweige denn völkerrechtswidrig.[38] Unternehmen wie *Google, Facebook* etc. teilen in ihren Nutzungsbestimmungen mit, dass sie als amerikanische Firmen verpflichtet sind mit den Behörden zusammenzuarbeiten.[39] In dem Moment, wo ein deutscher Facebook-Nutzer seine Daten bei *Facebook* ins Netz stellt, werden daraus automatisch *amerikanische* Daten.[40]

Die Debatte um die NSA-Spähprogramme demonstriert insofern anschaulich, dass nicht nur totalitäre und autokratische Regime ihre Probleme mit den technischen Möglichkeiten der weltweiten Informationsgesellschaft haben. Im Grunde gilt dies für alle Nutzer. Will man sich den

---

36   Vgl. ebd.

37   Das so genannte *Prism*-Programm, mit dem die Daten weltweit erhoben werden, ist vom US-Kongress legitimiert worden. – Vgl. auch Graw (2013): 6.

38   Die „Abschöpfung von Daten und Spionage" wird „weltweit toleriert", konstatiert ein ehemaliger Mitarbeiter des Bundesnachrichtendienstes: „Es ist unsinnig anzunehmen, Deutschland könne seinen hohen Datenschutzstandard einfach irgendwo einklagen oder erfolgreich das Völkerrecht entsprechend ändern. Sobald Daten unseren nationalen Rechtsbereich verlassen, sind sie auf hoher See." – Anonym (2013): 8.

39   Vgl. Yoran (2013): 2.

40   Ob daher die Aussicht, dass zukünftig die Telefonunternehmen bzw. Internetanbieter selbst spezifische Daten im Auftrag der Behörden sammeln und speichern, besser sein soll, wie von der Obama-Administration angesichts der weltweiten Kritik vorgeschlagen wurde (vgl. Graw 2013: 2), erscheint wenig logisch. Denn wer überwacht eigentlich die privaten Konzerne bei ihrer Sammlungsagenda?

ambivalenten Effekten entziehen, müsste man komplett auf die digitale Kommunikation verzichten! Aber das wäre in einer globalisierten Gedankenaustausch-Welt wenig förderlich für die Informationsgewinnung. Deshalb bleibt für die systemische Konstellation der Gegenwart vielleicht zutreffend die Einschätzung des chinesischen Menschenrechtsaktivisten und Künstlers Ai Weiwei:[41] „Wir leben in chaotischen Zeiten. Wir stammen noch aus einer alten Welt, die bereits von der neuen Politik und technischen Entwicklung unterhöhlt wurde und im Zusammenbruch begriffen ist." – Und dies gilt nicht nur für China, sondern global.

Literatur

Alexander, Dietrich / *Mülher*, Silke (2011): „Hinschauen und darüber schreiben". In: Die Welt (18. Juli 2011) S.8.

Anonym (2013): „Spähprogramme retten Leben". In: Die Welt (6. August 2013) S.8.

Banse, Dirk / *Crolly*, Hannelore / *Flade*, Florian / *Lutz*, Martin (2011): Islamistischer Eiferer und Einzeltäter. In: Die Welt (4. März 2011) S.4-5.

Böhm, Andrea / *Denso*, Christian (2011): Der Milizenchef aus Mannheim. In: Die Zeit (28. April 2011) Nr.18, S.15-18.

Böhme, Hartmut (2013): Der Zwang zum Trivialen. In: Die Literarische Welt (13. April 2013) Nr.15, S.1.

Clauss, Ulrich (2012): Wird das Internet zusammenbrechen? In: Die Welt (7. März 2012) S.22.

Clauss, Ulrich (2013): Datenschutz war gestern. In: Die Welt (28. Juni 2013) S.3.

Erling, Johnny (2012): Jagd auf „Bruder Uhr". In: Die Welt (10. September 2012) S.7.

Erling, Johnny (2013): In China wird plötzlich jeder zum Reporter. In: Die Welt (22. Juli 2013) S.7.

Flade, Florian (2011): Khalid Said – Das Gesicht der ägyptischen Revolte. Unter: www.welt.de/politik/ausland/article12421381/Khalid-Said (aufgerufen am 21. April 2011).

Florin, Christine (2012): Ihr wollt nicht hören, sondern fühlen. In: Zeit-Online (16. Mai 2012). Unter: www.zeit.de/2012/21/P-Politikwissenschaft (aufgerufen am 20. Mai 2012).

---

41 Weiwei (2012): 24.

Frenzel, Markus (2011): Der Warlord. In: Frankfurter Allgemeine Sonntagszeitung (17. April 2011) Nr.15, S.10.

Fuest, Benedikt (2011): Netz-Revolution bringt Parteien und Firmen in Verlegenheit. In: Die Welt (18. April 2011) S.12.

Gaycken, Sandro (2012): Neue Sicherheitsprobleme der Informationsgesellschaften. In: Globale Trends. Frieden, Entwicklung, Umwelt. Hrsg. v. T. Debiel u.a. Frankfurt a.M., S.215-220.

Gerhardt, Volker (2012): Der lange Abschied vom Marxismus. In: Die Literarische Welt (11. Februar 2012) S.7.

Graw, Ansgar (2013): Obama drängt NSA zu Reform bei Datensammlung. In: Die Welt (22. Juli 2013) S.6.

Hackensberger, Alfred (2008): Das gefährliche Leben des arabischen Bloggers. In: Die Welt (29. April 2008) S.5.

Hanrath, Jan / *Leggewie*, Claus (2012): Revolution 2.0? Die Bedeutung digitaler Medien für politische Mobilisierung und Protest. In: Globale Trends. Frieden, Entwicklung, Umwelt. Hrsg. v. T. Debiel u.a. Frankfurt a.M., S.157-172.

Heine, Matthias (2013): Ein alter Knochen. In: Die Welt (4. April 2013) S.8.

Hepp, Andreas (2008): Globalisierung der Medien und transkulturelle Kommunikation. In: Aus Politik und Zeitgeschichte (2008) H.39, S.9-16.

König, Michael (2011): Das entstellte Gesicht des Protests. Unter: www.sueddeut sche.de/politik/2.220/aegypten-der-tod-des-bloggers-khaled-said-das-entstellte -gesicht-des-protests-1.1051781 (aufgerufen am 21. April 2011).

Laqueur, Walter (2011): Heilige Einfalt. In: Die Literarische Welt (5. März 2011) Nr.9, S.1/3.

Marichal, José (2012): Facebook Democracy. The Architecture of Disclosure and the Threat to Public Life. London.

Mosler, Peter (2011): Digitale Revolution. In: Kommune 29 (Februar/März 2011) H.1, S.11.

Putsch, C. / *Hedemann*, P. (2012): Video-Anklage gegen Ugandas Massenmörder. In: Die Welt (19. April 2012) S.7.

Scherrer, Christoph / *Kunze*, Caren (2011): Globalisierung. Göttingen.

Stegbauer, Christian (2008): Raumzeitliche Struktur im Internet. In: Aus Politik und Zeitgeschichte (2008) H.39, S.3-9.

Tauber, Andre / *Wüpper*, Gesche (2012): Kalter Krieg im Internet. In. Die Welt (4. Mai 2012) S.14.

Weber, Christian (2012): „Wo ist die Party? Hier ist die Party!" In: Süddeutsche Zeitung (26. Oktober 2012) Nr.248, S.16.

Weiwei, Ai (2012): „Ein großer Wandel tritt unerwartet ein". In: Die Welt (27. März 2012) S.23-24.

Welt (2013a): Kopfgeld statt YouTube. In: Die Welt (6. April 2013) S.6.

Welt (2013b): Luxusuhren verraten korrupten Beamten. In: Die Welt (6. September 2013) S.10.

Wittmann, Veronika (2006): Digital Divide – auf dem Weg zu einer Weltinformationsgesellschaft? In: Globale Trends 2007. Frieden, Entwicklung, Umwelt. Hrsg. v. T. Debiel u.a. Frankfurt a.M., S.209-224.

Yoran, Gabriel (2013): Amerikanische Daten. In: Die Welt (26. Juni 2013) S.2.

V. Entgrenzung der Staatlichkeit

Das vorherrschende Kennzeichen der Globalisierung ist neben der ökonomischen Vernetzung die damit einher gehende Entgrenzung der staatlichen Funktionen und *ihrer* Garantien. Der Staat – oder besser: der *Nationalstaat* – war zweifellos das politische Erfolgsmodell der letzten zwei Jahrhunderte. Ausgehend von der programmatischen Synthese der *Französischen Revolution*, die ein Volk mit einer gemeinsamen Kultur (und Sprache) auf ein bestimmtes Territorium in den gesetzlichen Grenzen einer Staatsmacht als Nation fixiert hatte, avancierte das Modell *Staat = Nation* zum alles beherrschenden Organisationsprinzip der neuzeitlichen Politik.[1] Mit diesem Modell ist ein Großteil der Staaten dieser Welt konzeptionell und legitimatorisch aufgebaut oder erneuert worden. Die Mitgliedschaft in den Vereinten Nationen verdankt sich der Synthese, welche die Französische Revolution vorgegeben hatte: ein Volk (*one people*) = eine Nation (*one nation*) = ein Staat (*one state*) = eine Stimme (*one vote*).

Allerdings ist diese Synthese von Anfang an nicht unumstritten gewesen. Bereits die *Amerikanische Revolution*, d.h. der erfolgreiche Unabhängigkeitskampf gegen die britische Monarchie, hat gezeigt, dass es auch anders geht. Die Synthese von Volk und Nation musste auf der Grundlage eines noch näher zu definierenden Raumes und einer noch gar nicht deutlich artikulierten Verfassungsvorstellung erst noch gefunden werden.[2] Insofern ist tatsächlich das französische Staatsparadigma etwas irreleitend gewesen. Es unterschlägt, dass Frankreich historisch zum Zeitpunkt der Revolution von 1789 bereits ein Staat war mit klar definierten Gebieten und entsprechenden Staatsgrenzen. Unabhängig von den einzelnen Dialekten in den Regionen existierte bereits eine einheitliche Landessprache als Nationalsprache, die im Übrigen in der Aufklärung des 18. Jahrhunderts als Vorbild für viele europäische Zeitgenos-

---

1   Vgl. hier u.a. Rassem/Stagl (1994), Nitschke (2000).

2   Um diese ist schließlich auch heftig gerungen worden, wie die Auseinandersetzung um die *Federalist Papers* zeigt. Vgl. dazu Hamilton/Madison/Jay (1993), zur neueren Interpretation vgl. Lhotta (2010).

sen galt.[3] Die Kultur der französischen Nation deckte sich bereits vor der Revolution mit dem Staat. Die Institutionen der französischen Monarchie beherrschten ein Territorium, in dem das *Volk* identisch war mit dem der Nation. Frankreich war ein Land, das sich im Privatbesitz eines einzigen Mannes befand. Dieser Privatier war niemand anderes als der König von Frankreich. Insofern hat die Revolution von 1789 nur die Legitimation der Herrschaft vom Kopf auf die Füße umgestellt. Der Herrschaftsraum und das Volk (als Nation) blieben gleich, auch wenn man sich nunmehr mit einer anderen (eben demokratisch-republikanischen) Kompetenz legitimiert hat.

Dass dies im Grunde nur ein Modell unter mehreren war, sieht man schon allein an der Konstellation, die in Deutschland zeitgleich (noch) gegeben war. Das *Heilige Römische Reich Deutscher Nation* bestand aus einem Flickenteppich von ganz unterschiedlichen Staaten, deren Landesherren entweder dynastisch oder kirchlich (oder beides zusammen) legitimiert waren. Das Volk war hier noch keine Nation, sondern lediglich das (jeweilige) Staatsvolk der Untertanen. Herders Version einer Nation als *Kulturnation*, die eben noch nicht (oder auch keineswegs) eines Staates in Übereinstimmung von Territorium und Staatsgrenze mit dem Volksbegriff bedurfte, war insofern eine Anerkennung der Realitäten im Alten Reich. Goethe und Schiller schrieben ihre Stücke für ein bürgerliches Publikum, egal, ob dies in Weimar, Königsberg oder in Detmold saß.

Wenn die *Kultur* also größer ist als das Territorium, welches ein Staat (mit welcher Legitimation auch immer) für *sein* Volk beherrscht, dann sind Staats- und Volksbegriff im Rahmen einer nationalen Betrachtung nicht notwendigerweise deckungsgleich. Zumal, wenn man der Nation (und damit auch dem Volksbegriff) noch eine ethnische Identität unterstellt.[4] Allerdings ist gegenüber dem deutschen Modell das französische Paradigma zunächst das ausschlaggebende Modell geworden. Mit der berühmten Festlegung von Ernest Renan aus dem 19. Jahrhundert in Beantwortung der Frage, ab wann man von einer Nation sprechen könne –

---

3 Leibniz schrieb, wenn nicht in Latein, so nur in Französisch und Friedrich II. von Preußen lehnte es ab, in der Bauernsprache seiner Untertanen zu schreiben.

4 Vgl. hier u.a. Gotlieb (1993), Taylor (1994), Kaschuba (1995) u. Kocka (1995).

nämlich immer dann und dort, wo sich der Wille artikuliert, *eine Nation sein zu wollen*,[5] manifestiert sich der Anspruch auf die *Willensnation* als modernen Typus politischer Ordnung. Man mag dieses Prinzip als Ausdruck eines voluntativen Effekts von gesellschaftlichen Eliten betrachten, dem ein durchaus konstruktivistischer Impuls zu eigen ist – oder klassisch als ontologische Struktur ethnologischer Prozesse, in beiden Fällen avanciert die *Staatsnation* bzw. der *Nationalstaat* zum vorherrschenden Politikmodell für die moderne Entwicklung von Herrschaft und Gesellschaft.[6]

Die allgemein anerkannte Trias von a) Territorium (im Sinne von Hoheitsgebiet), b) Volk (als *natürliche* Bewohner des Gebiets) und c) monopolisierter Herrschaftsgewalt, die der deutsche Staatsrechtler Georg Jellinek im Jahr 1900 zur Kennzeichnung des modernen Staates typologisierte, kulminiert in der völkerrechtlichen Vorstellung von der *Souveränität des Staates* (nach innen und außen).[7]

Im Grunde ist es ein Raumordnungsmodell, was hier für das Völkerrecht angezeigt wird. Und genau dieses Raumordnungsmodell ist von Beginn der Globalisierung an brüchig in seinen Funktionen. Schon in der Phase der ersten Welle der Globalisierung während des 19. Jahrhunderts konnten sich aufmerksame Beobachter des Zeitgeschehens nicht des Eindrucks erwehren, als wenn sie Zeugen eines gigantischen Raumschwundes wären.[8] Karl Marx ist sicherlich ein einfühlsamer Beobachter dieses Prozesses gewesen, als er weltweit die Nachrichten verfolgt und für seine Theorie herangezogen hat. Mehr noch hat Jules Verne mit seinem Klassiker *In 80 Tagen um die Welt* den neuen technischen Reisemöglichkeiten und der damit einhergehenden Dynamik eine grandiose Beschreibung gegeben.[9] Schifffahrt, Luftfrachtverkehr und interkontinenta-

---

5   Vgl. Renan (1995): 41ff.
6   Vgl. hier Anderson (1988) u. Connor (1994).
7   Vgl. hier Jellinek (1900) u. Weinacht (1968) sowie Nitschke (2011).
8   Vgl. hierzu grundsätzlich Jureit (2012).
9   Die Wette, auf die sich in der Fiktion jene britischen Gentlemen im Oktober des Jahres 1872 in einem Londoner Club einlassen, charakterisiert den Raumergreifungsprozess der Globalisierung durch verbesserte Kommunikationsmöglichkeiten und Verkehrsnetze rund um die Welt paradigmatisch:

le Eisenbahntrassen haben die Welt zusammengebracht.[10] Die Grenzen von Staaten sind zwar geblieben, aber sie wirken, wenn sie nicht radikal mit Minenfeldern abgeschottet werden wie im Fall Nordkoreas, in der digitalen Konstellation des 21. Jahrhunderts wie Relikte aus einer anderen, fernen Welt. Das hat Folgen nicht nur für die Raumentgrenzungen, mit denen staatliche Kontrollansprüche ihrer faktischen Gestaltungsmacht enthoben werden. Es hat vor allem Auswirkungen auf das Selbstverständnis von der nationalen Souveränität des modernen Staates. Diese Souveränität ist realhistorisch ohnehin oft nur eine pure Fiktion gewesen: Auf dem Papier, d.h. für die Theorie, ist es eine schöne Beschreibungsfolie für die Ansprüche des Staates hinsichtlich der ihm zugesprochenen Gestaltungskompetenzen. Faktisch ist der Staat mit all seinen Institutionen lange Zeit gar nicht in der Lage gewesen *souverän* zu handeln. *Unabhängigkeit*, *Autarkie*, all das, was die Bezeichnung Souveränität verspricht, erscheint völkerrechtlich zwar als ein logisches Begründungssystem,[11] aber in der Realität wird sowohl im 19. wie vor allem auch im 20. Jahrhundert die Selbständigkeit des Staates oft massiv eingeschränkt – wenn nicht sogar konterkariert.

Das *Ende des Nationalstaates* ist sicherlich nicht erst für die 1990er Jahre zu konstatieren, als die weltweite Debatte über die Steuerungsmöglichkeiten moderner Staaten im Zeitalter der Globalisierung systematisch geführt wurde.[12] Im Prinzip ist es auch nicht ein Verschwinden des Nationalstaates, der sich durch die marktwirtschaftlichen und kommunika-

---

„Von London nach Suez über den Monti-Cenis-Paß und Brindisi (Schiff und Bahn)
7 Tage
Von Suez nach Bombay (Schiff) *13 Tage*
Von Bombay nach Kalkutta (Bahn) *3 Tage*
Von Kalkutta nach Hongkong (Schiff) *13 Tage*
Von Hongkong nach Yokohama (Schiff) *6 Tage*
Von Yokohama nach San Francisco (Schiff) *22 Tage*
Von San Francisco nach New York (Bahn) *7 Tage*
Von New York nach London (Schiff und Bahn) *9 Tage*
zusammen: 80 Tage".
– Verne (1967): 15 (Hervorhebung v. Verne).
10 Vgl. auch Dorling/Newman/Barford (2010): 52ff.
11 Vgl. u.a. Kimminich (1997): 64ff.
12 Vgl. u.a. Guéhenno (1995).

tionstechnischen Effekte der Globalisierung ergibt, sondern vielmehr eine Umstrukturierung hinsichtlich seiner Leistungs- und Kernfunktionen. Zentral betrifft dies vor allem die Frage der nationalen Solidargemeinschaft, also die Art und Weise, wie ein Staat seine Mitbürgerinnen und Mitbürgern in ihrer sozialen Existenz zueinander organisieren kann. Die klassische Sozial- und Wohlfahrtspolitik des Staates gerät hier zweifellos unter einem enormen Druck. Globale Märkte fragen nicht nach der Solidarität nationaler Bürger. Insofern hat Jean-Marie Guéhenno bereits Mitte der 1990er Jahre die entscheidende Frage gestellt:[13] „If solidarity can no longer be locked into geography, if there is no longer a city, if there is no longer a nation, can there still be politics?"

Sicherlich findet *Politik* weiterhin statt, vor allem auch nationale Politik in einer entgrenzten Welt. Doch ist diese neue Form der Politik international, supranational, subnational (alles) in Einem. Die weltweite Diffusion der Wärmezustände aller (staatlichen) Räume, um im Modellbild zu bleiben, führt dazu, dass kein Staat mehr für sich alleine betrachtet werden kann in dem, *was* er tut oder *tun will* – und vor allem: *wie* er es tut.[14]

Somit findet eine Ausdifferenzierung staatlicher Leistungen und nationaler Befindlichkeiten statt, die in einem globalen Kommunikationszusammenhang stehen. Wenn junge Amerikaner vor dem Weißen Haus eine Jubel-Party veranstalten, weil der meistgesuchteste Terrorist der Welt von den *Special Forces* liquidiert wurde, dann stört dies die Gemüter

---

13 Vgl. Guéhenno (1995): 17.

14 Eben deshalb kann nunmehr auch ein Nationalstaat (wie Griechenland) komplett in die Pleite gehen. Im internationalen Waren- und Finanzverkehr kommt es auf einen kleineren Mitspieler mehr oder weniger nicht an. Staaten, die hier auf Dauer finanzpolitisch unseriös agiert haben, stehen damit historisch (bisher in dieser Weise nicht gekannt) vor dem Problem, dass ihre *Existenz* marktwirtschaftlich betrachtet nicht notwendig ist. Im Finanzdebakel des Jahres 2009 hat man bei manchen schlecht aufgestellten Bankhäusern von so genannten *Zombiebanken* gesprochen. Augenscheinlich gilt dies auch für Staaten selbst. Vgl. Eckert (2010): 15.

in Deutschland – während in Indien zugleich mitgefeiert wird und in Pakistan empörte Demonstranten auf Rache sinnen.[15] Allerdings wäre es verkehrt, nunmehr einseitig das Ende der Nationalstaaten auszurufen. Tatsächlich ist der Vorgang komplexer – und durchaus widersprüchlicher. Die Entflechtung und Aufhebung nationaler Grenzen, wie etwa im Schengen-Raum der EU, führt nicht zu einem Verschwinden nationaler Kompetenz bei der Inneren Sicherheit. Diese verlagert sich vielmehr, wobei jedoch die Effekte für das klassische Gewaltmonopol des Staates durch eine Inklusion externer und interner Strukturen die Legitimationsfrage vor eine neue Problemerörterung und Definition stellen.[16] Letztendlich betrifft dies dann auch die Akzeptanz der demokratischen Ordnung selbst. Je mehr die Funktionsstandards des Staates durch Verlagerung seiner Kompetenzen auf supranationale Ebenen (wie bei der EU) oder ein polyarchisches internationales Gefüge wie beim IWF oder der Weltbank voran schreitet, desto mehr macht sich ein Unbehagen beim Souverän, dem steuerzahlenden Bürger, bemerkbar. Nicht zufällig geht mit der Eurokrise ein massiver Vertrauens- und Ansehensverlust europäischer Institutionen, aber auch nationaler Regierungen einher. Davon betroffen ist vor allem das Wohlfahrtsstaatsmodell des Westens. Der Sozialstaat mit seinem ausdifferenzierten und ausgeklügelten System sozialer Sicherheiten und sozialer Standards war wie ein großer Tanker auf hoher See. Historisch seit dem 19. Jahrhundert in Europa entstanden,[17] ist der Sozialstaat auch heute noch dort das vorherrschende gesellschaftliche Modell.[18]

Gemessen am Staat des 19. Jahrhunderts, der ca. 25 Prozent seiner finanziellen Leistungen ins Militärische steckte, agiert der heutige Sozialstaat mit in der Regel um die 40 Prozent aller Leistungen im sozialen Bereich.[19] Genau dieses System ist jedoch durch die Globalisierung an seine Grenzen gekommen. Wie man bei dem gegenwärtigen Krisenmechanis-

---

15 Vgl. hier zu den Reaktionen auf die Tötung Osama Bin-Ladens u.a. Reinbold/
    Schmitt (2011), Posener (2011).
16 Vgl. Nitschke (2008a): 15ff. u. (2008b): 211ff.
17 Zur Etablierung des Staates mit seinen modernen Funktionen empirisch umfassend Ellwein (1993 / 1997).
18 Vgl. Leibfried (2011): 8f.
19 Vgl. ebd.: 12f.

mus in der EU deutlich erkennen kann, führt der gemeinsame Binnen-
markt mit seiner Entgrenzung ökonomischer Prozesse jenseits vom Nationalstaat nicht nur zu einer sukzessiven Dekonstruktion der scheinbar
bis dato so souveränen Gestaltungschancen auf nationaler Ebene, sondern erhöht auch den Druck auf eine Angleichung sozialpolitischer
Maßnahmen und Standards unter den EU-Staaten selbst. Griechenland
kann allein seine sozialen Belange nicht mehr organisieren, weil den
Griechen dazu schlicht das Geld fehlt. Deutschland aber ist auf Dauer in
einer ähnlichen Position, nur auf einem anderen (höheren) Wohlstands-
polster. Trotz aller Reformen zur Verschlankung des Staates sind die
Ausgaben für die sozialen Sicherungssysteme in Deutschland und den
übrigen Wohlfahrtsstaaten paradoxerweise gewachsen und nicht geschrumpft, weil „infolge steigender Arbeitslosigkeit und demografischer
Veränderungen die Zahl der Unterstützungsempfänger erheblich gestiegen ist".[20] In der Entgrenzung liegt also gleichermaßen die Chance für
bessere Politikoptionen wie auch die Gefahr einer Fragmentierung im
sozialen Bereich.[21]

Fast folgerichtig, könnte man sagen, ist daher die gegenläufige Bewegung zur Globalisierung paradoxerweise eine Form der *Reterritorialisie-
rung*,[22] bei der der normative wie emotionale Bezugspunkt nach wie vor
(oder wiederum) die Nation – durchaus auch in einem regionalen Referenzrahmen – darstellt.[23] Ob Schottland, Wales (statt England) oder das
Baskenland, Katalonien, Galizien (statt Spanien), Flandern, die Wallonie
(statt Belgien), Ostimor (statt Indonesien), Tschetschenien (statt Russland), Süd-Ossetien (statt Georgien) und der Südsudan nunmehr als

---

20   Ebd.: 24.

21   Zu Recht konstatiert Mario Monti zum Zeitpunkt seiner Regierungsverant-
      wortung in Italien (2012: 8): „Die Europäische Union ist die einzig denkbare,
      einzig tragfähige Antwort auf die Probleme, welche die Globalisierung auf-
      wirft. Es gibt kein Land in Europa, das in der Lage wäre, die Herausforderun-
      gen der Globalisierung allein zu meistern – auch Deutschland nicht."

22   Vgl. auch Teusch (2004): 20.

23   Dies ist sicherlich am Deutlichsten der Fall innerhalb der Europäischen In-
      tegration, kann aber als struktureller Prozess ganz grundsätzlich für die Staa-
      ten dieser Welt veranschlagt werden. Vgl. hier Nitschke (1999), (2002): 431ff.
      u. (2003): 253ff.

193. eigenständiger Staat in der UN, überall finden sich regionalistische Entwürfe *nationaler* Autonomiebewegungen, die separate Strukturen jenseits hegemonialer Nationalstaatsstrukturen propagieren. Insofern gehören Separatismus und regionaler Nationalismus mit zur Globalisierung,[24] sind quasi die zweite Seite der Entgrenzung des klassischen Nationalstaates, der durch solche Phänomene dekonstruiert wird.

Damit einhergehend werden auch Abgrenzungen markant – neue Grenzziehungen und Mauerkonzepte, die auf die systematische Abriegelung Wert legen. Damit werden Volksgruppen ausgegrenzt, wie etwa bei der sozialen und politischen Sektoralisierung in Nordirland, Einwanderungsgruppen abgewehrt (wie bei der über 1.000 Kilometer langen Grenzzaunziehung im Süden der USA gegenüber Mexiko) oder aber terroristische Attentate vermieden (wie im Falle Israels zum Westjordanland und dem Gazastreifen). Auch die so genannten *Gated Communities* in den USA stellen eine Entgrenzung des Staates dar, hier nur nach innen hin, nicht nach außen. Das Ergebnis ist jedoch das Gleiche: der Anspruch des Staates, mittels Gewaltmonopol und sozialer Sicherheit so etwas wie eine Garantie für nationale Solidarität geben zu können, wird ersetzt durch eine dynamische Struktur, bei der die zeitlich schnelle Bewegung mehr zählt als die Stabilität. Damit verändert sich der Status quo (nicht nur für den Staat, sondern für alle Bürger).

Literatur

Anderson, Benedict (1988): Die Erfindung der Nation. Frankfurt a.M.

Connor, Walker (1994): Ethnonationalism. The Quest for Understanding. Princeton, N.J.

Dorling, Daniel /*Newman*, Mark / *Barford*, Anna (2010): Atlas der wirklichen Welt. So haben Sie die Erde noch nie gesehen. Neuausgabe, Darmstadt.

Dunn, John (1993): Western Political Theory in the Face of the Future. Reprint v. 1979, Cambridge.

Eckert, Daniel (2010): Griechenland ist finanziell nur noch ein Zombie-Staat. In: Die Welt (1. April 2010) S.15.

---

24   Vgl. auch Dunn (1993): 66.

Ellwein, Thomas (1993): Der Staat als Zufall und als Notwendigkeit. Die jüngere Verwaltungsentwicklung in Deutschland am Beispiel Ostwestfalen-Lippe. Bd.1 – Die öffentliche Verwaltung in der Monarchie 1815-1918. Opladen.

Ellwein, Thomas (1997): Der Staat als Zufall und als Notwendigkeit. Die jüngere Verwaltungsentwicklung in Deutschland am Beispiel Ostwestfalen-Lippe. Bd.2 – Die öffentliche Verwaltung im gesellschaftlichen und politischen Wandel 1919-1990. Opladen.

Guéhenno, Jean-Marie (1995): The End of the Nation-State. Translated by V. Elliott. Minneapolis, MN.

Hamilton, Alexander / *Madison*, James / *Jay*, John (1993): Die Federalist Papers. Übersetzt, eingel. u. mit Anmerkungen versehen v. B. Zehnpfennig. Darmstadt.

Jellinek, Georg (1900): Allgemeine Staatslehre. 3. Aufl. Berlin 1922, 7. Neudr. Bad Homburg 1960.

Jureit, Ulrike (2012): Das Ordnen von Räumen. Territorium und Lebensraum im 19. und 20. Jahrhundert. Hamburg.

Kimminich, Otto (1997): Einführung in das Völkerrecht. 6., überarbeitete u. erweiterte Aufl. Tübingen/Basel.

Leibfried, Stephan (2011): Der Wohlfahrtsstaat – Ursprünge, Entwicklungen und Herausforderungen. Eine vergleichende Hinführung auf heutige Probleme. In: Wege aus dem Abseits – Sanktionen und Anreize in der Sozialpolitik. Hrsg. v. d. Vodafone Stiftung. (Transmission 05) Düsseldorf, S.8-30.

Lhotta, Roland (Hrsg. / 2010): Die hybride Republik. Die Federalist Papers und die politische Moderne. (Staatsverständnisse, Bd.34) Baden-Baden.

Monti, Mario (2012): „Ich empfinde sehr deutsch". Italiens neuer Regierungschef im Interview. In: Die Welt (11. Januar 2012) S.8.

Nitschke, Peter (Hrsg. / 1999): Die Europäische Union der Regionen. Subpolity und Politiken der Dritten Ebene. (Grundlagen für Europa, Bd.3) Opladen.

Nitschke, Peter (2000): Der Nationalstaat und seine klassischen Funktionen – Ein theoretischer Problemaufriß. In: Metamorphosen des Leviathan? Staatsaufgaben im Umbruch. Hrsg. v. I. Gerlach u. P. Nitschke. Opladen, S.11-29.

Nitschke, Peter (2002): Subnationalität versus Nationalität? Die Regionalisierung der Europäischen Union als subsidiäre Politikstrategie. In: Subsidiarität als rechtliches und politisches Ordnungsprinzip in Kirche, Staat und Gesellschaft. Hrsg. v. P. Blickle, T. O. Hüglin u. D. Wyduckel. (Rechtstheorie, Beiheft 20) Berlin, S.431-444.

Nitschke, Peter (2003): L'identité subnationale dans le progressus d'intégration européenne. Quelques observations théoriques sur la régionalisation dans l'UE. In: Le fait régional et la construction européenne. Hrsg. v. M.-T. Bitsch. (Organisation internationale et relations internationales, Bd.57) Bruxelles, S.253-262.

Nitschke, Peter (2008a): Die EU als kontinentales Polizeiregime in der Globalisierung. In: Empirische Polizeiforschung X – Einflüsse von Globalisierung und Europäisierung auf die Polizei. Hrsg. v. B. Frevel u. H.-J. Asmus. (Schriften zur Empirischen Polizeiforschung, Bd.8) Frankfurt a.M., S.15-25.

Nitschke, Peter (2008b): Polizei und staatliches Gewaltmonopol in der Internationalisierung. In: Polizei und Politische Bildung. Hrsg. v. P. Leßmann-Faust. Wiesbaden, S.211-221.

Nitschke, Peter (2011): Die Wissenschaft vom Staate. In: Kulturwissenschaft der Moderne. Bd.2 – Das 19. Jahrhundert. Hrsg. v. dems. Frankfurt a.M., S.115-141.

Posener, Alan (2011): Klügelndes und Moral allüberall. In der deutschen Debatte über den Tod des Terroristenführers überwiegt die Kritik an der Aktion der Vereinigten Staaten. In: Die Welt 4. Mai 2011) S.6.

Rassem, Mohammed / *Stagl*, Justin (Hrsg. / 1994): Geschichte der Staatsbeschreibung. Ausgewählte Quellentexte 1456-1813. Berlin.

Reinbold, Fabian / *Schmitt*, Uwe (2011): Amerikaner feiern Tod des Massenmörders. In: Die Welt (3. Mai 2011) S.7.

Renan, Ernest (1995): Was ist eine Nation? In: Was ist eine Nation? Und andere politische Schriften. Hrsg. v. dems. Wien/Bozen, S.41-58.

Teusch, Ulrich (2004): Was ist Globalisierung? Ein Überblick. Darmstadt.

Verne, Jules (1967): In 80 Tagen um die Welt / Auf Außenposten im Land der Pelze. Frankfurt a.M.

Weinacht, Paul-Ludwig (1968): Staat. Studien zur Bedeutungsgeschichte des Wortes von den Anfängen bis ins 19. Jahrhundert. Berlin.

VI. Arm und Reich

Die Solidarität der Nation, die innerhalb ihrer staatlichen Grenzen und Institutionen die Frage sozialer Gerechtigkeit verhandelt und geregelt hat, ist durch die diffundierenden Prozesse der Globalisierung nur noch bedingt möglich. Sie ist als Steuerungsfrage für die nationale Politik zwar nicht an ihr Ende angekommen, wie Guéhenno vor über 15 Jahren meinte, schon gar nicht für eine demokratische Politik,[1] doch ganz offenkundig kann man hier nicht mehr im traditionellen Format Sozialpolitik betreiben.[2] Dazu sind die Phänomene und Probleme viel zu komplex und ineinander verzahnt. Es geht also nicht mehr einfach nur um *Hartz IV* für eine sozialpolitische Agenda in Deutschland, sondern um die Frage von Lohndumping, Schwarzarbeit, illegaler wie legaler Migration, Mindestlohnangebote, die sich eigentlich nur auf einer europäischen Ebene wirklich sinnvoll darstellen lassen und darüber hinaus um eine Politik, die eine soziale Gerechtigkeitsperspektive im weltweiten Maßstab auf ihre Tagesordnung setzt. Der Nationalstaat ist in dieser Hinsicht eindeutig zu klein, um hier weiterhin den normativen wie handlungsbezogenen Rahmen darstellen zu können, andererseits bleibt jedoch bis auf Weiteres gerade der jeweilige nationale Staat mit seinem ökonomischen wie finanziellen Mitteln der entscheidende Akteur für die Ausgestaltung globaler Gerechtigkeitsbedürfnisse.[3]

---

1   Der französische Originaltitel lautete *La fin de la démocratie*, vgl. Guéhenno (1995).

2   De facto bestimmt das Weltfinanzkapital die Richtlinien der Politik in der Globalisierung. Wenn Staaten hier ihre internen Betriebsstrukturen nicht (mehr) richtig organisieren können, dann sind sie nicht nur im finanziellen Sinne bankrott: So haben Griechenland und Italien unter „dem finanziellen Druck der Anleihemärkte […] ihre Demokratie suspendiert und Eurobürokraten (und ehemalige Goldman-Sachs-Berater) als Ministerpräsidenten installiert". – Haslett (2011): 23.

3   Selbst in der so genannten *Euro-Krise* der EU, die im Kern eine Staatsverschuldungskrise darstellt, ist eine größere Vergemeinschaftung von Aufgabenfeldern im Bereich der Sozialpolitik wenig zielführend. So urteilt auch Klaus von Dohnanyi (2013: 8): „Aber wer glaubt, man könne in der EU die Einzelheiten der Sozialpolitik, der Lohnpolitik, der Forschungspolitik, der Technologiepolitik oder gar die Steuerung der nationalen und regionalen Konjunktu-

Das ist zunächst einmal ein Widerspruch. Und so ist die Frage nach der Legitimation und der Handlungsperspektive für eine *globale Gerechtigkeit* der wichtigste Baustein in den gegenwärtigen Debatten zur Globalisierung. Es reicht hierbei auch nicht, dass man einfach nur die Handlungschancen und Interessenlagen der Nationalstaaten quasi additiv für eine internationale Politik ausrichtet, denn dies ergibt noch keine *globale* Perspektive auf Gerechtigkeit.[4] Unabhängig vom Innenleben einer nationalstaatlichen Befindlichkeit muss die zentrale Frage für das 21. Jahrhundert beantwortet werden, wie die nach wie vor gravierenden Unterschiede zwischen *Arm* und *Reich* in einer globalen Strategie behandelt werden sollen und können?

Der derzeit reichste Mann der Welt, der mexikanische Unternehmer Carlos Slim, ist hier in Relation zu bringen gegenüber der Zahl der namenlosen Milliarden von Menschen, die mit weniger als 2 Dollar am Tag ihr Leben fristen müssen.[5]

---

ren vergemeinschaften, der hat weder das nationale Beharren noch die Produktivität dieses Beharrens begriffen." Vor allem die *Produktivität* ist entscheidet. Sie kommt immer nur *vor Ort* zustande, nicht von oben herab und schon gar nicht verordnet.

4 Vgl. auch Hahn (2009): 13.
5 Die weltweit als Standard geltende Armutsformel bezieht sich auf eine Kaufkraft in US-Dollar, gemessen am Warenwert von 1,25 Dollar im Jahr 2005 in den USA. Wer nur 1,25 Dollar pro Tag zur Verfügung hat, gilt demnach als extrem *arm*. Auf etwa 1,4 Milliarden Menschen trifft dies zu. Demgegenüber verfügt Slim, nach der *Forbes*-Liste für 2011, 2012 und 2013 zum reichsten Erdenbürger deklariert, über ein geschätztes Jahresvermögen von etwa 74 Milliarden Dollar! Allein pro Tag verdient der mexikanische Unternehmer damit ca. 27 Millionen Dollar, während zeitgleich 20 Prozent aller Mexikaner mit einem Einkommen von weniger als 2 Dollar auskommen müssen. Carlos Slim verfügt über ein Wirtschaftsimperium von Firmenkonglomerationen, in denen sich Tabakfirmen ebenso wieder finden wie Immobilienfirmen, die größte mexikanische Telefonfirma, Restaurants, Kaufhäuser, Fluggesellschaften, Autozubehörhersteller etc. Über Slim heißt es für die mexikanischen Verhältnisse: „Er kontrolliert alles, kauft alles, er ist die fünfte Macht im Staat und bleibt dabei stets im Schatten." – Sich selbst gesteht Slim angeblich nur ein Monatsgehalt von 24.000 Dollar zu. Der zweitreichste Mann der Welt bleibt Bill Gates (56 Milliarden Dollar), gefolgt von Warren Buffet (50 Milliarden Dollar)

Jeder zweite Erdenbürger ist von dieser Konstellation, d.h. der 2-Dollar-Perspektive, für seine Lebenswirklichkeit betroffen.[6] Allein in Afrika sind dies über 400 Millionen Menschen, fast die Hälfte der Gesamtbevölkerung des Kontinents.[7]

Soziale Gerechtigkeit zwischen den Menschen herzustellen ist also eindeutig mehr als nur eine Frage von Hartz-IV. Es ist eine existenzielle Frage in ihrer globalen Dimension gerade für eine nationale Politik, die sich demgegenüber (leider auch in den Staaten der ersten Welt) meist nur am Rande für zuständig erklärt.

Die nationalstaatliche Politik der Ersten Welt verhält sich im Grunde so, wie Robert Nozick dies 1974 für das so genannte *Insel-Modell* als logische Maxime formuliert hatte: Wenn die Menschen wie Robinson Crusoe jeder eine eigene Insel hätten und bewirtschaften würden, warum sollte man dann in eine soziale Interaktion treten, bei der es um Verteilungsfragen von sozialer Gerechtigkeit ginge?[8] – Nur gibt es keine *reale* Insel-Situation für die Staaten dieser Welt. Zwar suggeriert der Souveränitätsgedanke eine derartige Konstellation, sie ist jedoch hinsichtlich ihrer empirischen Bedingungen schlichtweg unrealistisch bzw. eine Fiktion. Menschen interagieren mit anderen Menschen aufgrund ihrer materiellen

---

im Jahr 2011. – Weiss (2011): 28. Vgl. auch www.globalincome.org sowie Heuzeroth (2012): 16.

6   Die bizarre Relation der Armen gegenüber den Reichsten der Erde wird durch ein einfaches Rechenbeispiel aus dem Jahr 1998 veranschaulicht: Die damals reichsten 225 Personen verfügten 1998 über ein Gesamtvermögen von 1 Billion Dollar. Das entsprach zu dem Zeitpunkt dem Jahreseinkommen der absolut Armen in der Welt, die von nur einem Dollar pro Tag auskommen mussten – immerhin ca. 1,5 Milliarden Menschen! Das Vermögen der 15 wohlhabendsten Menschen auf der Welt überstieg das gesamte Bruttoinlandsprodukt (BIP) von Afrika südlich der Sahara. Vgl. UNDP (1998): 35. – Am Ende der ersten Dekade des 21. Jahrhunderts hat sich diese Relation weiter verfestigt: Nur 0,6 Prozent aller Haushalte auf der Welt fallen unter die Kategorie *Millionäre*. Ihr Anteil am globalen Privatvermögen beträgt hingegen 35,6 Prozent! – Vgl. Kaiser (2009): 9.

7   Vgl. Thieleke/Wiedemann (2007): 113. Der afrikanische Kontinent hatte mit seiner gesamten Wirtschaftsleistung im Jahr 2006 gerade einmal einen Anteil von 1,3 Prozent am globalen Markt.

8   Vgl. Nozick (1974): 185. – Dazu auch Hahn (2009): 18ff.

und ideellen Bedürfnisse, weil es eben kein autarkes Individuum für sich allein gibt. Das Gleiche gilt für die Staatenwelt. Kein Staat dieser Erde, ob national oder religiös oder diktatorisch aufgebaut, kann allein für sich das Problem der Ressourcenknappheit bewältigen, ist insofern auf einen Handel mit anderen Staaten existenziell angewiesen.

Erfreulich ist, dass beim Vergleich der strukturellen Daten mit dem Stand von 1990 sich die Zahl der absolut Armen nicht erhöht hat – sie ist sogar gesunken![9] Die Globalisierung verschlechtert also nicht die Entwicklungschancen von Menschen, sondern trägt tendenziell eher zu einer Verbesserung bei.[10] Allerdings ergeben sich hierbei Risse auch für die bisher so soliden Sozialstrukturen in der westlichen Welt. Und vor allen Dingen kommt das Afrika südlich der Sahara nicht wirklich voran.[11]

---

9   Vgl. Eberlei/Führmann (2006): 172.

10   So auch bereits Friedman (1999: 346): „Trotz aller Unruhe, die der globale Kapitalismus in eine Gesellschaft bringt, hat die Ausbreitung des Kapitalismus den Lebensstandard schneller und für mehr Menschen gesteigert, als dies je zuvor in der Geschichte der Fall gewesen ist. Sie hat auch mehr Armen den Aufstieg in die Mittelschicht ermöglicht als je zuvor in der Geschichte." So ist bezeichnenderweise die Zahl der Millionäre weltweit höher als vor der Finanzkrise des Jahres 2008/09. Allerdings sind die Unterschiede in der Verteilung signifikant: während die Zahl der Millionäre in Afrika konstant bei 0,1 Millionen liegt, ist sie in Europa wieder 2010 auf ihren Wert von 2007 (3,1 Millionen) angestiegen, in Nordamerika mit (3,4 Millionen) sogar leicht gewachsen. Den deutlichsten Anstieg verzeichnet hier der asiatische Raum, der zwischen 2007 und 2010 ein Wachstum von 0,5 Millionen Millionären verbuchen kann! – Vgl. Stocker (2011): 15.

11   Bezeichnenderweise ist dies auch eine Frage der Herrschaftsverhältnisse, der strukturellen Korruption und des kleptokratischen Managements der politischen Eliten. So verzeichnet die *Forbes*-Liste mit Isabelle dos Santos die erste Milliardärin Afrikas. Sie ist die Tochter des angolanischen Präsidenten dos Santos, der das Land seit 1979 regiert. Der Lebensstil von Isabel dos Santos ist extravagant: Anlässlich ihrer Hochzeit hat sie für die geladenen 10.000 Gäste mal eben zwei Charterflugzeuge mit hochwertigem Essen aus Belgien einfliegen lassen. Die Hochzeit selbst kostete drei Millionen Euro. Zwar hat Angola in den letzten Jahren ein bemerkenswertes Wirtschaftswachstum zu verzeichnen gehabt (immerhin 17 Prozent im Durchschnitt bis 2008), doch davon hat die Mehrheit der Bevölkerung nicht nennenswert profitieren können. Die meisten der 21 Millionen Angolaner leben von weniger als zwei Dol-

Doch insgesamt leben die meisten der absolut Armen (ca. 2/3) nicht in Afrika, sondern in Asien.[12]

Demgegenüber ist die Konstellation in den Staaten Europas eine ganz andere: in Europa, der reichsten Region der Welt im Jahre 2009 mit einem Wertvolumen der privaten Haushalte von insgesamt 32,7 Billionen Dollar,[13] hängt der Armutsbegriff vom Nettoverdienst ab, der durchschnittlich erzielt wird. Nach einer Festlegung der EU-Kommission gilt man als *arm,* wenn man weniger als 60 Prozent des nationalen Durchschnittseinkommens verdient. Das sind immerhin selbst für den sozialstaatlich wohlstrukturierten EU-Raum ca. 16 Prozent der EU-Bevölkerung![14]

Insgesamt betrachtet hat es also zwar Verbesserungen gegeben, doch sektoral auch Rückschläge. Die UN sind gemessen an ihren *Millenniumszielen* von 2000 nicht wirklich vorangekommen. Man hatte versprochen,

---

lar am Tag. Auf dem Index für menschliche Entwicklung steht das Land auf Platz 148 von 187 angezeigten Staaten! Nach Einschätzung von Experten ist das zentrale Problem von Angola „die komplette Abwesenheit von Transparenz". – Putsch (2013): 7.

12 Vgl. Eberlei/Führmann (2006): 174.

13 Vgl. Kaiser (2009): 9.

14 Vgl. Eberlei/Führmann (2006): 175. – Die EU klassifiziert die Faktoren für Armut nach a) materieller Entbehrung, b) geringer Erwerbsbeteiligung und c) geringes Einkommen. Die Armutsschwelle lag 2010 in Deutschland bei 952 Euro pro Monat. Nach den Angaben des Statistischen Bundesamtes ist jemand, der als Einzelperson nur über 11.426 Euro im Jahr verfügt, in Deutschland als *arm* zu betrachten. Bei einer Familie mit vier Personen im Haushalt sind dies jedoch 23.994 Euro. Allein dieses Beispiel zeigt schon die Relativität der Armutsfrage: Vier Personen dürfen (ruhig) von Weniger leben als eine Einzelperson! In Luxemburg ist im Übrigen eine Einzelperson erst bei weniger als 19.500 Euro *arm,* in Polen hingegen schon bei 3.000! Insgesamt sind in Deutschland ca. 12,8 Prozent der Einwohner, das ist fast jeder Sechste, von Armut bedroht. Allerdings hat sich die Armutslage materiell verbessert: Gegenüber dem Jahr 2007 hat es 2010 eine Wertsteigerung um ca. 440 Euro gegeben, die staatlichen Transferleistungen hier eingerechnet. Niedrigere Armutsquoten als in Deutschland finden sich in der EU nur noch in Schweden, den Niederlanden, Österreich und Tschechien. Deutlich höher fällt die Quote in Ländern wie Rumänien oder Bulgarien aus, wo jeder Zweite arm ist. – Vgl. Borstel (2012a/b): 9 sowie dies. (2012c): 4.

die Zahl der absolut Armen bis 2015 zu halbieren. Nach dem Zwischen-
bericht von 2005 bewegen sich 50 Länder bei mindestens einem der
proklamierten Ziele rückwärts in der Bekämpfung von Armut und weitere 65 benötigen viel mehr Zeit (bis ca. 2040), um überhaupt ein Ziel zu
erreichen![15]

Das grundsätzliche Problem mit der globalen Armut liegt auch darin
begründet, dass die Vernetzung der Handelsbeziehungen und Produktionsprozesse billige Lohnarbeit massenhaft begünstigen. Dies betrifft hier
besonders die Industriestaaten der Ersten Welt. Während in den Schwel-
len- und Entwicklungsländern die einfache Arbeit zu einem minimalen
Lohn oft immer noch mehr ist als vor der Globalisierung, benötigen die
Industrie- und Dienstleistungsstaaten des Westens im Prinzip keine einfachen Arbeitskräfte mehr.[16] Sie werden strukturell wegrationalisiert zugunsten der Schwellen- und Entwicklungsländer. Die Deindustrialisie-
rung in vielen Ländern des Westens impliziert zugleich,[17] dass soziale
Unterschichten in den Wohlfahrtsstaaten des Westens national betrachtet eigentlich überflüssig werden. Sie stören (nur), weil man weltweit auf
ganze Staaten und Gesellschaften als Unterschichten für die billigen Arbeitsprozesse zurückgreifen kann. Die Konsequenz hieraus lautet also:
Vernichtung der nationalen Unterschichten in den hoch entwickelten
Gesellschaften des Westens! – Da dies natürlich nicht geht, drohen verstärkt Aufstandsbewegungen und sozialer Unfriede, weil die Effekte der

---

15   Vgl. Eberlei/Führmann (2006): 177.

16   Zwischen 1975 und 1997 wurden allein in den USA insgesamt 42 Millionen
     neue Arbeitsplätze geschaffen, im Wesentlichen im Bereich der Hochqualifi-
     kation und bei den schlecht bezahlten Jobs, die allerdings auch am Stärksten
     dem Wandel unterliegen. Vgl. Berger (2000): 89.

17   Einzige Ausnahme ist hier Deutschland, das sich einen starken industriellen
     Kern trotz aller Wirtschaftskrisen bewahrt hat. Die hiermit verbundene Wert-
     schöpfung im Umfang von 26,2 Prozent am BIP ist daher auch deutlich höher
     als in Ländern wie Großbritannien (16,5 Prozent), Italien (18,6 Prozent) oder
     Frankreich (12,6 Prozent), wo die industrielle Produktion seit zwei Jahrzehn-
     ten sukzessive abgebaut worden ist. Eine Massenbeschäftigung von bildungs-
     fernen Arbeitnehmern wird dann zum Problem. – Vgl. Doll (2013): 12.

Entsolidarisierung innerhalb einer Nation dennoch erbarmungslos voran schreiten.[18]

Die bildungsfernen Arbeitskräfte lassen sich auf den globalen Produktionsmärkten auch deshalb leichter austauschen, weil die Gewinne nicht mehr einfach mit dem Faktor der *Produktivität* unmittelbar verknüpft sind. Zwar wird weiterhin hart gearbeitet, doch die Gewinne werden nicht bei denjenigen verbucht, die die Arbeit machen, sondern bei den Aktionären. Insofern ist auch das Wachstum in den klassischen Industrienationen eher mäßig. Eine andere Erklärung für diesen Effekt besteht darin, dass die Informationstechnologien sich derart schnell ausbreiten, dass die Produktionsvorgänge zeitlich viel schneller modifiziert werden müssen als bei der früheren (klassischen) Industrieproduktion. Damit schwinden Produktionsfortschritte bzw. sie werden relativ.[19]

In erster Linie sind es die älteren männlichen Fabrikarbeiter (und die Frauen), die in diesem globalen Wettbewerb ihre Marktfähigkeit verlieren.[20] Die älteren Männer, weil sie nach einer Entlassung keine weitere Arbeit mehr bekommen, und die Frauen, weil sie mit jeder neuen Arbeit

---

18   Im Prinzip gilt dies auch für die Arbeitnehmer in den Schwellenländern – nur mit der umgekehrten Tendenzrichtung, dass ihre Löhne nach oben steigen, wobei hier der interne Konkurrenzkampf auf nationaler Ebene besonders hart ausfallen kann. Wie die Streikwelle in der Landwirtschaft in Südafrika Ende 2012 gezeigt hat, war der Mindestlohn zwar bereits in nur vier Jahren um 50 Prozent gestiegen, doch damit ließen sich die enorm gestiegenen Preise für Maisgerichte, die zeitgleich um bis zu 64 Prozent angehoben wurden, nicht kompensieren! – Vgl. Putsch (2012): 14. Die Konsequenz solcher Streiks ist, dass die Streikenden ihre Wettbewerbsfähigkeit je nach Produkt auf dem globalen Markt reduzieren – und nur in den seltensten Fällen optimieren. Nur bestimmte, gut situierte bzw. vom Produkt her (etwa beim Weinanbau) besonders exponierte Farmen werden sich auf Lohnerhöhungen einlassen können, wenn die Kunden weltweit dies honorieren. Farmen, die dies nicht können, fallen demgegenüber in eine rein lokale Wettbewerbsfunktion zurück, wenn sie nicht sogar ganz den Betrieb einstellen müssen.

19   Vgl. Berger (2000): 91.

20   Dieser Befund gilt auch für Deutschland im Jahre 2011, wobei hier insbesondere die Gruppe der Arbeitssuchenden zwischen 58 und 65 angestiegen ist. Vgl. Hollstein/Borstel (2011): 5. – In Deutschland haben etwa 40 Prozent der Arbeitslosen keinen konkreten Beruf erlernt. Wie und für was soll man solche Menschen vermitteln? – Vgl. Borstel (2012d): 9.

tendenziell weniger verdienen. In den USA stellten 1960 die mittel-gut bezahlten Arbeitsplätze noch ca. 45 Prozent aller Arbeitskräfte, demgegenüber waren es 1995 nur noch etwa 33 Prozent. Im gleichen Zeitraum sind die Hochlohntätigkeiten von 24,6 auf 34,4 Prozent angestiegen.[21] Hier sind die Gewinner der Globalisierung zu verorten – vor allem im Finanz- und Kommunikationsmanagement. Dieser so genannte *Turbo-Kapitalismus* hat allerdings nur wenige Gewinner, dafür umso mehr Verlierer.[22] Der Gründer der amerikanischen Großbank *Morgan and Co. Inc.*, John P. Morgan (1837-1913), hatte sich noch Gedanken darüber gemacht, wie hoch die Differenz zwischen seinem Gehalt und dem seiner Mitarbeiter liegen dürfte. Er war dann auf eine Relation von 1:20 gekommen. Heutzutage liegt die Differenz bei Topmanagern zu den übrigen Betriebsangehörigen bei 1:200 und mehr![23]

Relationen dieser Art sorgen für ein nachhaltiges Unbehagen in weiten Kreisen der Ersten Welt an der Globalisierung. Steht doch damit das bisherige Wohlfahrts- und Sozialstaatsmodell zur Disposition.[24] Ökonomisch ist es nicht zu halten. Was sollen die Debatten über Harz-IV oder Mindestlohn-Standards in Deutschland, wenn 2-3 Milliarden Menschen mit nur zwei Dollar (oder weniger) am Tag auskommen müssen? Inso-

---

21 Vgl. Berger (2000): 92.

22 Die Gewinner sind immer global vernetzte Akteure. Nach der *Rich List*, welche die *Sunday Times* für Großbritannien erhoben hat, gibt es im Jahre 2013 unter den *Top Ten* nur einen britischen Staatsbürger (an achter Stelle)! Alle übrigen Milliardäre auf der Bestenliste der zehn Reichsten, die in Großbritannien Steuern zahlen, kommen bezeichnenderweise aus Schwellenländern wie Russland oder Indien. Allein die tausend wohlhabendsten Steuerzahler des UK-Systems bringen es auf ein Gesamtvermögen von 525 Milliarden Euro im Jahr 2013! – Vgl. Bolzen (2013): 12.

23 Vgl. Adam (2000): I.

24 Nach einem OECD-Bericht nimmt der Grad der sozialen Ungleichheit in den Ländern der Ersten Welt zu. Das hat allerdings auch etwas mit dem gesellschaftlichen Wandel (z.B. mehr Single-Haushalte) zu tun. In Deutschland wird nach wie vor im internationalen Vergleich relativ viel umverteilt. Die Einkommensunterschiede sind in anderen Staaten deutlich größer: „In Italien, Japan, Südkorea und Großbritannien verdient das oberste Zehntel zehnmal so viel wie die untersten zehn Prozent und in Israel und der Türkei und den USA ist es das Vierzehnfache." – Kaiser (2011): 9.

fern beschleunigt die Globalisierung einerseits die Angleichungen an ökonomische Standards, andererseits nivelliert der umfassende Austauschprozess von Arbeitsleistungen die sozialen Errungenschaften (vornehmlich in der Ersten Welt). Hier tritt dann auch die meiste Kritik an den ökonomischen Effekten bei Antiglobalisierungsgruppen und Gewerkschaftsverbänden auf den Plan. Dabei wird jedoch lediglich der Status quo der jeweils eigenen nationalen Wohlstandsbefindlichkeit verteidigt.[25]

Eigentlich geht es in globaler Perspektive gar nicht mehr um Europa bzw. die Staaten des Westens. Die sozialpolitischen Debatten, die etwa in Deutschland und Frankreich um die Wohlfahrtsstandards geführt werden, die nicht erodieren dürfen, sind mehrheitlich rückwärtsgewandte Diskurse überalternder Gesellschaften, die noch nicht begriffen haben, dass der Weltmarkt nicht notwendigerweise Produkte *Made in Germany* etc. benötigt, um weiterhin zu Wachstum zu gelangen.[26] Ein rasantes Wachstum stellt sich gerade dort ein, wo die Bevölkerung deutlich jünger ist als in den sklerotischen europäischen Gesellschaften.[27] Das ist (mit

---

25 Zum Stereotyp wird dann der Vorwurf, dass die Reichen zu viel haben und man deshalb umverteilen müsse. Wie es z.B. der Hauptgeschäftsführer des *Deutschen Paritätischen Wohlfahrtverbandes* sieht, der unter der Devise *Deutschland stinkt vor Geld* mit massiver Umverteilung die „Spaltung der Gesellschaft" verhindern will. – Schneider (2012): 4. Übersehen wird hierbei, dass der Nationalstaat im Rahmen der Entgrenzung keineswegs einfach mehr seine Sozialpolitik nur an der eigenen nationalen Klientel ausrichten kann, sondern die Fliehkräfte in der Ökonomie mitberücksichtigen muss.

26 So hat der Firmenchef eines amerikanischen Reifenherstellers nach mehreren Besichtigungen in einem französischen Unternehmen die Übernahme mit dem Kommentar abgelehnt: „Die französischen Beschäftigten bekommen hohe Gehälter, aber sie arbeiten lediglich drei Stunden. Sie haben eine Stunde für ihre Pausen und für ihr Mittagessen, diskutieren drei Stunden lang und arbeiten drei Stunden." Diesen Befund gab er dem französischen Minister für Redindustrialisierungsfragen schriftlich, worauf sich dieser empörte. Maurice Tayler, der amerikanische Investor, ist bekannt für sein rigides Management. „Das Problem ist," so Tayler, „dass die französischen Arbeiter zu teuer sind, vor allem wegen der sozialen Vorteile, die sie genießen." – Wüpper (2013): 10.

27 Bis 2050 wird es in Deutschland ca. 8 Millionen Erwerbstätige weniger geben. Was das für die deutsche Volkswirtschaft bedeutet, vermag sich die heutige Politik noch gar nicht vorzustellen. Sie hat bezüglich der Planung des Umbaus

Ausnahme Chinas) vor allem in den Schwellen- und Entwicklungsländern der Fall. Insofern ist es bezeichnend (und von geradezu revolutionärer Bedeutung), dass die absolute Armut in historischer Langzeitperspektive in den meisten Ländern der Welt in den letzten 30-40 Jahren gesunken ist.[28] Länder wie Südkorea, Taiwan, Hongkong, Singapur, aber auch Mauritius, haben von der Globalisierung zweifellos enorm profitiert. Südkorea beispielsweise war noch in den 1950er Jahren eines der ärmsten Länder der Welt!

So eindrucksvoll der Aufstieg vieler Entwicklungsländer in den letzten Jahrzehnten auch ist, so darf man dabei jedoch nicht übersehen, dass sich gravierende Ungleichheitsverhältnisse zwischen Arm und Reich auch weiterhin in diesen Ländern manifestieren. Ein signifikantes Beispiel liefert hierfür Indien, die demografisch größte Nation der Welt und gleichzeitig auch größte Demokratie: Zwar hat sich das Durchschnittseinkommen in den letzten 20 Jahren verdoppelt, doch immer noch muss etwa ein Drittel der Bevölkerung mit weniger als einem Dollar pro Tag zum Leben auskommen,[29] die meisten davon auf dem Land. Was nützt es den Dörfern, wenn man zwar Coca Cola kaufen kann, aber kein sauberes Trinkwasser hat? Gleiches gilt für weite Teile Afrikas südlich der Sahara. In Mozambique beispielsweise lebten noch im Jahre 2000 ca. 90 Prozent der 17,2 Millionen Einwohner in Strohhütten – ohne sauberes Trinkwasser. Nur jeder 20. Einwohner des Landes hatte einen

---

der Gesellschaft recht magere Vorstellungen. Das liegt nicht nur am Personal, sondern auch an der Gesellschaft selbst, die doch (bitte schön) in ihrer Wohlfahrtsutopie nicht aufgeschreckt werden möchte. Die Zahl der jungen Menschen im Ausbildungsalter wird um etwa ein Drittel sinken, die Anzahl der Pflegebedürftigen wird sich hingegen verdoppeln. Den demografischen Rückschritt wird Deutschland, wird Europa in diesem Jahrhundert nicht mehr kompensieren können. „Es ist völlig klar," konstatiert Reiner Klingholz in seiner Expertise als Direktor des Instituts für Bevölkerung und Entwicklung, „dass die Leistungsfähigkeit der Volkswirtschaft nicht ausreichen wird, um die Sozialsysteme wie gewohnt zu finanzieren." – Klingholz (2013): 2.

28 In wesentlich kürzerer Zeit haben die Entwicklungsländer Verbesserungen erzielt, wofür im historischen Vergleich die europäischen Industriestaaten das ganze 19. Jahrhundert benötigten. Vgl. auch Friedman (1999): 346.

29 Vgl. Fues (2006): 159.

Stromanschluss und Dreifünftel aller Menschen in dem Land waren Analphabeten.[30]

Selbst ein Wirtschaftsgewinner der Globalisierung wie etwa Hongkong zeigt enorme Verwerfungen im sozialen Gefüge: Trotz einem global guten Pro-Kopf-Einkommen von 34.000 Dollar (2011) leben in der 7-Millionen-Metropole mehr als 100.000 Menschen in Holzverschlägen, Käfigen oder fensterlosen Räumen. Diese werden als *Wohn-Käfige* bezeichnet.[31] Grauenhafte, menschenunwürdige Lebensbedingungen sind aber nicht nur ein Kennzeichen, das weiterhin für viele Länder der Dritten Welt nach wie vor gilt, weil Korruption und Staatsversagen,[32] letztlich auch ein Versagen der nationalen Eliten an der Tagesordnung geblieben sind. Dergleichen Effekte gibt es (leider) auch in der schönen Ersten Welt – auch in Europa.[33] Moderne Formen der Sklaverei beschränken

---

30 Vgl. Lucius (2000): 16.

31 Dies sind Menschen wie Frau Shi, die mit ihrem siebenjährigen Sohn im Hochbett in einem kaum vier Quadratmeter großem (fensterlosen) Raum leben muss, weil sie sich trotz ihrer halbtägigen Arbeit und der Sozialhilfe ansonsten die Miete von 200 Euro pro Monat gar nicht leisten könnte! Es sind überwiegend arme Einwanderer aus den ländlichen Gebieten Chinas, verarmte Rentner und Arbeitslose, die eine solche Raumkonstellation betrifft. Die Stadtverwaltung Hongkongs schafft es nicht, genügend neuen sozialen Wohnungsbau pro Jahr bereit zu stellen! In Unterkünften wie der von Frau Shi müssen sich bis zu 20 Menschen pro Etage eine Toilette und eine kleine Küche teilen! – Vgl. Graf (2012).

32 Der Soziologe Jürgen Wolff kommt als Experte für Entwicklungsländer daher zu dem Urteil: „Entwicklungshilfe hat Afrika nicht nur nicht geholfen – abgesehen von den winzigen, korrupten und ineffizienten Staatseliten –, sie hat eine verfehlte Politik finanziert und damit deren Beibehaltung ermöglicht." Hier zit. n. Thieleke/Wiedemann (2007): 128. Als ein Beispiel von vielen sei nur Zaire genannt: das Land hatte im Jahre 1982 eine Auslandsverschuldung von 5 Milliarden Dollar, zugleich jedoch verfügte der Staatspräsident Mobutu über ein Privatvermögen von 4 Milliarden! – Vgl. Shikwatti (2007): 9. Nach Schätzungen der Weltbank sind etwa 40 Prozent der Privatvermögen von Afrikanern im Ausland, überwiegend auf europäischen und amerikanischen Banken, platziert. Vgl. Thieleke/Wiedemann (2007): 128.

33 Das UNICEF-Siegerfoto mit dem *Gesicht des Jahres 2005* kam eben nicht zufällig aus Odessa und zeigte das Straßenkind Jana, drogenabhängig und HIV-

sich eben nicht auf *Failed-States* in der Dritten Welt, sondern sind mitten auf dem reichen Kontinent quasi überall anzutreffen.[34]

Aber auch dort, wo mit der Vernetzung der Märkte im Rahmen des globalen Handels rechtskonforme Wirtschaftsstrukturen gegeben sind, kann es der Fall sein, dass Gesellschaften gerade deswegen verarmen bzw. massive Rückschläge hinnehmen müssen. So ging z.B. in Tansania das Sozialprodukt um ca. ein Drittel zurück, weil das Land für existenzielle Ressourcen (wie Erdöl), über die es selbst nicht verfügt, mehr als das Zehnfache seiner eigenen Teeproduktion für die Finanzierung des Imports von Erdöl zur Verfügung stellen musste.[35] Die Austauschmöglichkeiten von Arbeitskräften im globalen Marktgeschehen führen dazu, dass insbesondere große Unternehmen, die vor Ort in der Region eine Monopolstellung erlangt haben, dem Staat (und seinen Bürgern) den Preis diktieren können. So verdient ein Kind bei der Arbeit auf den Zuckerrohrfeldern eines indischen Konzerns in Äthiopien lediglich 83 Cent am Tag![36] Da die äthiopische Regierung Ländereien an ausländische Nahrungsmittelproduzenten im großen Stil (mit der Bewirtschaftung von 100.000-300.000 Hektar Fläche) verpachtet hat,[37] ist die strukturelle Abhängigkeit der Bevölkerung vom Verhalten dieser Firmen immens.[38]

Wie ist auf all diese Erscheinungsformen zu reagieren? Was kann eine Politik im 21. Jahrhundert tun, um die nach wie vor gravierenden Unterschiede zwischen Arm und Reich abzubauen oder überhaupt zu mildern? Und zwar nicht nur in den kleinen Betriebsmechanismen des Nationalstaats, sondern für die gesamte Menschheit als Weltbevölkerung?

---

infiziert. Jana wurde nur 13 Jahre alt. Zum Zeitpunkt der Prämierung im UNICEF-Wettbewerb war sie schon gestorben. Vgl. UNICEF (2005).

34 Vgl. auch Gatti (2006): 10.

35 1970 musste Tansania 17 Kilo Tee für ein Barrel Erdöl erwirtschaften, zehn Jahre später waren es schon 220 Kilo für die gleiche Menge! – Vgl. Thieleke/Wiedemann (2007): 120.

36 Vgl. Hedemann (2011): 12.

37 Vgl. ebd.

38 Das gilt auch für die Erste Welt: So hat etwa *Nokia* (als größte Firma Finnlands) 2010 einen Jahresumsatz von ca. 60 Milliarden Euro angezeigt. Demgegenüber betrug der Staatshaushalt der Nation nur 45 Milliarden Euro! – Vgl. Roth/Bolzen (2011): 6.

Der Wirtschaftshistoriker David Landes hat in seiner wegweisenden Studie über *Wohlstand und Armut der Nationen* zwei Leitlinien für den ökonomischen Erfolg oder Misserfolg ausgemacht:[39]

a) „Unter ansonsten gleichen Bedingungen sind es die reichen Länder, die die Erde vergiften."

b) In Bezug auf die Entwicklungschancen einer Gesellschaft macht die Kultur den signifikanten Unterschied aus.

Das bedeutet: Die Konvergenz, mit der die Verfechter der Globalisierung allen Staaten dieser Welt ein Wachstum versprechen, wenn sie sich nur am globalen Markt beteiligen würden, bringt nur denjenigen Ländern strukturell etwas ein, die über die notwendigen Infrastrukturen verfügen.[40] Ein Bantu-Dorf, das von der Dürre bedroht ist, konsumiert keine Coca Cola. So wenig, wie die Bewohner eines solchen Dorfes überhaupt Geld für frisches Trinkwasser haben, so nehmen sie erst recht nicht am globalen Marktgeschehen teil. Das impliziert eine grundsätzliche Fragmentierung in bestimmten regionalen Zonen dieser Welt – trotz voranschreitender Globalisierung.

Was hier fehlt – und dies gilt ganz grundsätzlich für die globale Dimension – ist eine distributive Gerechtigkeitsvision im Weltmaßstab. Alles ehrenamtliche Engagement von NGOs kann nicht darüber hinwegtäuschen, dass hier eine jede nationale Politik gefragt ist. Die zentralen Steuerungsfähigkeiten kommen hier nach wie vor von den Staaten selbst. Armut und Reichtum mögen zwar individuelle Schicksale sein – oder zumindest wirken sie so in der Wahrnehmung vieler Zeitgenossen, faktisch ist es aber stets ein Ergebnis bestimmter strukturpolitischer Rahmenentscheidungen (oder auch deren Unterlassung), wie stark sich Armut auswirkt oder nicht. Insofern gilt das Fazit von Landes besonders auch für das 21. Jahrhundert:[41] „In einer Welt des raschen Wandels und der internationalen Konkurrenz kann es sich eine Gesellschaft kaum leisten, auf Privatinitiative zu warten."

---

39   Landes (1998): 517.
40   Vgl. auch ebd.: 519.
41   Ebd.: 521.

Literatur

Adam, Konrad (2000): Die Dienstleistungsgesellschaft. Ein vorsorglicher Abgesang. In: Frankfurter Allgemeine Zeitung (1. April 2000) Nr.78, Bilder und Zeiten, S.I.

Berger, Suzanne (2000): Globalisierung und die Zukunft der Arbeit. In: Zukunftsstreit. Hrsg. v. W. Krull. Weilerswist, S.87-100.

Bolzen, Stefanie (2013): Die reichsten Briten kommen aus Indien und Russland. In: Die Welt (22. April 2013) S.12.

Borstel, Stefan von (2012a): Armut ist relativ. In: Die Welt (18. Oktober 2012) S.9.

Borstel, Stefan von (2012b): Frauen verarmen schneller. In: Die Welt (18. Oktober 2012) S.9.

Borstel, Stefan von (2012c): Die Inflation der Armut. In: Die Welt (24. Oktober 2012) S.4.

Borstel, Stefan von (2012d): Die Kluft wächst. In: Die Welt (1. Februar 2012) S.9.

Dohnanyi, Klaus von (2013): Europas Krise kann Europas Chance sein. In: Die Welt (1. Februar 2013) S.8.

Doll, Nikolaus (2013): Autobauer schreiben Europa ab. In: Die Welt (14. Februar 2013) S.12.

Eberlei, Walter / *Führmann*, Bettina (2006): Armutsbekämpfung und Partizipation. In: Globale Trends 2007. Frieden, Entwicklung, Umwelt. Hrsg. v. T. Debiel u.a. Frankfurt a.M., S.171-188.

Gatti, Fabrizio (2006): Europas Sklaven. In: Die Welt (4. Oktober 2006) S.10.

Graf, Arthur (2012): Gestrandet in Hongkong. In: Die Welt (3. September 2012). Unter: www.welt.de/print/die_welt/politik/article108934577/Gestrandet-in-Hongkong.html (aufgerufen am 26. August 2013).

Friedman, Thomas L. (1999): Globalisierung verstehen. Zwischen Marktplatz und Weltmarkt. Berlin.

Fues, Thomas (2006): Weltsozialpolitik und Entwicklung. In: Globale Trends 2007. Frieden, Entwicklung, Umwelt. Hrsg. v. T. Debiel u.a. Frankfurt a.M., S.153-169.

Hahn, Henning (2009): Globale Gerechtigkeit. Eine philosophische Einführung. Frankfurt a.M./New York.

Haslett, Adam (2011): Abschied vom Ausnahme-Zeitalter. In: Die Welt (28. November 2011) S.23-24.

Hedemann, Philipp (2011): Äthiopiens Ausverkauf. In: Die Welt (6. Juli 2011) S.12.

Heuzeroth, Thomas (2012): Carlos, der Eroberer. In: Die Welt (16. Juni 2012) S.16.

Hollstein, Miriam / *Borstel*, Stefan von (2011): Die Älteren sind die Verlierer auf dem Arbeitsmarkt. In: Die Welt (27. September 2011) S.5.

Kaiser, Tobias (2009): Europa ist jetzt die reichste Region der Welt. In: Die Welt (15. September 2009) S.9.

Kaiser, Tobias (2011): Einkommen driften auseinander. In: Die Welt (6. Dezember 2011) S.9.

Klingholz, Reiner (2013): Mit Armut leben lernen. In: Die Welt (16. August 2013) S.2.

Landes, David (1998): Wohlstand und Armut der Nationen. Warum die einen reich und die anderen arm sind. Darmstadt.

Lucius, Robert von (2000): Aufschwung und Niedergang. Moçambiques Glanz hat nicht nur durch die Fluten verloren. In: Frankfurter Allgemeine Zeitung (25. April 2000) Nr.96, S.16.

Nozick, Robert (1974): Anarchy, State and Utopia. New York.

Putsch, Christian (2012): Verbrannte Trauben. In: Die Welt (20. November 2012) S.14.

Putsch, Christian (2013): Milliardärin inmitten von Armut. In: Die Welt (7. Februar 2013) S.7.

Roth, Jenni / *Bolzen*, Stefanie (2011): Der „Wahre Finne" schreckt Europa auf. In: Die Welt (19. April 2011) S.6.

Schneider, Ulrich (2012): „Deutschland stinkt vor Geld. Stimmt doch". Ein Interview. In: Die Welt (22. Dezember 2012) S.4.

Shikwatti, James (2007): Stellt die Entwicklungshilfe ein. In: Die Welt (9. Juli 2007) S.9.

Stocker, Frank (2011): Zahl der Millionäre jetzt weltweit höher als vor der Krise. In: Die Welt (23. Juli 2011) S.15.

Thieleke, Thilo / *Wiedemann*, Erich (2007): Der afrikanische Fluch. 350 Jahre nach ihrer Landung am Kap sollen weiße Farmer für das Elend des Kontinents büßen. In: Der Spiegel 16 (16. April 2007) S.111-128.

UNICEF (2005): Gesicht einer Katastrophe. Unter: www.unicef.de/presse/pm/2005/foto-des-jahres-2005/ (aufgerufen am 28. September 2011).

Weiss, Sandra (2011): König Midas von Mexiko. In: Die Welt (11. März 2011) S.28.

Wüpper, Gesche (2013): Kampf um die Arbeitsmoral. In: Die Welt (22. Februar 2013) S.10.

VII. Zivilisierungsumbrüche

Die globalisierte Welt zeitigt Effekte, die ein Nebeneinander gänzlich unterschiedlicher Kulturen und Zivilisationen auf ein und dem gleichen Raum ergeben. Und genau diese Konstellation ist in ihrer weltumspannenden Tragweite neu. Zwar hat es stets eine Divergenz von Kulturen auf der Erde gegeben, doch fand diese bisher in meist hegemonial abgeschotteten Herrschaftsräumen statt. Jede Form von politischer Herrschaft, sei es die des Stammes, die der Religionsgemeinschaft wie auch die des Staates, versuchte einen je spezifischen Raum für sich allein zu okkupieren und diesen hegemonial zu verwalten und herrschaftsrechtlich zu organisieren. Das staatliche Gewaltmonopol der Moderne ist nicht zufällig *das* Symbol für die Hoheitsfunktionen innerhalb eines mit klar regulierten Grenzen besetzten Raumes. Jedoch ist diese Raumabgrenzung zu allen Zeiten ein herrschaftsrechtliches Problem gewesen, vor allem im so genannten *Mittelalter* gab es in Europa eine z.T. sehr weit reichende Diffusion von Herrschaftsansprüchen, die dann meist dynastischer Art waren, was dazu führte, dass territoriale Systeme oft eben nicht klare Ländergrenzen aufwiesen. Die völkerrechtliche Gleichsetzung *Staat = Land = Volk* ist so gesehen eine moderne Herrschaftsformel. Kulturell betrachtet hat sich hierbei der Volksbegriff über die Etikettierung als *Nation* zu einem Identitätsparadigma erhoben.

Das war nicht immer so. Das klassische Gegenparadigma liefert hierzu das jüdische Volk. Jahrhundertelang hat die jüdische Kultur, seitdem ihr Herrschaftsbereich durch die Eroberung von Jerusalem im Jahr 70 n. Chr. ausgelöscht worden war und die Anhänger des jüdischen Glaubens in alle Winde des römischen Weltreiches deportiert wurden, allen ethnischen oder religiösen Anfeindungen zum Trotz ausgehalten und ihre Identität bewahrt. Die Religion manifestierte die eigene Sprache und damit eine kulturelle Kodierung, die ein Volk im Sinne einer Glaubens- und Abstammungsgemeinschaft festlegte – ohne dass dieses Volk damit sich zugleich als eine Nation verstehen musste, geschweige denn eine ter-

ritorial fixierte Herrschaftsordnung vorweisen konnte. Im besten Her-
derschen Sinne waren (und sind) die Juden damit eine Kulturnation.[1]

In dem Maße, wie sich mit der Vernetzung der Handelssysteme, den
Migrationswellen mit ihren weltweit flukturierenden Erscheinungen die
völkerrechtliche Gleichsetzung von Staat und Nation weder funktional
noch kulturell aufrecht erhalten lässt, stellt sich die Frage, was hier an die
Stelle tritt? – Ganz offensichtlich zunächst einmal jede Menge Bruchlinien, die sich nicht nur an der Entgrenzung des Nationalstaates hinsichtlich seiner Funktionen festmachen lassen, sondern eben auch (und vielleicht noch viel gravierender) an der Diffusion seiner kulturellen Deutungshoheit bzw. den Möglichkeiten eine *Identität* für seine Bürgerinnen
und Bürger als *verbindlich* auszugeben. Zweifellos liefert Samuel P.
Huntingtons paradigmatische Diagnose vom *Clash of Civilizations* hier ein
erkenntnistheoretisches Muster, nach (und mit) dem sich die Probleme
und Phänomene der Staaten und der Gesellschaften im Zeitalter der
Globalisierung analysieren lassen.[2]

Huntington ist besonders in Deutschland heftig kritisiert worden für
seine Vorstellung, dass die Konflikte des 21. Jahrhunderts im Wesentlichen keine ökonomischen oder militärischen sein werden, sondern in der
Kultur ihren Hauptgrund haben.[3] Dabei geht sein Ansatz von einem Mo-
dellkonzept aus, demzufolge sich die Gesellschaften und Staaten dieser
Welt in insgesamt neun Kulturkreisen einordnen lassen, die untereinan-

---

1   Die Tatsache, dass nunmehr der Staat Israel als Identitätsangebot im Rahmen
     der Gleichung von *Staat/Nation* existiert, ist so gesehen auch eine (vielleicht
     sogar notwendige) Antwort auf den *Holocaust*. Wer schützt Menschen jüdi-
     schen Glaubens, wenn der Staat, in dem sie jeweils leben (und lebten), dies
     nicht tut, ihnen sogar ihr Existenzrecht bestreitet?
2   Vgl. Huntington (2002). – Vgl. auch Benedikter (2010).
3   Vgl. u.a. Müller (1998), Simhandl (2000) oder Kneip (2007). – Man kann sol-
     che Kritik als typischen Reflex eines antiessentialistisches Denkens auffassen,
     das insbesondere in Deutschland mit der 68er Bewegung intellektuell populär
     geworden ist (vgl. Benedikter 2010: 134). Man unterhält sich mit großem En-
     gagement über das Sosein im Dasein, aber das Existenzielle am Dasein selbst
     wird nicht mehr hinterfragt. Natürlich ist dies auch eine Abneigung gegen me-
     taphysisch konnotierte Aussagen und in der Tat hat die Beweisführung bei
     Huntington mit ihrer Ausrichtung auf die Formel *Hochkultur = Zivilisation =
     Religion* eine latente metaphysische Botschaft.

der z.T. in latenter oder aber eben auch grundsätzlicher Konkurrenzsituation existieren. Die Kulturkreise sind für Huntington (wie auch bei dem Historiker Arnold J. Toynbee) *Hochkulturen*.[4] In diesem Sinne versteht er einen Kulturkreis als *Zivilisation*. Die Differenzierung von Kultur und Zivilisation ist wichtig, was die deutsche Rezeption trotz des Hinweises in der Übersetzung meist unterschlagen hat.[5] Die deutsche Kultur z.B. ist keine Zivilisation – als solche gehört sie dem westlichen Kulturkreis (als Zivilisation) an. Europa und die USA bilden zusammen mit Kanada und Australien den *Westen* – eine Hochkultur,[6] in der das Individuum seit der Aufklärung im Mittelpunkt der Sinndeutungen menschlicher Existenz steht. Säkularisierung und die Utilisierung der Alltagsbelange führen in dieser Zivilisation zu einem Siegeszug technisch-naturwissenschaftlicher Erfindungen, mit deren Hilfe dann u.a. auch die Globalisierung in ihre entscheidende Phase eintreten konnte.

Für Huntington ist der wesentliche Träger oder Garant in der Entwicklung des Westens der Rationalismus, verbunden mit dem Individualismus. Beides zusammen ergibt die *Demokratie* als Ordnungsprinzip. Im Hinblick auf den Vergleich der Kulturen untereinander und dem Weltprozess insgesamt existiert für Huntington hierdurch so etwas wie eine ausbalancierte Mittelposition, die er zeitlich seit der Amerikanischen Revolution gegeben sieht.[7] Dies ist zweifellos eine politisch-ideologische Selbstbeschreibung von Attributen des Westens mit den USA als Kern der zivilisatorischen Identität. Sie passt jedoch insofern zur Globalisierung, weil die damit verbundenen geistigen Strömungen (Rationalismus,

---

4   Was in der deutschen Rezeption oft übersehen wird, ist die hermeneutische Ausgangsposition von Huntington: Sein Modell basiert nicht auf einer verquasten Ontologie wie bei Spengler, auf den er sich auch gar nicht weiter einlässt, sondern auf dem geschichtsphilosophischen Modell von Toynbee. – Vgl. Toynbee (1970).

5   Vgl. auch Benedikter (2010): 131.

6   Der Begriff *Westen* ist eine hermeneutische und letztlich idealtypische Konstruktion britischer und niederländischer Historiker, die damit die Veränderungen in der Welt nach dem Ersten und insbesondere nach dem Zweiten Weltkrieg konzeptionell begreifen wollten. – Vgl. Rößner (2000): 106.

7   Vgl. auch Benedikter (2010): 129.

Individualismus, Ökonomismus und Demokratie) das Format der Globalisierung bisher bestimmt haben.

Als Kern der kulturellen Identität des Westens macht Huntington die *Religion* aus. Dieser Faktor gilt als Kraftzentrum für alle Kulturkreise. Hinduismus (für Indien), Konfuzianismus (für China) etc. bilden die normative Grundlage, von der aus die institutionellen und auch rituellen Performationen der jeweiligen nationalen Gesellschaften als Teil einer je spezifischen Hochkultur sich a) selbst verstehen und b) dementsprechend auch analysiert werden müssen. Der Kern des Westens ist in dieser Hinsicht das Christentum, gar nicht so sehr eine einzelne Kirche, sondern das Christentum als Offenbarungsreligion insgesamt.

Das Christentum hat mit seiner an der Person des Gläubigen ausgerichteten Naturrechtslehre die Individualität seit der Renaissance unterstrichen.[8] Wenn der Westen seine Genese in der europäischen Geschichte aufweist, dann ist diese gekennzeichnet durch eine Synthese, bei der die Begegnung und Verschmelzung vom jüdischen Gottesglauben, der Logik der griechischen Philosophie und dem römischen Recht seit der Antike etwas ganz Originäres geschaffen haben. Die *Menschenrechte* sind insofern nicht zufällig originäre Produkte des westlichen, christlich-abendländischen Denkens:[9] „Von der Überzeugung eines Schöpfergottes her ist die Idee der Menschenrechte, die Idee der Gleichheit vor dem Recht, die Erkenntnis der Unantastbarkeit der Menschenwürde und das Wissen um die Verantwortung der Menschen für ihr Handeln entwickelt worden."

Demgegenüber ist der Islam gekennzeichnet durch ein Prinzip der Nichtentwicklung hinsichtlich der Fragen zum Individualismus, der Emanzipation des Individuums in der Gesellschaft. Seit dem (europäischen) Spätmittelalter hat es hier keine signifikante Fortentwicklung gegeben – im Gegenteil: Ein Verharren auf dem Status Quo ist die Maxime islamischer Gesellschaften. Insbesondere der islamische Fundamentalismus erscheint weitgehend als Resultat einer kognitiven Verweigerung gegenüber der Moderne und deren Kode einer universalen Ausbreitung von marktwirtschaftlichem Handel, Menschenrechten und demokrati-

---

8   Vgl. auch Haakonssen (1996).
9   So Papst Benedikt XVI. bei seiner Rede im Deutschen Bundestag (2011: 2).

scher Ordnung.[10] Von allen acht übrigen Kulturkreisen, die man als mehr oder weniger signifikant *anders* als den Westen begreifen kann, stellte sich daher für Huntington mit dem Islam die größtmögliche Konkurrenz für das derzeitige wie weitere Szenario in der Weltpolitik dar.[11]

---

10 Vgl. auch Hübner (2003: 145f.), der im Übrigen auch als einer der wenigen in Deutschland Huntingtons Thesen und Theoreme positiv aufgenommen hat. Es reicht eben nicht aus, *Kultur* lediglich unter ökonomistischen Prinzipien im Sinne Max Webers zu reflektieren. Die Auseinandersetzung bzw. Konfrontation zwischen den Kulturen, die empirisch gar nicht von der Hand zu weisen ist, muss als geistige Dimension begriffen werden. Insofern ist hier gerade der Westen gefragt, wie er es mit seiner eigenen Identität hält (vgl. auch Nitschke 2005: 349ff.): In dem Maße, in dem sich der Westen weigert, die religiösen Betriebsgrundlagen der eigenen Existenz noch weiterhin anzuerkennen, versagt er sich dem wirklichen Dialog mit den anderen Kulturen dieser Welt. „Die unleugbare Leidenschaft des Glaubens, die hier am Werke ist, in besserwisserischer Weise zu »hinterfragen«, entspringt nur der heutigen Unfähigkeit des Westens, das Religiöse ernst zu nehmen" (Hübner 2003: 146). Dieses epistemologische Defizit im Umgang mit den normativen Grundlagen der eigenen Identität führt auch zum Schisma in der Bewertung des 11. Septembers: Während ein Großteil amerikanischer Autoren die eschatologische Dimension dieses Terroraktes durchaus begriffen und kognitiv zur weiteren Bearbeitung aufgenommen hat, erliegen viele Kommentatoren in Alt-Europa einem vordergründigen Reflex der Säkularisierung, indem hier lediglich auf materielle Daten (wie Opferzahlen, Wirtschaftsschwäche, Kriegskosten etc.) zugegriffen wird. Damit verweigert man sich der Anerkennung der symbolischen Funktion von 9/11, dass mit diesem Attentat „auch die Idee einer vollständig säkularisierten Welt erschüttert" worden ist (ebd.: 148). – „Wir im Westen haben die Religion so kraftlos werden lassen, so weit marginalisiert, dass wir immer wieder ihre Grausamkeit und Stärke unterschätzen", konstatiert ein amerikanischer Sicherheitsexperte: „Wir verstehen weder, dass man für Gott töten, noch dass man für ihn sterben kann. Andere aber tun genau das." – Hier zit. n. Rühle (2012): 8.

11 Was nicht ausschließt, dass auch andere Zivilisationen sich hier in naher Zukunft a) gegenüber dem Westen als harter Konkurrent, bzw. auch b) untereinander als rivalisierende Mächte erweisen können. Für die letztgenannte Variante liefern das überwiegend islamische Pakistan und die Hindu-Nation Indien (beides Atommächte) immer wieder bedrohliche Beispiele. Insbesondere der Hindunationalismus ist hier von einer teilweise massiven Radikalität im Umgang mit anderen Religionen und Ethnien gekennzeichnet. – Vgl. grundsätzlich hierzu Graefe (2010).

Generell ist an Huntingtons Modell der Schematismus kritisiert worden, wobei meist übersehen wurde, dass er eine Fülle empirischer Daten hierfür verarbeitet hatte. Schnell meinte man erkannt zu haben, dass Huntington mit seiner Einteilung die globale Dimension nicht annähernd mehr adäquat begriffen habe, weil er doch von *Zivilisationen* im Sinne geschlossener Identitätskreise und deren raumergreifender Gebietsansprüche ausgegangen sei. Hierbei ist verkannt bzw. übersehen worden, dass Huntington ein dezidiert geopolitisches Argumentationsbild entworfen hatte: Hochkulturen formieren sich über ein bestimmtes Raumsetting, das nicht beliebig ist. Zwar gibt es allenthalben Vermischungen, aber der Kern dieses Raumverständnisses ist nicht austauschbar: Der Raum einer je spezifischen Zivilisation zielt auf die Köpfe (und Seelen) der Menschen, die in dem konkreten Kulturkreis wohnen, leben und arbeiten. Die gesellschaftliche Kultur ist damit immer auch eine spezifische Frage der Organisationskultur von Menschen – und diese wird meist sehr nachhaltig von der religiösen Botschaft dominiert. Natürlich gibt es hier Ausfransungen, Performationen, diffundierende Effekte schon allein aufgrund der Mobilität von Menschen in der Globalisierung.[12] Die weltweiten Migrationen lassen gar keine einheitliche Identität nur für einen Raum mitsamt einer politischen Ordnung zu. Allein der *Westen*, hier insbesondere die USA, Kanada und Australien generieren ihr Selbstverständnis über den Faktor *Einwanderungsland* (für Individuen, die etwas leisten wollen).

Und doch (oder gerade deswegen) gibt es auch Abschottungen, Trennungen, das nachhaltige Insistieren auf eine kulturelle Identität, die *nicht-westlich* sein will oder zu sein hat![13] Insbesondere der Islam verteidigt

---

12   Was auch von Huntington nicht bestritten wurde, im Gegenteil sogar als Begründung für das kulturelle Leitbild in der Frage der politischen Identität eines Volkes präsentiert wurde. – Vgl. Harrison/Huntington (2000).

13   Mitunter hat dies auch recht revolutionäre, um nicht zu sagen ausgesprochen *revanchistische*, Aspekte. Die Rückeroberung all derjenigen Länder (bis hin nach Andalusien), in denen historisch einst Muslime gelebt haben, ist für manche Anhänger *Al Qaidas* eine strategische Vision. Für andere geht es dann sogar noch um mehr. So bekennt der aus Solingen nach Ägypten geflohene Islamist Mohammed Mahmud in seinen Internetbotschaften: „Ich werde Deutschland nur in einem einzigen Fall betreten, als Eroberer, um die Scharia in Deutsch-

seinen Nukleus an religiöser Identität mit einer ausgesprochen aggressiven Auslegung der heiligen Sätze des Korans.[14] „Die Geschichte ändert sich in Richtung einer globalen Islamisierung", verkündet Ayatollah Dschannati in Teheran emphatisch.[15] Eben deshalb hat Huntington in dieser Zivilisation für die Auseinandersetzungen des 21. Jahrhunderts den Hauptkonfliktakteur für die Botschaft des Westens gesehen. Salman Rushdie,[16] Theo van Gogh,[17] Ayaan Hirsi Ali, Kurt Westergaard oder Molly Norris zeigen die systematische Berechtigung für diese These an. Die amerikanische Karikaturistin Molly Norris, die für den *Seattle Weekly* zeichnete, hatte die Idee, auf *Facebook* einen internationalen Tag unter dem Motto *Zeichnet Mohammed* auszurufen.[18] In ihrem eigenen Beitrag zu dieser Facebookseite behaupten eine Kaffeetasse, eine Garnrolle, ein Dominostein, eine Nudelpackung und eine Handtasche, dass sie allein

---

land einzuführen! Ich bleibe nicht in einem Land, um unter den Kuffar (Ungläubigen) zu leben!" – Hier zit. n. Alexander/Flade (2012): 7.

14 Dies sieht Huntington als zentrales Problem für den Weltfrieden an (2002: 430): „Der Koran und andere Formulierungen muslimischer Glaubenssätze enthalten nur wenige Gewaltverbote, und die Vorstellung der Gewaltfreiheit ist muslimischer Lehre und Praxis fremd." In keiner anderen Religion wird die Gewalt gegen Ungläubige derart stark gerechtfertigt bzw. toleriert wie im Islam. Der monotheistische Anspruch geht einher mit einer ziemlich rabiaten Vorstellung vom Lebensglück in dieser Welt. Dem haben sich alle unterzuordnen.

15 Zit. n. Putsch/El-Ahl (2012): 6. – Hierbei wird intentional auch von einer Höherwertigkeit des islamischen Glaubens ausgegangen. „Die Glaubensregeln des Islam zementieren" daher nach Einschätzung von Hans-Peter Raddatz „eine rassistische Weltsicht, indem sie den Muslimen zusichern, zur besten aller Gemeinschaften zu gehören" (2013: XVII).

16 Der Schriftsteller lebt seit der berühmt-berüchtigten *Fatwa* Khomeinis von 1989, die ihm den Tod androht, mehr oder weniger im Untergrund, beschützt vom britischen Geheimdienst.

17 Der niederländische Filmemacher ist 2004 auf offener Straße in Amsterdam niedergeschossen worden, anschließend schnitt ihm der islamistische Attentäter die Kehle durch. Van Gogh hatte zuvor sein provokantes Werk *Submission* im holländischen Fernsehen gezeigt. In dem Film wird die frauen- und insgesamt menschenrechtsfeindliche Sozialordnung der islamischen Gesellschaften drastisch dargestellt.

18 Vgl. Stein (2010): 7.

das wahre Abbild des Propheten verkörpern würden. Seitdem lebt sie im Geheimen, hat ihre Arbeit offiziell aufgegeben, weil sie massiv von Islamisten bedroht wurde. Ein muslimischer Geistlicher, Anwar al-Awlaki, in den USA geboren, einer der Hassprediger von Al Qaida, der bis zu seinem Tod vom Jemen aus seine Propaganda betrieb, schrieb auf seiner Website:[19] „Eine Seele, die dermaßen minderwertig ist, dass sie Gefallen daran findet, den Botschafter Allahs lächerlich zu machen, die Gnade für die Menschheit; eine Seele, die dermaßen undankbar gegenüber ihrem Herrn ist, dass sie den Propheten jener Religion diffamiert, die Allah für seine Schöpfung bestimmt hat, verdient nicht zu leben, sie verdient es nicht, Luft zu atmen."

Wie dieses Beispiel zeigt, sind es somit im eigentlichen Sinne die normativen Bruchlinien zwischen den Religionen bzw. Kulturen, die den Antagonismus und die Rivalität zwischen den Zivilisationen ausmachen.[20] Es ist der identitäre Kern, der hier jeweils im Konfliktfall berührt wird, und der die Selbstzuschreibung von Individuen wie Gruppen innerhalb einer je spezifischen Zivilisation geradezu existenziell heraus fordert.

Mit der Anerkennung der religiösen Dimension der kulturellen Konflikte haben viele im Westen ein grundsätzliches Problem:[21] Man redet sich in den Medien ein, dass die Säkularisierung ein nützliches Produkt des Nationalstaats gewesen sei, der damit die selbstzerstörerischen Fliehkräfte religiöser, konkret: *konfessioneller,* Dispute gebändigt und überwunden habe. Die Toleranz unter den Bürgern sei dann durch das Gewaltmonopol des Staates hergestellt worden.[22] Bei einer solchen Argumentation werden Ursache und Wirkung verkannt. Der Nationalstaat ist zwar mittels eines erfolgreich durchgesetzten Gewaltmonopols in der Tat der große Pazifizierer im öffentlichen Raum. Konfessionell betrachtet hat man dies aber in den meisten Staaten Europas über den Weg einer einheitlichen Staatskirche erreicht. In England, Frankreich, Dänemark, Schweden, den Niederlanden, Spanien, Russland und Polen – von Italien

---

19 Hier zit. n. ebd.
20 Vgl. hier auch Neuhaus (2001): 19, Anm.1, u. 24.
21 Vgl. auch Nitschke (2005/2006).
22 Vgl. hier Meyer (2007): 28.

ganz zu schweigen – ist die Herrschaftsverdichtung des Staates stets durch die Vereinnahmung mit einer je spezifischen Kirche erfolgt. Die große Ausnahme bildet hier der deutsche Raum, der exklusiv umkämpft wurde und mit den Losungen von 1555 und 1648 durchaus kleinräumige territoriale Verdichtungen von politischer Herrschaft quasi als Mininationen generiert hat. Die Säkularisierung ist also in Europa nicht einfach auf dem Weg einer Staatszentrierung durchgesetzt worden, sondern in Auseinandersetzung mit dem theologischen Deutungsangebot der Kirchen und einer machtbezogenen Auswahl bzw. Ausgrenzung unter ihnen. Mit Toleranz hat dies zunächst noch nicht viel zu tun.

Es ist insofern auch nicht angebracht, den Dialog zwischen den Kulturen, den man in Abgrenzung zu Huntingtons Analyse ausgerufen hat, als ein rein säkulares Projekt zu betreiben. Wenn der Markenkern einer Hochkultur in ihrer religiösen Normierung, damit verbunden in ihren ethischen Wertvorstellungen besteht, dann ist ein utilitäres Aushandeln fehl am Platz. Dann geht es um Wahrheitsfragen und den Streit im Rahmen der Logik darüber.[23] In dieser Hinsicht hat der Islam erhebliche Anerkennungsprobleme gegenüber anderen Wertvorstellungen als der eigenen. Die deutsche Soziologin Necla Kelek kritisiert zu Recht die (meist atheistischen) *Islamversteher* im Westen:[24] „Das große Problem ist, dass die westlichen Individualisten nicht nachvollziehen können, was der Islam ist. Sie denken, er sei nur eine Variante ihres Glaubens, eben eine mit Kopftuch. Der Islam aber ist ein System, das den Menschen als Sozialwesen und nicht als Individuum sieht, er fordert das Kollektiv.“

---

23 In einem Interview anlässlich der Aufruhrwellen in der islamischen Welt wegen eines blasphemisch-dekadenten Mohammed-Videos verweist Ayaan Hirsi Ali auf die Sinnhaftigkeit der Huntingtonschen Deutung (2012: 6): „Der Westen sollte endlich aufhören mit der moralischen Relativierung und damit beginnen, seine Werte zu verteidigen.“ Der *Wert*, und das ist natürlich inhaltlich das Problem, ist in diesem Fall nicht das dumme Video über Mohammed, sondern die Tatsache an sich, dass jeder, so dumm er auch sei, seinen Blödsinn in den öffentlichen Diskussionsraum stellen kann.

24 Kelek (2010): 7.

Westlicher Individualismus versus islamischen Kollektivismus,[25] so lautet der Gegensatz, für den es eine Menge erschreckender empirischer Vorgänge im Alltagsleben der Kulturen gibt.[26] In der Betonung des Kollektiven ist der Islam jedoch nicht allein. Die meisten der von Huntington angezeigten Hochkulturen betonen den Wert des Gesamten vor dem Einzelnen. Zwar existiert eine solche Bezugslinie auch für die demokratische Ordnung, und dies schon seit den politischen Philosophien von Platon und Aristoteles, doch anders als in der heutigen sachorientierten und kritisch reflektierenden modernen Gesellschaft des Westens, die hier stets zwischen idealistischen Überschuss (Zuversicht) und Skepsis schwankt,[27] weisen insbesondere der Hinduismus und Islamismus eine politische Ideologie auf, die sich primär durch ihr theologisches Weltbild begründet.

Im Unterschied zum Christentum hat der Islam bis dato keine Rationalisierung seiner theologischen Interpretamente über den Menschen an sich, das Volk und die politische Ordnung formuliert. Eine Renaissance oder gar eine Aufklärung fand hier nicht statt. Bisher – deshalb fordert

---

25 Dieser Kollektivismus wird durch den *Scharia*-Vorbehalt gefördert, der beinhaltet, dass viele islamische Länder in ihren Verfassungen nichts dulden, was nicht auch der Scharia, der Gesetzeslehre nach dem Koran, entspricht. – Vgl. Schumacher (2011): 18.

26 Beispielsweise die Christenverfolgung im Irak, die vor allem eine Konsequenz aus der fundamentalistischen Interpretation des Korans ist. Das Verbot jeglicher Konversion ist mit dem Prinzip der Universalität der Menschenrechte nicht zu vereinbaren. Deshalb kann der Erzbischof von Kirkuk zu Recht sagen: „Wenn ich das Christentum verlasse, würde mich niemand verfolgen und mir den Kopf abschlagen. Das ist der Unterschied zum Islam." Christliche Gemeinden überleben derzeit im kurdischen Teil des Irak auch nur dann und dort, wo sie sich in *gated communities* zurückgezogen haben. Der Bürgermeister einer solchen Siedlung konstatiert rückblickend auf die Ära des säkularisierten Irak: Unter Saddam Husseins Herrschaft waren alle Menschen nur Iraker. Doch seit dem Ende des diktatorischen Regimes hat sich eine neue Gewaltform in der Gesellschaft verankert, die Gewalt durch die Konfession (der Mehrheit): „Seitdem wird in den Moscheen nur noch Intoleranz gepredigt, und die politischen Islamisten bezahlen Verbrecher dafür, dass sie Jagd auf Christen machen." – Hier zit. n. Stiefenhofer (2011): 8.

27 Vgl. hier grundlegend Oakeshott (2000).

Kelek:[28] „Das Christentum ist durch die Aufklärung nicht entchristlicht worden, und die Muslime werden durch die Ächtung der Scharia nicht zu schlechteren Muslimen. Sie müssen sich säkularisieren, müssen den ideologischen und politischen Charakter des Islam ablegen und sich auf die Spiritualität besinnen."

Exakt das, was hier für den Islam bilanziert wird, war auch einmal das Kennzeichen des Christentums – bis zur Aufklärung. Im Unterschied zum Islam hat sich das Christentum trotz aller orthodoxen Strömungen in bemerkenswerter Weise mit der Säkularisierung abfinden, d.h. auch positiv arrangieren können. Warum? – Weil die *Zwei-Reiche-Lehre* sowohl für den Katholizismus wie für den Protestantismus ein derartiges Arrangement nahe legt, nämlich ein Verständnis von Praxisrelevanz im diesseitigen Leben, das bei aller Wertschätzung einer höheren Dimension der göttlichen Welt doch konkret (und das bedeutet: *für sich selbst*) gesehen werden muss.

Mit einer solchen Lösung kommt der Islam bisher nicht zurecht. So lange hier der Anspruch nur auf die eine (wahre) Religion vorhanden ist, kann dies nicht als Gerechtigkeitskonzept interpretiert werden. Die Spannungen, die ohnehin innerhalb der islamischen Welt zu beobachten sind, werden so nicht gelöst. Schon gar nicht mit einer „Kultur des Beleidigtseins", die nach Auffassung von Kelek nur die kognitive „Unfähigkeit der Muslime" zeigt, „sich mit den Realitäten auseinanderzusetzen und Kritik konstruktiv anzunehmen".[29]

Es gibt aber nicht nur diese (düstere) Seite des Islam, tatsächlich ist die globale Konstellation, in der sich die islamische Religion befindet, eine Welt der Widersprüche. Formal betrachtet einigt der Koran die islamischen Gesellschaften, de facto jedoch bestehen zwischen den Muslimen in Marokko und denen in Saudi-Arabien, Tschetschenien oder in Indonesien riesige Unterschiede, was die konkreten Traditionen, Normen im Alltag und auch die politische Kultur ihrer Länder betrifft. Ganz abgesehen von der schismatischen Sprengkraft zwischen Schiiten und Sunniten, der gegenwärtig im Irak die meisten Menschen bei Terrorattentaten zum Opfer fallen und die den syrischen Bürgerkrieg kennzeich-

---

28 Kelek (2010): 7.
29 Ebd.

net, oder den ethnischen Kodierungen unterhalb der Religion (Araber
versus Nichtaraber), ist der Islam einem vielschichtigen Diffundierungs-
prozess ausgesetzt. Man kann z.b. durchaus von einem *Euro-Islam* sprechen, bei dem sich ein Verständnis für die Priorität einer nationalen Verfassung entwickelt.[30] Auch im Bereich der Geschlechterfrage haben sich
bemerkenswerte Neuorientierungsprozesse ergeben: So fand z.B. im
März 2005 in New York eine innovative und für fundamentalistische
Muslime ungemein provozierende Veranstaltung statt. Erstmals in der
Geschichte des Islam hatte eine Frau die (männliche) Funktion des Vor-
beters während des Gottesdienstes übernommen.[31]

Jedoch sind dies bisher nur singuläre Erscheinungsformen, geradezu
Splitter in der Einheitsfront einer streng auf den Koran fixierten Mehrheit der Muslime. Es überwiegt das Bild, welches aufgebrachte Radikale,
strenggläubige Muslime in Afghanistan, in Ägypten, im Sudan oder in
Pakistan präsentieren, wenn sie (wieder einmal) aus irgendeinem Anlass,
bei dem man sich im Glauben verletzt fühlt, amerikanische oder dänische Flaggen verbrennen und Tod und Unheil dem Westen wünschen.
Hier ist in der Tat ein neuer Geist des Totalitarismus am Werk,[32] im
Grunde menschenverachtend, welcher der rassistischen Imperialstrategie
der NS-Bewegung recht nahe kommt, nur mit dem Unterschied, dass der
Rasse-Gedanke jetzt durch den Anspruch auf den *wahren* Glauben ersetzt
worden ist. „Entwicklung", so konstatiert einer der vielen Gesprächs-

---

30 Vgl. hier Tibi (2003), der wohl als Begründer für diesen Begriff und die damit
    verbundene Perspektive gelten darf.

31 Amina Wadud, Professorin für Islamwissenschaften an der Virginia Com-
    monwealth-University in Richmond, zelebrierte das Freitagsgebet vor einer
    Gemeinde, in der sich Männer und Frauen gleichermaßen versammelt hatten.
    Manche der männlichen Teilnehmer waren eigens aus Ägypten und aus der
    Türkei angereist, um an diesem historischen Event teilnehmen zu können. –
    Vgl. Alexander (2005): 5.

32 Vgl. umfassend dazu Tibi (2004). Wie stark sich die islamische Welt in den
    letzten 40 Jahren verändert hat und zur Radikalisierung übergegangen ist,
    kann man in den beiläufigen, doch sehr aufmerksamen Beobachtungen in der
    Islamischen Reise nachlesen, in der der spätere Nobelpreisträger für Literatur,
    V. S. Naipaul, seine Reiseerlebnisse zwischen 1979 und 1981 bei dem Besuch
    von Ländern wie dem Iran, Pakistan, Malaysia und Indonesien dokumentiert
    hat. Vgl. Naipaul (2001).

partner von Naipaul in Pakistan um 1980 herum, „kommt zu uns nur mit einer islamischen Gesellschaft".[33]

Wenn die Aufklärung den Glauben zensiert bzw. diskriminiert hat, dann manifestiert sich im Islamismus gegenwärtig die Bewegung der (globalen) Gegenzensur. Nunmehr wird all das diskreditiert und verworfen, was auf universale Vernunftansprüche hinaus will. Jede Kritik am muslimischen Glauben wird strikt abgelehnt und mit der Androhung (massiver) Gewalt beantwortet. Das schreckt die (seicht gewordenen) Aufklärer des Westens ab.[34]

Der Streit um Burka-Verbote, der Disput über die Karikaturen, die den *Einen*, nämlich Mohammed nicht zeigen dürfen, demonstriert, wie schwer sich Manche im Westen bereits tun, die Grundlagen ihrer Werte, z.B. Meinungsfreiheit und Gleichheitsgebot, wirklich ernst zu nehmen und sie mit aller Deutlichkeit zu verteidigen.[35] Dabei ist Afghanistan eben nicht in Paris, Mekka nicht in London, sondern nach wie vor gilt die Rechtsgrundlage des demokratischen Verfassungsstaates. Für Kurt Westergaard, dem dänischen Karikaturisten, der mit seiner Zeichnung

---

33 Naipaul (2001): 565.

34 Der Orientalist Hans-Peter Raddatz konstatiert (2004: 2): „Islamische Gewalt löst ein westliches Ritual aus. Europäische Politiker unterwerfen sich einem Dogma. Es darf keinen »Generalverdacht« geben, weil der Islam selbst kein Problem und daher vom Islamismus zu trennen ist. Als ehernes Fazit ergibt sich, daß »Kurzschlüsse« zu vermeiden und der »Dialog« unverändert zu »vertiefen« ist."

35 „Wer", so fragt der Historiker Heinrich August Winkler, „wenn nicht die Länder des Westens, soll dieses Projekt hochhalten? Wir würden in eine Identitätskrise geraten, wenn wir dieses Fundament aus dem Blick verlören." – Winkler (2011): 1. Allerdings hat dieses Fundament ebenso eine pathetische Grundlage, die aus dem Religiösen kommt. Das unterstreicht Obama in seiner spektakulären Rede in der Wahlnacht seines Sieges bei der Wiederwahl zum Präsidenten der USA: „Wir sind größer als die Summe unseres individuellen Ehrgeizes, und wir sind immer mehr als eine Ansammlung blauer und roter Staaten. Wir sind und bleiben die Vereinigten Staaten von Amerika. Gemeinsam, mit der Hilfe und dem Segen Gottes, werden wir unsere Reise fortsetzen und die Welt daran erinnern, warum wir in der großartigsten Nation der Welt leben. Danke Amerika. Möge Gott Sie segnen. Möge Gott diese Vereinigten Staaten von Amerika segnen." – Obama (2012): 2.

des Propheten mit einem Bombenturban auf dem Kopf weltberühmt
wurde und sich seitdem Attentatsversuchen ausgesetzt sieht, ist die westliche Kultur in der Pflicht ihre Werte deutlich zu präsentieren: „Kapitalismus, Demokratie und die großen bürgerlichen Freiheiten" – „all das"
hält Westergaard für „unbezwingbar, das hat alle anderen Systeme be-
siegt".[36]

Wenn er sich hierin mal nicht irrt. Es gibt keinen vernünftigen Grund
anzunehmen, dass die Demokratie das vorherrschende politische Modell
für die Entwicklung in der Welt bleibt. An Anfeindungen mangelt es hier
nicht.[37] Allmählich muss man sich im Fortgang des 21. Jahrhunderts mit
dem Gedanken vertraut machen, dass unsere Selbstzuschreibung von
Rationalität nur ein westliches Modell ist – und eben kein Universales.
Stets hat es hierzu auch andere Vorstellungen und Ordnungskonzepte
gegeben. „Niemals ist der Westen der einzige Teil der Welt gewesen, auf
den es ankam", bilanzierte bereits Toynbee aufgrund seiner vergleichen-
den Studien zur Weltgeschichte:[38] „Niemals war er [der Westen] der einzige Schauspieler der modernen Geschichte, nicht einmal dann, als er auf
dem Höhepunkt seiner Macht war – und dieser Höhepunkt ist vielleicht
schon vorüber". – Man kann auch in der gegenwärtigen epochalen
Konstellation bereits ein *Ende des Westens* sehen: „Fast alles, was im Ver-
kehr zwischen den Staaten und Gesellschaften heute Gültigkeit hat, dürfte in den nächsten Jahrzehnten in Frage gestellt werden".[39]

Tatsächlich zeigt die erste Dekade des 21. Jahrhunderts den zivilisatorischen Umbruch in ganzer Deutlichkeit – nicht nur wegen 9/11.[40]
Huntingtons Modell vom Kampf bzw. der Konfrontation der zivilisato-

---

36 Westergaard (2010): 3.
37 Vgl. auch Kapitel VIII.
38 Hier zit. n. Kremp (2005): 29.
39 Busse (2009): 10. – Insofern ist auch das „in Deutschland so populäre Ersin-
    nen von Weltordnungsmodellen [...] sinnlos, weil unser Land nicht die Macht
    besitzt, sie durchzusetzen" (ebd.: 11).
40 Auch andere Zivilisationen verstehen sich als Deutungsmacht für das 21.
    Jahrhundert. So bemerkt der indische Außenminister Padma Rao überaus
    selbstbewusst (2013: 7): „Wir sind realistisch genug zu erkennen, dass das asia-
    tische Jahrhundert nicht allein Indiens sein kann. Das asiatische Jahrhundert
    wird zu Indien und China gehören. Wir arbeiten daran zusammen."

rischen Systeme mag zwar etwas schablonenhaft sein, aber alle Al Qaida-Kämpfer und ihre Sympathisanten sind in dieser Hinsicht die besten Adressaten und Anwender dieses Konzepts. Und diese *Realität* ist in der Welt, auch (und gerade) dann, wenn sich selbstverständlich auch viele Beispiele von interkulturellen Annäherungen finden lassen.[41] Doch wäre es naiv zu meinen, dass sich damit die ungleich härteren Effekte der Konfrontation zwischen den Zivilisationen einfach auflösen lassen. Das gilt insbesondere für eine bestimmte Vorstellung von islamischer Größe in der Welt. Wie Leon de Winter bemerkt:[42] „Der neue islamische Mensch wird in der Türkei und dem Iran entstehen. Er wird die Werkzeuge, die er vom Westen übernommen hat, gebrauchen, um seine Herrschaft über die Welt auszudehnen."

Gegen eine solche Perspektive artikuliert sich auch innerhalb der westlichen Welt zunehmend ein deutlicher Widerstand, allerdings ist dies keiner (nur) der Rationalität, sondern gleicht in seiner fundamentalistischen Radikalität auch der Beschränktheit der Islamisten – mit ebenso bizarren, grotesken und verheerenden Folgen.[43]

---

41 Huntington selbst hat durchaus eingeräumt, dass man sein Modell nicht als reines Konfrontationsmodell dechiffrieren sollte. Es ist eher ein Idealtypus. Allerdings kann ein solcher idealer Beschreibungsmodus von empirischen Zuständen eine zeitüberdauernde Wirkung aufweisen. Huntington bemerkt zu Recht mit Blick auf die Wertvorstellungen der USA: „Kehrte einer der Unterzeichner der Unabhängigkeitserklärung heute zurück, würde ihn kaum überraschen, was die Amerikaner sagen und glauben und öffentlich formulieren. Es käme ihm ziemlich bekannt vor." – Huntington (2006): 3.

42 Winter (2010): 7.

43 Als ein Beispiel von vielen sei hier nur Terry Jones erwähnt, jener bizarre Prediger einer obskuren Sekte in Florida, die gerade einmal nur 50 Mitglieder zählt. Im Frühjahr 2011 hatte er seine Provokation vom 11. September 2010 doch noch wahr gemacht: In einer von Videokameras aufgezeichneten Sequenz, die dann ins Internet gestellt wurde, ließ er Mitte März den Koran in einer Art Hinrichtung verbrennen. Jones verachtet den Islam und sieht in dieser Religion nur die Sinnstiftung für Hetze und Gewalt. Das Video dazu fand seine Verbreitung im Internet und alsbald eine besondere Beachtung in islamischen Foren. Schon am 22. März 2011 beschäftigte sich damit offiziell das pakistanische Parlament. Am folgenden Tag kam es zu ersten antiamerikanischen Protesten in Lahore. Eine Woche später griff der afghanische Präsident

Literatur

Alexander, Dietrich (2005): Weibliche Vorbeterin provoziert die islamische Welt. In: Die Welt (21. März 2005) S.5.

Alexander, Dietrich / *Flade,* Florian (2012): Die Islamisten unterwandern den „arabischen Frühling". In: Die Welt (11. August 2012) S.7.

Ali, Ayaan Hirsi (2012): „Der Westen sollte seine Werte verteidigen". In: Die Welt (18. September 2012) S.6.

Benedikt XVI. (2011): Was ist Recht? In: Die Welt (23. September 2011) S.2.

Benedikter, Roland (2010): Die Projektion des 20. in das 21. Jahrhundert. Zur historischen Symptomatik neuerer US-amerikanischer Politikwissenschaft. Eine Bilanz des Werkes von Samuel P. Huntington (1927-2008) aus grundsatzorientierter kontinentaleuropäischer Sicht. In: Zeitschrift für Politik 57 (2010) H.2, S.123-140.

Busse, Nikolas (2009): Entmachtung des Westens. Berlin.

Graefe, Steffen (2010): Der neue radikale Hinduismus. Indien im Kampf der Kulturen. Berlin.

Flade, Florian / *Graw,* Ansgar (2011): Früchte des Zorns. In: Die Welt (4. April 2011) S.6.

Haakonssen, Knud (1996): Natural Law and Moral Philosophy. From Grotius to the Scottish Enlightenment. Cambridge.

Harrison, Lawrence E. / *Huntington,* Samuel P. (Hrsg. / 2000): Streit um Werte. Wie Kulturen den Fortschritt prägen. Hamburg/Wien.

Hübner, Kurt (2003): Das Christentum im Wettstreit der Weltreligionen. Zur Frage der Toleranz. Tübingen.

Karsai in einer Rede diese Koranverbrennung auf und forderte demonstrativ eine Verurteilung von Jones. Bei öffentlichen Demonstrationen in Kandahar und Marsar-i-Scharif starben in den folgenden Tagen 19 Menschen, darunter sieben Mitglieder der UN, von denen einige geköpft wurden. Präsident Obama verurteilte die symbolische Verbrennung des Korans als einen Akt „extremer Intoleranz und Bigotterie". Jones äußerte sich in einem Fernsehinterview zu der Frage, ob er sich vorstellen könne, dass er Muslime mit dieser Art von Botschaft überzeugen würde: „Nein, ich denke, sie werden dadurch wahrscheinlich verletzt und beleidigt." Er selbst werde jedoch auch beleidigt und verletzt, „wenn Menschen die Fahne (der USA) verbrennen, wenn sie die Bibel verbrennen, wenn sie Kirchen niederbrennen". – Vgl. Flade/Graw (2011): 6, Jones zit n. ebd.

Huntington, Samuel P. (2002): Kampf der Kulturen. Die Neugestaltung der Weltpolitik im 21. Jahrhundert. 7. Aufl. München.

Huntington, Samuel P. (2006): „Religiöse Unterschiede sind der Kern". Ein Interview. In: Die Welt (16. November 2006) S.3.

Kelek, Necla (2010): „Den Muslimen fehlt die Selbstkritik". Ein Interview. In: Die Welt (27. Januar 2010) S.7.

Kneip, Sascha (2007): Samuel P. Huntington, The Clash of Civilizations and the Remaking of World Order. In: Schlüsselwerke der Politikwissenschaft. Hrsg. v. S. Kailitz. Wiesbaden, S.183-186.

Kremp, Herbert (2005): Untergang ist überall. „Zivilisationen sterben nicht, sie begehen Selbstmord" – Die Gegenwart des britischen Geschichtsphilosophen Arnold J. Toynbee. In: Die Welt (14. September 2005) S.29.

Meyer, Thomas (2007): Das Christentum ist nicht die Mutter der Glaubensfreiheit. In: Die Welt (23. Februar 2007) S.28.

Müller, Harald (1998): Das Zusammenleben der Kulturen. Ein Gegenentwurf zu Huntington. Frankfurt a.M.

Naipaul, V. S. (2001): Eine islamische Reise. Unter den Gläubigen. 2. Aufl. München.

Neuhaus, Gerd (2001): Ein Ethos für alle Völker? – Der Beitrag des Christentums zur Formulierung eines globalen Ethos. In: Globalisierung und ihre Auswirkungen auf religiösem und kulturellem Gebiet. Hrsg. v. B. Mensen SVD. Nettetal, S.19-42.

Nitschke, Peter (2005/2006): Identität und Verneinung. Die kulturellen Herausforderungen für eine Globalisierung des Westens (Teil 1). In: Aufgang 2 (2005) S.349-360. (Teil 2) In: Aufgang 3 (2006) S.478-494.

Oakeshott, Michael (2000): Zuversicht und Skepsis. Zwei Prinzipien neuzeitlicher Politik. Mit einem Vorwort v. W. Hennis. Berlin.

Putsch, Christian / *El-Ahl*, Amira (2012): „Wir verteidigen Mohammed". In: Die Welt (15. September 2012) S.6.

Obama, Barack (2012): „Wir lieben dieses Land". In: Die Welt (8. November 2012) S.2.

Rao, Padma (2013): „Wir müssen an der Heuchelei arbeiten". In: Die Welt (10. Mai 2013) S.7.

Raddatz, Hans-Peter (2004): Die fatalen Konsequenzen der europäischen Toleranz. In: Die Welt (11. November 2004) S.2.

Raddatz, Hans-Peter (2013): Systematische Hintergründe zum Buch – Warum ein Kalifat in Europa? In: Bat Ye'or, Europa und das kommende Kalifat. Der Islam und die Radikalisierung der Demokratie. Übersetzung, Hintergründe u. Kommentierung v. H.-P. Raddatz. Berlin, S.IX-XXXV.

Rößner, Susan (2009): Die Geschichte Europas schreiben. Europäische Historiker und ihr Europabild im 20. Jahrhundert. Frankfurt/New York.

Rühle, Hans (2012): Wenn die nukleare Abschreckung versagt. In: Die Welt (6. November 2012) S.8.

Schumacher, Björn (2011): Der Islam und das Grundgesetz. Das Elend der Verharmloser. In: Die Welt (16. September 2011) S.18.

Simhandl, Katrin (2000): The Clash of Civilizations. Das Buch und die Debatte. In: Imaginierte Kulturen – reale Kämpfe. Annotationen zu Huntingtons „Kampf der Kulturen". Hrsg. v. M. Mokre. Baden-Baden, S.15-29.

Stein, Hannes (2010): Zeichnet Mohammed! In: Die Welt (23. September 2010) S.7.

Stiefenhofer, André (2011): Wenn sie uns kennen, hassen sie uns nicht. In: Die Welt (13. August 2011) S.8.

Tibi, Bassam (2003): Im Schatten Allahs. Der Islam und die Menschenrechte. München.

Tibi, Bassam (2004): Der neue Totalitarismus. „Heiliger Krieg" und westliche Sicherheit. Darmstadt.

Toynbee, Arnold J. (1970): Der Gang der Weltgeschichte. Bd.1 – Aufstieg und Verfall der Kulturen, 2 Teilbde. München.

Westergaard, Kurt (2010): „Wir sind stärker". Interview. In: Die Welt (9. September 2010) S.3.

Winkler, Heinrich August (2011): Was ist das überhaupt – der Westen? Gehört Deutschland mental dazu? Ein Gespräch mit Heinrich August Winkler. In: Die Literarische Welt (8. Oktober 2011) Nr.40, S.1.

Winter, Leon de (2010): Der Islam und die nützlichen Idioten. In: Die Literarische Welt (12. Juli 2010) Nr.23, S.1 u. 7.

VIII. Masse und Individuum

Eine merkwürdige Ambivalenz weist die Globalisierung in Bezug auf das Verhältnis von Individualität und kollektiver Existenz auf. Hier ist das Erscheinungsbild sogar ausgesprochen paradox: Auf der einen Seite ist der Individualismus noch nie so signifikant und geltungsstark aufgetreten wie heutzutage, auch wenn seit dem 19. Jahrhundert die Klage über einen zunehmenden Individualismus zum Grundtenor des Projekts der Modernisierung von Gesellschaften gehörte. Individualistische Lebensweisen können sich dank der Konsumbedingungen und technischen Möglichkeiten heutzutage derart ausgestalten lassen, dass es mitunter geradezu autistisch anmutet. Auf der anderen Seite gewinnt die Zuordnung des Individuellen an eine soziale, gesamtgesellschaftliche Identität sowohl politisch wie auch kulturell eine wiederum gesteigerte Bedeutung. Die Globalisierung liefert hierfür allein schon von der Produktions- und Konsumentenseite her die Grundstruktur: Was der Einzelne konsumiert, ist *seine* Sache, ökonomisch relevant wird dieser Konsum jedoch erst durch einen gewissen Massencharakter. Ein einzelner Youtube-Nutzer wäre uninteressant, jeder Einzelne ist es auch für sich alleine betrachtet. Aber in der Summe, d.h. als *Masse,* wird aus dem individuellen Nutzungsverhalten ein strukturierter Vorgang, der enorme ökonomische, soziale wie politische Folgen haben kann.

Die Frage nach der Relation von Individuum und Gruppe ist bekanntlich eine Grundsatzfrage für jede Politische Theorie wie auch für die Ökonomie. Insofern ist sie nicht neu, sondern so alt wie sich die Politische Theorie selbst bzw. die Politische Philosophie seit der Antike darstellt. Durch die Globalisierung jedoch wird aus der bisherigen Beschäftigung mit dieser Relationsfrage spätestens eine universale Programmatik. Sie verliert ihre zentristisch nationale, d.h. etatistische Funktionslogik – ohne diese jedoch hierbei gänzlich aufzugeben. Das Paradoxe an der heutigen Existenz der Menschen in der Globalisierung ist somit eine antagonistische Zerrissenheit, bei der sie ihre Identitätsfrage zwischen sich als *Menschen, als Bürger* und dem Anspruch nach als *Weltbürger* mit allen Konkurrenzen und Effekten, die hierbei entstehen, austragen und erleiden müssen. Und dies geschieht keineswegs so linear und vernünftig austariert, wie Kant sich dies idealtypisch vorgestellt hat.[1] Die Brüche und Umbrüche im Bewusstsein sind viel härter und kognitiv gefährlicher, als viele Universalisten, die dem Mann aus Königsberg hier nacheifern, dies wahrnehmen wollen.[2]

Warum meint man überhaupt im Westen, dass das eigene Modell in der Deutung der menschlichen Existenz ein Universales sei? – Woher die Berechtigung (oder besser Anmaßung) für diese Vorstellung? – Zweifellos hat es etwas mit der Säkularisierung zu tun, mit der Kreierung von Vernunft-Maximen, die Max Weber dann als Kennzeichen des *okzidentalen Rationalismus* zum Deutungsmodell für den Prozess der Moderne gemacht hat.[3] Spezifisch für die Charakteristik der abendländischen Entwicklung von Rationalitätsansprüchen ist ihre Ausrichtung auf die materialen Zwecke und Bedürfnisse der Menschen. Das führt im Kontext der Entkoppelung von Daseinsfragen aus der Ummantelung durch die Theologie und Metaphysik zu einer systematischen Aufwertung ökonomischer Sachverhalte. Weber insistiert nicht umsonst auf diesen spezifischen Zug eines *ökonomischen Rationalismus,* der „außerhalb des Okzidents nur gelegentlich, innerhalb seiner aber deutlich" zum Vorschein gekommen sei.[4] Man mag diesen Hang und Trend zum Ökonomischen auch als *zweckrational, utilitaristisch* bezeichnen, von der sachimmanenten Bedürfnisstruktur führt diese Richtung zweifellos jedoch zu einer psychologisierenden Position, bei der das *Ich* seine Bedürfnisse identifiziert und auszuleben versucht.

Diese Tendenz ist zwar im Westen nicht eindimensional aufgetreten und verfolgt worden, Gegenbewegungen mit kollektivistischen Zielsetzungen hat es gerade im Zeitalter der Ideologien in der ersten Hälfte des 20. Jahrhunderts massiv gegeben, doch haben sich Faschismus, Nationalsozialismus und Kommunismus hier nicht erfolgreich auf Dauer etablieren können. Die weitaus gewichtigeren Modelle für eine nichtindividualistische, sondern betont kollektivistische Lebensweise sind jedoch gar keine Gegenentwürfe zum Individualismus der Moderne, sondern be-

---

1   Vgl. Kant (1793): 145. – Dazu auch Nitschke (2009): 74ff.
2   So z.B. immer wieder Höffe (2002), (2008): 380ff. – und letztlich auch Habermas (2008): 360ff.
3   Vgl. Weber (1980); dazu u.a. Schluchter (1998) u. Meyer (2005).
4   Weber (1980): 292/293.

ruhen auf Traditionen, die sehr viel älter sind als die Säkularisierung. Sie resultieren auch nicht einfach aus den natürlichen Organisationsformen der Familie, sondern sie basieren auf einer religiösen Deutung des Lebens der Menschen. Die großen Religions- bzw. Ordnungsgemeinschaften dieser Welt sind neben dem Christentum der Islam, der Buddhismus, der Hinduismus und der Konfuzianismus – sowie, nicht wegen der Menge ihrer Glaubensanhänger, so doch wegen ihrer historischen und theologischen Bedeutung, der jüdische Glauben.

In all diesen nichtokzidentalen Ordnungsvorstellungen wird die *Gemeinschaft* betont.[5] Was zählt, ist das Gesamt der Individuen als gemeinschaftlicher Körper. Das *Sumus* ist wichtiger als das Ego. Demgegenüber erscheint der Gedanke an eine ausgelebte bzw. auszulebende Individualität als triviale Erkenntnis der Existenz. Überleben wird nie der Einzelne, sondern immer nur die Gruppe, das Kollektiv. Bei jeder Epidemie, bei jeder Naturkatastrophe wie Überschwemmungen und Erdbeben, ist der Tod eines Einzelnen subjektiv furchtbar, aber eigentlich belanglos, denn noch furchtbarer ist der Tod der Masse. Entscheidender ist auch eher die Frage, wie viele Menschen eine Epidemie (wie die Pest im Mittelalter) überleben werden, nicht ob und welcher Einzelne daran stirbt.

Die nichtokzidentalen Religionen betonen systematisch die Bedeutung des Gesamten vor dem des Individuellen. Sie sind, okzidental gesprochen, hierin geradezu *aristotelisch*: Das Gesamte ist mehr als nur die Summe seiner Einzelglieder. Doch auch der Westen kennt eine solche Argumentation, denn schließlich betonen auch die Figurationen von *Staat* und *Nation* als westliche Modelle für die Frage der Selbstorganisation der Menschen letztlich eine erhöhte Funktion des Gesamten. Es geht (bei allem Liberalismus) im Westen eben (auch) *nicht* nur um die „Freiheit von Einzelmenschen, sondern [um] die Freiheit von Staaten".[6]

Insofern zeigen gerade die westlichen Gesellschaften in der Moderne das antagonistische Wechselspiel von Freiheit und der Verpflichtung zur Notwendigkeit in der Abhängigkeit und Teilnahme am Gesamten span-

---

5 Bezeichnenderweise sind die nichtokzidentalen Religionen bzw. Kulturen auch diejenigen, welche den Siegeszug des Westens überlebt haben und z.T., wie im Falle des konfuzianischen Kulturkreises, sehr viel älter sind. – Vgl. auch Toynbee (1970): Bd.1, 42.

6 Hobbes (1984): 166.

nungsreich an. Mehrheit und Minderheit, der Einzelne und die Masse sind hier quasi dialektische Prinzipien für das bürgerliche Dasein. Anders ist dies jedoch in den nichtwestlichen Gesellschaften. Sie orientieren ihre Ordnungsmuster sehr deutlich – und oft rigoros hierarchisiert – an dem Fortkommen der Gemeinschaft. Eine Ausrichtung an den individuellen Bedürfnissen, demzufolge der Mensch zunächst betrachtet als Einzelwesen im Mittelpunkt des Interesses steht, ist sowohl dem Konfuzianismus, als auch dem Hinduismus mit seinem hierarchisierten Kastenwesen, dem Buddhismus und erst recht dem Islam fremd. Eine Formulierung wie die von Kant im Kontext der Aufklärung fehlt hier: „Auf die Rechte der Menschen kommt mehr an, als auf die Ordnung (und Ruhe). Es läßt sich große Ordnung und Ruhe bey allgemeiner Unterdrückung stiften".[7]

Aus den Maximen der Vernunft – wie Kant sie paradigmatisch formuliert hat – folgt,[8] dass eine Ordnung nur dann (und dort) ihre Begründung hat, wenn sie nicht einfach nur für Ruhe (im Land) sorgt, sondern wenn diese Ordnung eine Legitimität besitzt. Diese normbegründende Anerkennung kann nur durch das Volk geschehen und ist insofern abhängig von einem öffentlich geführten Diskurs über (alle) Vor- und Nachteile der jeweils praktizierten Ordnung. Rechtsstaatlichkeit, d.h. die Einsehbarkeit in die Prinzipien der Verfassung, und die Bewahrung der Menschenrechte sind die notwendigen Güter, ohne die das Individuum als Bürger partizipativ nicht existieren kann.[9] Aufklärung, als Herstellung von Öffentlichkeit, kann dabei „niemals fundamentalistisch sein", wie Ayaan Hirsi Ali zu Recht betont:[10] Der Wesenskern von Aufklärung „ist kritisches Denken, und das ist dynamisch".

Offenheit und die Dynamik des Wandels sind zentrale Elemente aufklärerischer Gesellschaften. Ihr Erfolgsrezept ist (bisher) die Verbindung von Politik, Ökonomie und Recht in der Figuration des *besitzenden Bürgers* gewesen. Die Frage ist allerdings, ob dies für den Fortgang im 21. Jahrhundert weiterhin so seine Gültigkeit hat. Nach Ansicht des Wirtschaftshistorikers Niall Ferguson hatte der Westen der übrigen Welt his-

---

7   Kant (1976): 38.
8   Vgl. umfassend auch Guyer (2006).
9   Grundsätzlich dazu Gerhardt (2007).
10   Ali (2012): 25.

torisch einige Prinzipien voraus, die für eine Universalisierung erfolgreich waren:[11]

1. Einen kapitalistischen Unternehmergeist (bedingt durch die Renaissance)
2. Die Verwissenschaftlichung des Denkens (ebenfalls durch Humanismus und Reformation ausgelöst)
3. Ein Rechtssystem mitsamt einer politischen Ordnungsvorstellung, in der das Individuum mit Eigentumsrechten ausgestattet ist.[12]
4. Eine zweckrationale Arbeitsethik, die sich durch die Prinzipien (1) und (2) ergibt.

Ferguson diagnostiziert, dass China mit drei der hier angezeigten Prinzipien keine Probleme bei der Adaption hat, lediglich die demokratische Ordnung scheint vernachlässigbar:[13] „Doch braucht China die gute alte Demokratie, um dauerhaften Wohlstand zu erreichen?" – Das ist in der Tat eine entscheidende Frage. Ihre Beantwortung wird das 21. Jahrhundert erbringen (müssen).[14]

So wenig, wie man unbedingt Demokratie mit Marktwirtschaft gleichsetzen kann, so wenig kann man davon ausgehen, dass das westliche Selbstverständnis in der Kreierung einer politischen Ordnung, bei der das Individuelle mit dem Ganzen in eine normative wie rechtlich-verfahrensorientierte Struktur gebracht wird, von allen anderen Kulturen dieser Welt so geteilt wird. Ökonomisch hat schon vor dem chinesischen

---

11   Vgl. Ferguson (2010): 31, der hier in Abwandelung typologisiert wird.
12   Letztlich ist dies dem lateinischen Westen und dem Christentum zu verdanken.
13   Ferguson (2010): 31. Der enorme Sprung, den China ökonomisch (wie auch kulturell) in seiner globalen Bedeutung gemacht hat, wird von Ferguson durch den historischen Vergleich mit Englands Aufstieg zur Industrienation angezeigt. Während Großbritannien sein BIP zwischen 1830 und 1900 vervierfacht hat, legte China allein in den Jahren von 1978 bis 2004 um das Zehnfache zu! Nach Hochrechnungen wird China vermutlich um 2027 herum die USA im BIP überholt haben (vgl. ebd.).
14   Es gibt nicht wenige Stimmen, die, wie David D. Li, tatsächlich China für ein „alternatives Gesellschafts- und Wirtschaftsmodell" gegenüber dem Westen halten! – Kissinger/Zakaria/Ferguson/Li (2012): 30.

Sprung in den Kapitalismus der Erfolg Singapurs gezeigt, dass Marktwirtschaft nicht notwendigerweise deckungsgleich sein muss mit einer funktionsfähigen Demokratie. Den allerdings stärksten Gegenentwurf zum okzidentalen Rationalismus liefert in dieser Hinsicht der Islam. Einer der zentralen Unterschiede zwischen Islam und christlicher Lehre ist die theologisch bedingte Abwesenheit von klar definierten politischen Institutionen.[15] Im Grunde kann daher jeder gläubige Muslim seine eigene politische Interpretation des Koran vornehmen. Deshalb auch eine Figur wie Osama bin Laden mit der Anmaßung einer prophetischen Interpretation. Im Gegensatz zur christlichen Botschaft, die zunächst sich massiver Verfolgung und Unterdrückung ausgesetzt sah, ist der Islam geprägt von einer imperialen, auf militärischer Eroberung basierender Ausweitungsstrategie.

Der islamische Staat versteht sich als ein Produkt der religiösen Gerechtigkeit. Deshalb bedarf es hier keiner Form von Volkssouveränität. *Souverän* ist die religiöse Botschaft selbst, sonst nichts und niemand. Menschenrechte oder gar ein Pochen auf Toleranz sind in strikt islamisch ausgelegten Ordnungssystemen eigentlich ignorierte Güter. „Es gibt historisch und aktuell keinen Staat mit islamischer Bevölkerungsmehrheit und einer pluralistischen Ordnung, die Nichtmuslime gleichbehandelt", lässt sich aus Sicht der Menschenrechtspolitik feststellen.[16] Im Gegenteil ist hier eine strukturell aggressive Gewaltbereitschaft gegen Andersgläubige Kennzeichen des islamischen Rechtsverständnisses, das man (gemessen an den Standards des Westens) durchaus als eine Art vormoderner Ideologie bezeichnen kann.[17] Wer vom muslimischen Glauben zu einer anderen Religion wechseln will, wird derzeit nach gül-

---

15   Vgl. auch Akasoy (2007): 11.
16   Ludwig (2013): 2.
17   Vgl. Raddatz (2004). – Die Bundestagsabgeordnete der Grünen, Ekin Deligöz,
     konstatiert zur Meinungsfreiheit im Islam angesichts der Morddrohungen, die
     sie bekommt (Spiegel-Interview 2006: 19): „Die eigentliche Frage lautet mittlerweile, ob man überhaupt noch Kritik üben kann oder nicht. Es wird immer
     sehr viel Toleranz eingefordert [von Vertretern des Islam], aber diese Leute
     sind selbst nicht tolerant gegenüber anderen."

tigem Recht in 11 von insgesamt 57 muslimischen Staaten der Welt mit der Todesstrafe bedroht, oft auch mit mehrjähriger Gefängnisstrafe![18] Menschenrechte sind in der islamischen Welt nicht der Standard bzw. sie werden anders interpretiert. Damit verändert sich auch der Zugang zum demokratischen Profil in diesen Gesellschaften.[19] Demokratie ist das, was die Mehrheit macht – ein eher kollektivistisches Verständnis von der Herrschaft des Volkes.[20]

---

18 Vgl. Ludwig (2013): 2. – Die christliche Hilfsorganisation *Open Doors* verweist in ihren Jahresberichten schon seit geraumer Zeit darauf, wie sehr sich die strukturelle Situation von Christen in vielen Ländern der Welt verschlechtert hat, in denen sie als religiöse Minderheit leben. Dies gilt insbesondere für Länder in der islamischen Welt: hier werden Menschen wegen Apostasie, dem Abfall vom (wahren) Glauben, wenn sie z.B. zum Christentum konvertiert sind, a) mit dem Tode bestraft, b) zwangsgeschieden oder c) in die Psychiatrie eingewiesen. – Vgl. Alexander (2013): 8. – Weitere Straftatbestände, die mit der Todesstrafe geahndet werden, sind derzeit Ehebruch oder homosexueller Geschlechtsverkehr (im Iran), religiöse Vergehen wie die Abkehr vom Glauben (ebenfalls Iran), Gotteslästerung (in Pakistan), Hexerei (in Saudi-Arabien), Wirtschaftsdelikte (in China), Vergewaltigung (in Saudi-Arabien), und Formen des schweren Raubes (in Kenia, Sambia sowie Saudi-Arabien).

19 Die Tatsache, dass Mitglieder der Muslimbruderschaft gegnerische Demonstranten im Verlauf der Demonstrationen vor dem Präsidentenpalast Anfang Dezember gefangengenommen und z.T. nachweislich auch gefoltert haben (vgl. El Ahl 2012: 7), zeigt in schockierender Deutlichkeit, wie wenig die Muslimbruderschaft geneigt ist, sich auf einen politischen Diskurs im Sinne eines Pro und Kontra einzulassen. Es zählt hier lediglich die absolute Botschaft, nämlich die eigene, an die man glaubt, alles andere stört nur, ist falsch und muss entsprechend beseitigt werden. Das religiöse Bekenntnis wirkt dann in solchen Fällen wie eine Ideologie. Allerdings entspricht es auch einer symmetrischen Dialektik, wenn sich viele westliche Kommentatoren und islamische Fundamentalisten in der pauschalen Einschätzung treffen, dass sich der Islam und die Demokratie angeblich nicht verbinden lassen. Gegen eine solche orthodoxe Interpretation kann man berechtigte Einwände formulieren. – Vgl. hierzu Khan (2007): 18.

20 Einer solchen Auffassung huldigen auch manche Staatsführer in Osteuropa. So ist z.B. für Viktor Orbán, dem ungarischen Premierminister, Demokratie dann der Fall, wenn es für eine Partei eine klare Mehrheit im Parlament gibt. Am besten eine Zwei-Drittel-Mehrheit. Die Institutionen des Staates sind

Die Verneinung demokratischer Maßstäbe im politischen Islam enthebt die islamistisch strukturierten Gesellschaften jedoch nicht von den Fragen, denen sich die moderne Demokratie mit ihren Mechanismen erfolgreich gestellt hat:

1. Wer oder was ist das Volk?
2. Wer stellt auf welcher Grundlage die Mehrheit für die Politik?
3. Was passiert mit den jeweiligen Minderheiten?

So lange hier der Anspruch auf nur *eine* Religion im öffentlichen Raum vorhanden ist, kann dies nicht als gerechtes Konzept für alle Menschen, die diesen Raum bewohnen, interpretiert werden. Die Spannungen, die ohnehin innerhalb der islamischen Welt zu beobachten sind, werden auf diese Weise nicht gelöst. Auch ein religiöses Verständnis von Volk und Staat müsste demnach andere, differierende religiöse Bekenntnisformeln nicht nur tolerieren, sondern auch politisch akzeptabel inkorporieren dürfen. Andernfalls würden sich die Bürgerkriegsszenarien der europäischen Prämoderne zukünftig auch in der islamischen Welt in aller Schärfe stellen – und dies betrifft dann nicht nur die koptische Minderheit in Ägypten,[21] sondern die Rolle von Christen überhaupt überall dort, wo das politische Mehrheitsmodell islamisch ausgelegt wird.[22]

---

demgegenüber nachrangig. Eigentlich stören sie den Voluntarismus der Mehrheitspartei nur. – Vgl. Orbán (2013): 8.

21 So wird z.B. auch die Religionsgemeinschaft der Bahai im Iran systematisch verfolgt. Diese Glaubensgemeinschaft, die zwar den Koran, nicht aber Mohammed als den letzten Propheten anerkennt, wird als Feind des Islam und Unterstützer Israels angesehen, da die Heiligen Städten der Bahai in Haifa angesiedelt sind. Hierhin hatte sich die Gemeinschaft geflüchtet, nachdem sie im Iran schon zu Zeiten des Schahs des Landes verwiesen worden ist! Weltweit stellt diese Religionsgemeinschaft, die auch bei den UN Beraterstatus hat, etwa 7 Millionen Gläubige. Seit 2006 ist das Studium für Anhänger dieser Sekte im Iran verboten. Sie dürfen sich im Iran weder versammeln, noch organisieren. Zwischen 1979 und 1998 sind allein ca. 200 Mitglieder dort hingerichtet worden. – Vgl. Meyer-Behjat (2013): 6.

22 Möglicherweise ist der islamistische Terrorismus schon ein Teil dieses Phänomens. Der Bürgerkrieg in Syrien zeigt darüber hinaus auch an, wie sehr die Konfrontation zwischen den beiden islamischen Interpretationsrichtungen, den Sunniten und den Schiiten, bereits zum Grundmotiv für die zentrale

Neben der Rolle der Minderheit in der Anerkennung durch die jeweilige
Mehrheit ist die Neudefinition der Funktion und des rechtlichen Status
der Frau global das entscheidende Thema für die Wahrnehmung von
Menschenrechten. Bei fast allen Themen, die für die Globalisierung
wichtig sind, und das gilt bis hin zur Nutzung der natürlichen Ressourcen, spielt die *Frauenfrage* mit hinein.[23] Ohne hier dezidiert auf den *Gender-
Ansatz* als heuristisches Merkmal wissenschaftlicher Provenienz zu verweisen,[24] ist unstrittig, dass damit auch grundsätzliche politische Dimensionen für den sozialen Alltag von Gesellschaften neu organisiert werden
können (und müssen).[25] Und zwar nicht nur in der Ersten Welt, sondern
vor allem in den Ländern der Dritten Welt.[26] „Für nicht wenige traditionelle Gesellschaften wäre es ein enormer kultureller Schritt vorwärts",
konstatiert die Leiterin des UN-Büros der *New York Times*, Barbara Crossette,[27] „würde man auf die Stimmen der Frauen hören."
„Ohne Frauenrechte keine Demokratie", formuliert Margot Käßmann
markant.[28] Das gilt auch für Länder wie Indien, die die so lange unter-

---

Steuerungsfrage des islamischen Staates an sich geworden ist. Wer regiert mit
welchem Glaubenskredo? – Vgl. dazu auch Kapitel XII.

23 Vgl. auch Crossette (2002): 236.

24 Vgl. hier u.a. Marso (2010): 263ff., Hirschmann (2007).

25 Vgl. hier z.B. Krook (2010): 233ff., Rodenberg (2006): 189ff.

26 In Afghanistan hat z.B. das Jahrzehnt seit der Beendigung der Talibanherr-
    schaft für die Frauen deutlich messbare Fortschritte gebracht. Dennoch stellt
    eine Lehrerin in Kabul kritisch fest: „Viele Menschen in Afghanistan wissen
    nichts über die Rechte der Frauen. Besonders nicht in den ländlichen, konser-
    vativen Gegenden, wo der Großteil der Bevölkerung Afghanistans lebt." Ge-
    gen Ende der Herrschaft der Taliban gingen weniger als eine Million Kinder
    überhaupt nur zur Schule. Momentan sind es mehr als sieben Millionen Kin-
    der! Die Zahl der Lehrer hat sich im Lande von 20.000 auf 164.000 erhöht.
    Davon sind mittlerweile 30 Prozent weiblich. Die Lebenserwartung afghani-
    scher Frauen liegt jedoch nur bei etwa 44 Jahren. Eine Frau bekommt statis-
    tisch immer noch 6,5 Kinder! Mehr als 80 Prozent der Frauen können nach
    wie vor nicht lesen oder schreiben – und nur 40 Prozent aller Mädchen gehen
    bisher überhaupt zur Schule. Die Lehrerin konstatiert bitter: „Talent, Können
    und Erfahrung bedeuten nichts" für die Frauen. – Tandler (2012): 8.

27 Crossette (2002): 237.

28 Käßmann (2013): 10. – „Eine Demokratie, in der Frauen nicht wählen dürfen
    und wo die Parteien sie nicht aufstellen, ist doch eine Farce", konstatiert eine

entwickelt bleiben, wie sie die Verbesserung der Zugangschancen von Frauen aus kulturellen wie ökonomischen Gründen blockieren. Zwei Drittel aller Frauen in Indien können nicht lesen und schreiben.[29] Insofern ist der rasante Aufstieg Indiens zum Schwellenland und zur bevölkerungsreichsten Macht der Welt nicht ohne gravierende Schattenseiten. Die Steigerung der nationalen Macht ist zunächst nur eine Steigerung bestimmter Sektoren der staatlichen Apparate und Institutionen. Sie betrifft Militär, Polizei, die Wissenschaft und die öffentliche Verwaltung (vielleicht auch noch), doch dagegen profitiert die Masse der Bevölkerung nicht automatisch vom Wachstum. Indien ist und bleibt ein Land der extremen Gegensätze. Während auf der einen Seite immenser Reichtum erwirtschaftet wird, bleiben andererseits ca. 400 Millionen Inder unter der offiziellen Armutsgrenze.[30] Die *Soziale Demokratie*, die sich die indische Regierung vorstellt, hat nichts mit dem Wohlfahrtsstaat europäischer Provenienz gemein.[31] Mit dem Anspruch auf *multiple modernities* wird im Verbund mit China auf ein anderes Demokratieverständnis abgehoben als dies im Westen der Fall ist. Hieraus resultiert eine Welt, in der *multiple democracies* existieren.

Eben deshalb ist es auch mit der Perspektive auf ein gemeinsames Weltethos für alle Menschen und alle Völker so schwierig. Die disparaten Effekte der Globalisierung verschärfen die unterschiedlichen Bewusstseinslagen und Interessengegensätze eher als das sie hierdurch angeglichen werden. Man könnte nun meinen, was viele im Westen auch tatsächlich glauben, dass die Menschenrechte der Weg zur Universalität der globalen Ethik seien. Doch auch die Menschenrechte sind, so wie sie bisher formuliert wurden, in ihrer universalen Auswirkung nur so weit effektiv, wie die Staaten dieser Welt sie in ihren Verfassungen und

---

Frauenrechtlerin in Pakistan. Eine andere Aktivistin ergänzt: „Bei uns wählen Frauen einfach nicht. In manchen Gegenden hat seit 65 Jahren keine einzige Frau je einen Stimmzettel abgegeben." Unter den 4.600 Kandidaten, die für die Wahl zum pakistanischen Parlament im Frühsommer 2013 anstanden, gab es nur 160 Frauen. Das sind etwa 4 Prozent in einem Land, das zu 52 Prozent aus Frauen besteht! – Siddiqui (2013): 7.

29   Vgl. Crossette (2002): 241.
30   Vgl. Lepenies (2012): 2.
31   Vgl. ebd.

Rechtssystemen nicht nur auf dem Papier berücksichtig haben, sondern sie auch ganz konkret anwenden. Dies ist nach dem gegenwärtigen Stand der Dinge nur partikular der Fall. Mitunter hat man sogar den Eindruck, dass von Seiten des Westens die Menschenrechte nur dann und dort in der Welt angewendet werden, wenn das Recht des Stärkeren auf *seiner* Seite ist. Insofern kann man in der Tat „in der Geschichte der Menschenrechte keineswegs immer deutlich unterscheiden, ob die Idee der Menschenrechte sich zu ihrer Durchsetzung der politischen Macht bedient oder ob umgekehrt die Durchsetzung politischer Macht sich zwecks ihrer Verschleierung auf die Menschenrechte beruft".[32]

Umso wichtiger ist es, dass der Westen deutlich zeigt, dass ihm die Menschenrechte nicht nur ein rhetorisches Frachtgut sind, sondern ein normatives Selbstverständnis, das nicht relativierbar ist. In der Trias, wie Kant sie durchdekliniert hat, steigt der Mensch qua *seiner* Rechte vom natürlichen Menschen zum Staatsuntertanen und zum gesellschaftlichen Subjekt (zum Bürger) auf – und dies durchaus als Weltbürger. Die gesellschaftliche Ordnung kann nur dann auf Dauer bestehen, wenn sie eine Rechtsordnung darstellt. Insofern müssen – dem Ideal nach – eigentlich alle Staaten dazu tendieren, sich als Rechtsstaaten auszuweisen. Denn nur wo der Konnex zwischen Bürger und Staat in ihren wechselseitigen Verpflichtungen (bei weiterhin durchaus unterschiedlichen Interessen) bestehen bleibt, ist eine Dauerhaftigkeit der politischen Ordnung gewährleistet. Dies jedoch ist nur in Systemen möglich, in denen Recht und Gesetz an höchster Stelle stehen. Für Kant war diese Version mit dem Ideal der *Republik* verbunden, nicht mit dem der Demokratie. Dennoch (oder vielleicht gerade deswegen) ergibt sich aus seiner Vision die bis heute weitreichendste Perspektive für eine Universalisierung der Menschenrechte. Nicht einfach als Machtfrage, sondern als eine rechtliche Norm, die anthropologisch jedem Menschen auf der Welt eigentlich inhärent sein müsste, wenn er sie denn – ja wenn er sie denn erkennen würde. Natürlich ist dies ein starkes Plädoyer an die Vernunft,[33] aber es

---

32 Neuhaus (2001): 21.

33 Die Vernunft hat hierbei unmittelbaren Vorrang vor der Erfahrung: „Einige Dinge lassen sich nur aus der Vernunft (urteilen) erkennen, nicht aus der Erfahrung, nämlich wenn man nicht wissen will, wie etwas ist, sondern seyn muß

sind gerade diese von Kant erhobenen Maximen der Vernunft, die weiterhin dafür sorgen, dass bestimmte Denker im Westen emphatisch an der Vorstellung einer Weltordnungsgesellschaft basteln.[34] „Sich als ein nach dem Staatsbürgerrecht mit in der Weltbürgergesellschaft vereinbares Glied zu denken, ist" für Kant „die erhabenste Idee, die der Mensch von seiner Bestimmung denken kann und welche nicht ohne Enthusiasm gedacht werden kann".[35]

Doch diese ideale Verschmelzung von Universalismus und Individualismus ist zutiefst ein Produkt der westlichen Aufklärung. Nicht alle Kulturen dieser Welt teilen diese Form der Synthese. Lee Kuan Yew, der Singapur autokratisch über 30 Jahre hinweg erfolgreich regiert hat, sieht die Grundwerte für das Zusammenleben der Menschen nicht im Individualismus, sondern „in der Familie, dann in der erweiterten Familie, im Clan".[36] *Asiatische* Werte, so sieht es Kuan Yew, sind Werte des Kollektivismus, der Familienbande. Fortschritt ist in diesem Kontext nicht die Perspektive für mehr Freiheitsrechte für ein Individuum. *Fortschritt* im Sinne von Optimierung hat dann auch nicht notwendigerweise etwas mit Demokratie zu tun.[37] Der Trend zur *Indigenisierung*, der seit den 1980er Jahren in der Dritten Welt als antiwestliches Programm erfolgreich abläuft,[38] liefert unterschiedliche Muster einer kulturellen Rückbesinnung, sei es in Bezug auf die Religion (wie im Falle des Islam), sei es im Hinblick auf die Moral (wie beim Konfuzianismus). Aus der Sicht der Islamisten geht es tatsächlich gerade nicht um eine Modernisierung des Islam (das wäre ein westliches Projekt), sondern um eine *Islamisierung der*

---

oder soll. Daher Ideen des Plato. Tugend. Regierung. Erziehung." – Kant (1976): 36.

34   Paradigmatisch hierfür die Arbeiten von Höffe (2002), (2004) u. (2008).

35   Kant (1976): 54.

36   Kuan Yew (1994): 1.

37   Auf die Frage, ob Entwicklung von Gesellschaften *ohne Demokratie* möglich sei, antwortete Kuan Yew (1994: 3): „Wenn Sie Demokratie nach amerikanischem oder deutschen Muster meinen, dann würde ich sagen: Ja, es kann Entwicklung ohne Demokratie geben. Sie brauchen nicht unbedingt Wahlen, widerstreitende Ansichten und regelmäßig Wechsel von Parteien in der Politik." – Als Student hieß Lee Kuan Yew bezeichnenderweise (noch) *Harry Lee* (vgl. Huntington 2002: 140).

38   Vgl. Huntington (2002): 140ff.

Moderne.[39] Die Säkularisierung der Welt wird mit einem Gegenprojekt beantwortet: „Die Menschen leben nicht von der Vernunft allein".[40]

So entwickeln auch China und Indien ihre ökonomische Erfolgsperspektive, ohne dass bisher die Lage der Menschenrechte dort strukturell verbessert worden ist. Die Teilhabe am ökonomischen Fortschritt bedeutet nicht automatisch, dass damit der Individualismus gesteigert wird. Der Freiheitsgedanke ist im Gegenteil derzeit bedrohter denn je: *Freedom House* beklagt seit Jahren eine steigende Zahl von Anfeindungen gegen die individuellen Freiheitsrechte auf der Welt. In 40 Staaten der Welt ist eine signifikante Verschlechterung der Situation der Freiheitsrechte zu konstatieren. Lediglich in 89 von insgesamt 194 überprüften Staaten kann man von grundsätzlich freiheitlichen Lebensverhältnissen reden. Diese betreffen gerade einmal 46 Prozent der Weltbevölkerung.[41] In 58 Staaten (für immerhin 2,3 Milliarden Menschen gültig) ist genau das Gegenteil der Fall![42] Hier zeigt sich, dass die Fortschrittsemphase der liberalen, aufklärerischen Theorie einer verhängnisvollen Selbstsuggestion unterliegt. Man idealisiert das eigene Dasein und erklärt es zum Maßstab für die Welt. Doch die Regierungskrisen des Westens „sollten allen zu denken geben, die glauben, es gäbe eine Art von Garantie dafür, dass Demokratien am Ende immer auf der richtigen Seite der Geschichte landen".[43] Empirisch betrachtet ist (nicht nur in Russland) ein anderes Modell auf dem Vormarsch: die Vorstellung vom *starken Staat* – mit allen autoritären und diktatorischen Konsequenzen.[44]

---

39 Vgl. ebd.: 144.

40 Ebd.: 147. – *Atheisten sollen hängen* ist der Schlachtruf gewesen, mit dem eine aufgebrachte Menschenmenge von ca. 200.000 Demonstranten in Bangladesch durch die Hauptstadt Dhaka im Frühsommer 2013 zog. Die Anhänger dieser dschihadistischen Bewegung (*Hefajat-e-Islam*) will die eigene Regierung stürzen und „jegliche ausländische Kultur" im Lande verbieten lassen. – Hier zit. n. Mühlmann (2013): 7.

41 Vgl. Alexander (2010): 4.

42 Vgl. ebd.

43 Gardels (2013): 2.

44 Hierfür ist wiederum China ein interessantes Beispiel, zeigt die wirtschaftliche und soziale Entwicklung des Riesenreiches, dass das westliche Verständnis von Markt und Staat bezogen auf das Individuum und die Liberalität nicht zur Symbiose führen muss. Denn in China begründet nicht der Markt den mo-

Literatur

Alexander, Dietrich (2010): Freedom House beklagt weltweite Erosion der Freiheit. In: Die Welt (13. Januar 2010) S.4.

Alexander, Dietrich (2013): Das stille Leiden im Zeichen des Kreuzes. In: Die Welt (9. Januar 2013) S.8.

Akasoy, Anna (2007): Glaube und Vernunft im Islam. In: Aus Politik und Zeitgeschichte (25. Juni 2007) H.26-27, S.10-17.

Ali, Ayaan Hirsi (2012): „Islamophobie? Ein Gag!" In: Die Welt (12. Mai 2012) S.25/27.

Gardels, Nathan (2013): Gelähmte Demokratie. In: Die Welt (4. März 2013) S.2.

Gerhardt, Volker (2007): Partizipation. Das Prinzip der Politik. München.

Crossette, Barbara (2002): Kultur, Geschlecht und Menschenrechte. In: Streit um Werte. Wie Kulturen den Fortschritt prägen. Hrsg. v. L. E. Harrison u. S. P. Huntington. Hamburg/Wien, S.235-249.

El Ahl, Amira (2012): „Präsident Mursi macht mir Angst". In: Die Welt (15. Dezember 2012) S.7.

Ferguson, Niall (2010): Das chinesische Jahrzehnt. In: Literarische Welt (2. Januar 2010) S.31.

Guyer, Paul (Hrsg. / 2006): The Cambridge Companion to Kant and Modern Philosophy. Cambridge.

Habermas, Jürgen (2008): Konstitutionalisierung des Völkerrechts und die Legitimationsprobleme einer verfassten Weltgesellschaft. In: Rechtsphilosophie im 21. Jahrhundert. Hrsg. v. W. Brugger u.a. Frankfurt a.M., S.360-379.

Hirschmann, Nancy J. (2007): Gender, Class, and Freedom in Modern Political Theory. Princeton.

Hobbes, Thomas (1984): Leviathan oder Stoff, Form und Gewalt eines kirchlichen und bürgerlichen Staates. Hrsg. u. eingel. v. I. Fetscher. Frankfurt a.M.

Höffe, Otfried (2002): Demokratie im Zeitalter der Globalisierung. 2. Aufl. München.

---

dernen Staat, sondern erst die autoritäre Vorgabe durch die Staatspartei hat dazu geführt, dass sich eine kapitalistische Marktstruktur herausgebildet hat. Ob davon zwangsläufig der Individualismus in China profitiert, ist keineswegs ausgemacht. China spricht nicht zufällig in der Verfassung von 1982 von einer *Demokratischen Diktatur*. – Vgl. auch Lepenies (2010): 36.

Höffe, Otfried (2004): Wirtschaftsbürger, Staatsbürger, Weltbürger. Zur politischen Ethik im Zeitalter der Globalisierung. München.

Höffe, Otfried (2008): Vision Weltrepublik. Eine philosophische Antwort auf die Globalisierung. In: Rechtsphilosophie im 21. Jahrhundert. Hrsg. v. W. Brugger u.a. Frankfurt a.M., S.380-396.

Huntington, Samuel P. (2002): Kampf der Kulturen. Die Neugestaltung der Weltpolitik im 21. Jahrhundert. 7. Aufl. München.

Käßmann, Margot (2013): Das Ende der Hierarchie. In: Chrismon (März 2013) S.10.

Kant, Immanuel (1793): Über den Gemeinspruch: Das mag in der Theorie richtig sein, taugt aber nicht für die Praxis. In: Ders., Schriften zur Anthropologie, Geschichtsphilosophie, Politik und Pädagogik 1. (Werkausgabe Bd.XI) Hrsg. v. W. Weischedel. Frankfurt a.M. 1977, S.125-172.

Kant, Immanuel (1976): Auswahl aus den Reflexionen, Vorarbeiten und Briefen Kants. In: Materialien zu Kants Rechtsphilosophie. Hrsg. v. Z. Batscha. Frankfurt a.M., S.36-73.

Khan, Muqtedar (2007): Demokratie und islamische Staatlichkeit. In: Aus Politik und Zeitgeschichte (25. Juni 2007) H.26-27, S.17-24.

Kissinger, Henry / *Zakaria*, Fareed / *Ferguson*, Niall / *Li*, David Daokui (2012): Wird China das 21. Jahrhundert beherrschen? Eine Debatte. München.

Krook, Mona Lena (2010): Studying Political Representation – A Comparative-Gendered Approach. In: Perspectives on Politics 8 (March 2010) No.1, S.233-240.

Kuan Yew, Lee (1994): „Ich sage – Wir hängen sie auf". Ein Interview. In: Die Zeit (2. Dezember 1994) Nr.49.

Lepenies, Wolf (2010): Tocqueville in Peking. In: Literarische Welt (8. Mai 2010) S.36.

Lepenies, Wolf (2012): Als Vorbild ausgedient. In: Die Welt (22. August 2012) S.2.

Ludwig, Klemens (2013): Demokratie und Islam. In: Die Welt (10. April 2013) S.2.

Marso, Lori J. (2010): Feminism's Quest for Common Desires. In: Perspectives on Politics 8 (2010) No.1, S.263-269.

Meyer, John W. (2005): Weltkultur. Wie die westlichen Prinzipien die Welt durchdringen. Frankfurt a.M.

Meyer-Behjat, Shila (2013): Verfolgt von den Mullahs. In: Die Welt (8. Januar 2013) S.6.

Mühlmann, Sophie (2013): Islamisten laufen Amok in Bangladesch. In: Die Welt (7. Mai 2013) S.7.

Neuhaus, Gerd (2001): Ein Ethos für alle Völker? – Der Beitrag des Christentums zur Formulierung eines globalen Ethos. In: Globalisierung und ihre Auswirkungen auf religiösem und kulturellem Gebiet. Hrsg. v. B. Mensen SVD. Nettetal, S.19-42.

Nitschke, Peter (2009): Modernität und Antimodernität der kantischen Rechtslehre. In: Kants Lehre von Staat und Frieden. Hrsg. v. H. Ottmann. (Staatsverständnisse Bd.24) Baden-Baden, S.64-97.

Orbán, Viktor (2013): „Die EU ist unflexibel und doktrinär". Ein Interview mit dem ungarischen Premier. In: Die Welt (16. April 2013) S.8.

Raddatz, Hans-Peter (2004): Die fatalen Konsequenzen der europäischen Toleranz. In: Die Welt (11. November 2004) S.2.

Rodenberg, Birte (2006): Geschlechtergerechtigkeit und internationale Frauenbewegungen. In: Globale Trends 2007. Frieden, Entwicklung, Umwelt. Hrsg. v. T. Debiel u.a. Frankfurt a.M., S.189-207.

Schluchter, Wolfgang (1998): Die Entstehung des modernen Rationalismus. Eine Analyse von Max Webers Entwicklungsgeschichte des Okzidents. Frankfurt a.M.

Siddiqui, Taha (2013): Rebellion der Pakistanerinnen. In: Die Welt (8. Mai 2013) S.7.

Spiegel-Interview (2006): „Ein Zeichen setzen". Die Bundestagsabgeordnete Ekin Deligöz (Grüne) über Morddrohungen gegen sie und die Meinungsfreiheit im Islam. In: Der Spiegel 43 (23. Oktober 2006) S.19.

Tandler, Agnes (2012): „Es ist schwer, nicht den Mut zu verlieren". In: Die Welt (1. September 2012) S.8.

Toynbee, Arnold J. (1970): Der Gang der Weltgeschichte. Bd.1 – Aufstieg und Verfall der Kulturen 1. München.

Weber, Max (1980): Wirtschaft und Gesellschaft. Grundriss einer verstehenden Soziologie. Studienausgabe. Tübingen.

IX. Revolutionen und Reformen

Der Start ins 21. Jahrhundert erscheint geradezu revolutionär. Der *Arabische Frühling*,[1] aber auch die *Orangene Revolution* in der Ukraine vermitteln das Bild einer Staatenwelt,[2] die in ihren autoritären bis diktatorischen Strukturen massiv in Bewegung geraten ist. Dabei ist der revolutionäre Impetus nicht neu, er gehört gewissermaßen mit zum Grundtenor der Globalisierung. Schon Alexis de Tocqueville sah in seiner Epoche das große Zeitalter der Revolutionen,[3] für Hannah Arendt ist die Revolution sogar das Signum der Moderne schlechthin gewesen,[4] weil sich in diesem Ereignis der ewige Kampf und Gegensatz von Freiheit und Unterordnung manifestiert bzw. auf eine jeweils neue gesellschaftliche Grundlage gestellt wird. In der Revolution wird das, was bisher unten war, nach oben gestellt, werden die Dinge im Sinne von *Upside-Down* neu geordnet. Die beiden großen Revolutionen des 18. Jahrhunderts, die Französische Revolution und die Amerikanische Revolution stehen hier Pate.

Beide Ereignisse sind jedoch sehr verschieden in ihrer Genese und auch der strukturellen Begründung. Die Gemeinsamkeiten ergeben sich über die Legitimierung von Gewalt als berechtigtes Mittel zum Widerstand und der damit einhergehenden Argumentation zur Wahrnehmung der ganz individuellen Menschenrechte. In beiden Revolutionen verändert sich der Mensch in seinem politischen Status vom Untertanen zum *Bürger*, d.h. zum Steuerzahler, der als ein sich selbst verantwortliches Subjekt nicht nur auf dem Markt, sondern auch im Staat auftritt. Eine Revolution ohne politische Subjekte, d.h. ohne Menschen, die ihre Eigenverantwortung wahrnehmen, ist nicht möglich. Sie müssen sogar, will eine Revolution erfolgreich sein, eine gewisse Mehrheitsposition in der jeweiligen Gesellschaft erreichen.[5] Wann wird sich ein Einzelner politisch so

---

1 Vgl. hier u.a. Jünemann/Zorob (2013).
2 Vgl. auch Nitschke (2013).
3 Vgl. Tocqueville (1969).
4 Vgl. Arendt (1994).
5 Die Tatsache, dass jeweils eine Mehrheitsfähigkeit in der Gesellschaft hergestellt werden muss, damit es zu revolutionären Aktionen kommen kann, die sich letztlich auch durchsetzen lassen, verweist auf die strukturellen Faktoren, die einer jeweiligen Revolution zugrunde liegen. Diese analytisch exakt zu bi-

engagieren, dass seine Handlungen konkret gegen die staatliche Autorität und ihre Ordnung gerichtet sind? Und wann und wodurch wird aus dem Einzelnen eine Vielzahl von Menschen, die gegen ein politisches System, das sie als bedrückend oder gar unrechtmäßig empfinden, a) friedlich und b) gewaltsam opponieren? – Je härter ein Regime mit Gewalt gegen seine eigenen Bürger vorgeht oder mit Gewaltsanktionen symbolische Androhungen macht, desto höher ist die Schwelle, die eine Gesellschaft hat, wenn sie die herrschende Ordnung zu Fall bringen will. Aus der Verhaltensforschung ist bekannt, dass die Interaktionsmotivation von Individuen in der Masse ein grundsätzliches Dilemma für ein revolutionäres Engagement darstellt:[6] „People only want to participate if the regime will fall".[7]

Das Dilemma suggeriert eine Art von sich selbst erfüllender Prophezeiung. Doch jede individuelle Motivlage, die zu einem offenen Aufbegehren gegen ein Regime führt, hat strukturell ihre Gründe. Meist wird hier auf den Aspekt einer allgemeinen Unzufriedenheit verwiesen, die sich letztlich erfolgreich artikuliert und in ihrer mitreißenden Radikalisierung gegenüber den Herrschaftsstrukturen des jeweiligen Regimes durchsetzt.[8] Als Hauptmotiv für die Unzufriedenheit kennzeichnet Hannah Arendt die *soziale Frage*.[9] Dies ist in der Tat seit Karl Marx ein gern bemühter Reflex, wenn es um die Begründung von Aufständen, den Beginn eines Bürgerkriegs und die Beseitigung der traditionellen Herrschaftsform geht. Doch ist dies wirklich richtig? – Arendt selbst räumt ein, dass uns die z.T. absurde marxistische Sichtweise mit ihrer Pseudoterminologie von *Befreiung* und dem eschatologischen Ende jeder *Unterdrückung* eher den Weg in die angemessene Analyse von Revolutionen verbaut als erleichtert.[10] Die marxsche Formel von der allumfassenden

---

lanzieren, ist bis heute umstritten, da Kontingenzeffekte gerade im historischen Vergleich von Revolutionen allenthalben feststellbar sind. Dennoch sind Bemühungen bis hin zur Modellplanung in der Interpretation wichtig. Vgl. hier u.a. Tullock (1971), Skocpol (1979), Bueno de Mesquita (2010).

6   Vgl. hier Olson (1965).
7   Bueno de Mesquita (2010): 447.
8   Vgl. Wolf/Zürn (1995): 555.
9   Vgl. Arendt (1994): 73ff.
10   Vgl. ebd.: 76.

Evidenz der Sozialen Frage ist selbst schon *revolutionär*, weil sie im kognitiven Sinn eine ganz bestimmte Bewusstseinsoption für die Wahrnehmung der Dinge dieser Welt nahe legen möchte – und alles andere ausschließt.[11] Dabei haben sich die beiden großen paradigmatischen Revolutionen, die Französische und die Amerikanische, nicht primär an der Sozialen Frage entzündet, sondern an einer als ungerecht empfundenen Besteuerung und (damit einhergehend) mangelnden Berücksichtigung der Steuerzahler an der politischen Gestaltung ihres Landes. Beide Revolutionen sind dadurch gekennzeichnet, dass die steuerzahlenden Bürger als Leistungsträger des ökonomischen wie des sozialen Systems die *politische Rolle* ebenso für sich beansprucht haben wie das herrschende Regime. Das gilt grundsätzlich für alle Revolutionen des 19. Jahrhunderts, auch für die gescheiterten wie die von 1848 in Deutschland: Das Bürgertum verlangt nach der Beteiligung an der Macht und fordert die traditionale Herrschaft im Land heraus.

Im marxistischen Sinn ist es jedoch die Russische Revolution, die sich erstmals eindeutig als eine Neubegründung der Sozialen Frage verstehen und legitimieren lässt. So sind denn auch die ideologischen Konfliktlinien im Verlauf des 20. Jahrhunderts hiervon nachhaltig affiziert worden. Sowohl die Straßenkämpfe in München und in Berlin 1919 wie auch die Aufstands- und Guerillabewegungen in der Dritten Welt nach 1945 zeigen das Kredo einer gewaltsamen Veränderung der politischen Ordnung unter dem Vorwand einer gerechteren sozialen Gestaltung in der jeweiligen Gesellschaft an. Insbesondere Marxisten verstehen sich nun als *Berufsrevolutionäre*, was bedeutet, dass das ganze Leben, das ganze Streben auf eine fortwährende Erneuerung der an sich hier und da immer noch ungerechten Sozialstrukturen in der Gesellschaft ausgerichtet werden muss. *Eine* Revolution reicht dann oft nicht, sie muss in Permanenz betrieben werden, wie Mao Tsedong dies in China vorgeführt hat. Um den Preis der Aufgabe ihrer Individualität müssen die Menschen von ihren traditionellen Sozialstrukturen entfernt und umgelenkt werden. Die Freiheitskämpfer für das Soziale sind hier, egal ob sie in Afrika, Lateinamerika oder in Asien auftreten, *emanzipativ* bis hin zur Totalität.[12]

---

11   Vgl. ebd.: 77.
12   Vgl. hier u.a. Skocpol (1979), Selbin (1993).

Von der marxistischen Gerechtigkeitsvorstellung ist dann im Dschungel Indochinas oder dem Urwald Afrikas südlich der Sahara oft nur die Legitimation zur Gewalt übrig geblieben. Seitdem hält sich die Vorstellung (vor allem in linksintellektuellen Diskursen) nachhaltig, dass sich eine grundsätzliche Veränderung von Staat und Gesellschaft, eben weil diese je konkret in ihrer historischen Figurierung ein Zwangssystem beinhalten, *nur* mit Gewalt ändern lasse.

Die Faktizität der Ereignisse bzw. die konkreten Strukturen von sozialer Ungleichheit in den postkolonialen Gesellschaften der Dritten Welt geben den zahlreichen Guerillabewegungen augenscheinlich recht: Der Somoza-Clan, dem Zwei-Drittel Nicaraguas als Privatbesitz zugerechnet wurde, dankte nicht von allein ab. Die *Sandinistas* mussten die Revolution blutig erkämpfen. Nirgendwo tritt eine oligarchische Clique, die das Land ausbeutet, freiwillig von der Macht zurück. So gesehen sind die zahlreichen Revolutionen in der Dritten Welt nach 1945 marxistisch motiviert.[13] Allerdings gibt es eine (große) Ausnahme in neuerer Zeit – die Iranische Revolution von 1979! Sie passt überhaupt nicht in das vorherrschende Klischee von der Neubegründung der Sozialen Frage, sondern ist mit und durch Khomeini religiös motiviert worden. Insofern sollte man sich davor hüten, die Revolutionen des 20. Jahrhunderts (und vor allem die der unmittelbaren Gegenwart) nach einem Konzept des okzidentalen Rationalismus zu bewerten.[14] So einfach sind die Dinge nicht.

Orientiert man sich an den *Drei Wellen der Demokratisierung*, die Samuel Huntington als Modell in die Debatte eingebracht hat,[15] dann scheint die Transformation Ost-Mittel-Europas mit dem Niedergang des real-existierenden Sozialismus 1989/90 als ein großartiges Ergebnis dieses Szenarios. Von der friedlichen Revolution in der DDR, die faktisch einer Implosion ihrer Bürger gleich kam, die einfach dem System weg liefen,

---

13   Gleiches gilt auch für den Kampf der ETA im Baskenland oder den der IRA in Nordirland, wobei sich hier dann auch (paradoxerweise) nationalistische Begründungen in die Guerillastrategie mit einsetzen lassen.

14   Ein Exempel für eine derart stupide Konzeption liefern Wolf/Zürn (1995): 557f.

15   Vgl. Huntington (1991) u. (1968). – Die drei *Wellen der Demokratisierung* werden hierbei veranschlagt für die Zeiträume 1828-1929 (1. Welle), 1943-1962 (2. Welle), ab 1974 (3. Welle).

wo sie es nur konnten, und dem Sieg der Solidarnosc-Bewegung bis hin zum gewaltsamen Sturz Ceauscescos in Rumänien kann man alles der dritten Welle der Demokratisierung zurechnen. Doch was kommt danach?

Francis Fukuyama erzeugte zu Beginn der 1990er Jahre sehr viel Aufsehen mit seiner These (mehr war es eigentlich nicht, streng genommen sogar nur eine Hypothese), dass mit dem Ende der Sowjetunion der Westen gesiegt habe und kein wirklicher Feind mehr übrig bleibe. Gegenüber der Demokratie und der Marktwirtschaft, dem Pluralismus und Individualismus, gäbe es keinen ernst zu nehmenden Konkurrenten mehr.[16] Die Entwicklung hin zu der *einen Welt* schien für alle Aufklärer und Hegelianer geradezu mit logischer Notwendigkeit und als ein historisch unumkehrbarer Entwicklungsprozess gegeben.[17] Fukuyama sieht

---

16 Fukuyama verstand die Situation zu Beginn der 1990er Jahre nach dem Ende des Ost-West-Konflikts im Sinne eines (globalen) Konsenses darüber, dass die Demokratie das erfolgreichste politische Modell der Gegenwart sei – und damit notwendigerweise auch für die Zukunft gültig wäre (vgl. Fukuyama 1992: 11). Allerdings bezog sich diese Auffassung nur auf ein Demokratieverständnis in liberaler Perspektive.

17 Es besteht ohnehin sehr stark eine Neigung in der westlichen Wissenschaft, Revolutionen in einem modernisierungstheoretischen Kontext zu sehen. Vgl. auch Skocpol (1979): 19. – Bei Fukuyama ist es speziell die idealistische Lesart, die er im Gefolge der Hegelschen Geschichtsphilosophie bei der Deutung der Erscheinungsformen an den Tag legt. Hier werden Dinge mit einer Kohärenzbehauptung zusammengelegt, die nicht zusammen gehören bzw. mitunter pure Fiktion sind (vgl. z.B. Fukuyama 1992: 12). Bezeichnenderweise interpretiert Fukuyama die zweite Hälfte des 20. Jahrhunderts (trotz Pol Pot, trotz der Herrschaft der Mullahs in Teheran und trotz der vielen kleinen Gaddafis in der Welt) als weniger schlimm (im Sinne von *totalitär*) gegenüber den Herausforderungen für den Liberalismus, die es hier in der ersten Hälfte des 20. Jahrhunderts gegeben hat (vgl. ebd.: 14). Hinsichtlich der Effizienz und Funktionalität der kapitalistischen Globalisierung seien alle autokratischen und diktatorischen Systeme hoffnungslos rückständig und deshalb unterlegen (vgl. auch ebd.: 16). Sicherlich: Putin und seine Erfindung der gelenkten Demokratie in Russland gab es zum Zeitpunkt der Analyse von Fukuyama noch nicht, der Völkermord in Ruanda hatte noch nicht stattgefunden (aber Vorstadien dazu hatte es seit den 1960er Jahren immer wieder gegeben), Sarajewo war noch in friedlicher Erinnerung als Austragungsort der Olympischen Winter-

sich durch die arabischen Revolutionen des Jahres 2011 bestätigt: „Der arabische Kulturraum war jener Teil der Welt, der von der *dritten demokratischen Welle* nicht erfasst worden war".[18] Für Fukuyama sind die revolutionären Vorgänge in Tunesien, Libyen und in Ägypten Anzeichen für eine vierte Welle der Demokratisierung. Das ist recht euphorisch analysiert. Zweifel sind angebracht, dass die Dinge im Nahen Osten und in den Maghreb-Staaten so einfach als Schablone zur westlichen Entwicklung gekennzeichnet werden können.[19] Zwar springt der Willensfunke zur Veränderung der Lebensbedingungen seit dem erfolgreichen Aufstand in Tunesien im Januar 2011 auf andere arabische Staaten über, doch die Reaktion der Regime wie auch der nationalen Bevölkerungen ist sehr unterschiedlich: vom Stammeskrieg wie im Jemen bis hin zum nationalen Bürgerkrieg (als Befreiungskrieg mit westlicher Militärunterstützung) in Libyen sind es ganz verschiedene Szenarien. Der zivile Widerstand von resoluten Frauenrechtlerinnen in Saudi-Arabien ist in der westlichen Berichterstattung populär, weil es hier doch um die Emanzipation der Rolle der Frau in einer islamischen Gesellschaft geht. Doch gleichzeitig findet auch ein brutaler Bürgerkrieg in Syrien statt. Bahrain, Kairo, Sanaa, Teheran, Damaskus, Tripolis – überall sind revolutionäre Massenbewegungen zu verzeichnen, überall versucht sich ein Volk im

---

spiele aus den 1980er Jahren. Aber da eben alle diese schrecklichen Dinge in den 1990er Jahren passierten, ist es nichts anderes als eine rhetorisch aufgeladene Form der Realitätsverweigerung gegenüber den empirischen Erscheinungsformen, die man Fukuyama und den Vertretern ähnlich schön formulierter Diagnosen bescheinigen kann (und muss).

18 Fukuyama (2011): 8.

19 In der arabischen Welt haben Face-to-Face-Beziehungen die Oberhand, Patronage ist alles. Daher geht es eben nicht um die Funktion von Ämtern und um die Rolle der Gesetze, sondern um die Einflusszonen der Clans, der Gruppen (wie die des Militärs in Ägypten). „Wichtig ist nicht, wer welches Amt hat," formuliert ein Mitarbeiter der Konrad Adenauer Stiftung in Ägypten, „sondern ob er *Ibn nas* – der *Sohn von jemanden* ist. Kaum ein Ägypter interessiert sich für die Namen von Parteien, Verbänden oder Firmen. Was zählt sind die Personen, die dahinterstecken und deren Beziehungen untereinander. […] Die eigentlichen Entscheidungen werden von Personen getroffen, die kaum jemand kennt und von denen man oft nur weiß, dass sie allesamt Generäle sind." – Jacobs (2012): 2.

öffentlichen Raum repräsentativ zu formieren und zu artikulieren, doch erleben wir damit wirklich eine vierte Welle der Demokratisierung?[20]

Simon Sebag Montefiore, Experte für die Geschichte der Russischen Revolution, vergleicht die Ereignisse in Kairo und in Tunesien mit 1917 und 1789. Auch die Tatsache, dass es ganz offensichtlich keine signifikanten Führungsakteure gibt, nach denen sich die Massen, die auf die Straße gehen, ausrichten, hält Montefiore für bezeichnend:[21] „Die erfolgreichen Revolutionen sind führerlos, unvorhersehbar, ausgelöst entweder durch ein kleines Ereignis – etwa die Selbstverbrennung eines Protestierenden oder einen moralischen Aufschrei wie bei der Ermordung des Oppositionsführers Aquino auf den Philippinen – oder durch einen grotesken Skandal." Der eigentlich tragische Fall der Selbstverbrennung von Mohammed Bouazizi zeigt die Richtigkeit dieser Deutung an. Aus einem an sich singulären Fall wird binnen kürzester Zeit eine Bewegung, die das herrschende Regime hinweggefegt hat,[22] und dies nicht nur in Tunesien.

---

20 Auch für Afghanistan hat man den Siegeszug des demokratischen Modells euphorisch angenommen – nachdem die Taliban erfolgreich in die Berge vertrieben worden waren. Doch sind die kleinen Schritte bei der Demokratisierung eines Landes strukturell die wichtigeren und insofern ist es bezeichnend, dass die Kandidatur von Robina Jalali für die Wahlen zum afghanischen Parlament im Jahr 2010 mehr Aufsehen in der internationalen Öffentlichkeit und den Medien erlangt hat als im eigenen Land. Robina war interessant für die westlichen Medien, weil sie die erste (und bisher einzige) Athletin bei Olympischen Spielen (2004 und 2008) gewesen ist, die mit einem Kopftuch als Sprinterin an den Start gegangen war. Als unabhängige Kandidatin, die sich bewusst von der patriarchalischen Stammesloyalität der afghanischen Gesellschaft absetzen wollte, hatte sie bei den nationalen Wahlen hingegen keine Chance. – Vgl. Mühlmann (2010): 7.

21 Montefiore (2011): 2.

22 Die Nachzeichnung der Abläufe an jenem 17. Dezember 2010, an dem sich der 26jährige Mohammed Bouazizi in der tristen tunesischen Provinzstadt Sidi Bouzid spektakulär selbst verbrannt hatte, weist kaum darauf hin, dass diese Selbstverbrennung, an deren Folgen Bouazizi Anfang Januar verstarb, als politischer Protest zu verstehen sei. Es war, in der Verkettung der Umstände vor Ort nach den permanenten Streitigkeiten um die Illegalität oder Legalität seiner Obstverkäufe, eher der Frust der individuellen Deklassierung, die den jungen Mann zu dieser Verzweiflungstat trieb. Warum daraus dann jedoch ein Stück für die Revolutionsgeschichte wurde, das in rasender Geschwindigkeit

Erfolgreich war und ist dieser Protest in der arabischen Welt, weil ganz offensichtlich strukturelle Faktoren mit dem *Ereignis* in der kritischen Wahrnehmung der Massen korrelieren. Irgendwann reicht es.[23]

Doch auch wenn es unzweifelhaft Revolutionen sind, die hier derzeit in der arabischen Welt stattfinden, dann bleibt dennoch die Frage, ob dies zu mehr (oder besser gesagt: zu einer *richtigen*) Demokratie führt, berechtigt. Man muss nicht nur wegen der dramatischen Vorgänge in Ägypten, die im Sommer 2013 faktisch einen Militärputsch der weichen Art beinhalten, eher davon ausgehen, dass die Demokratisierung der ara-

---

seinen medialen Lauf nahm, hat etwas mit den neuen Informationsmedien zu tun. Ein Cousin von Bouazizi, der nach der Selbstverbrennung schnell herbei geholt worden war, hatte den entstellten Körper seines Verwandten ohne besonderen Hintergedanken mit seinem Smartphone aufgenommen. Als er Stunden später die Videosequenzen zu einem kleinen Film zusammenschneidet, ergänzt er diese mit Aufnahmen von nun einsetzenden Demonstrationen Jugendlicher in der Provinzstadt. Noch am gleichen Abend strahlte der Sender al-Dschasira dies in der ganzen arabischen Welt aus. Der Zufall einer Wahnsinnstat führt daraufhin zu den Massenprotesten gegen das Regime – und eben nicht nur in Tunesien. – Vgl. Schmid (2011): 8.

23 Die Selbstverbrennung von Bouazizi zeigt auch das Ausmaß des ganz alltäglichen Umgangs einer korrupten Polizei mit der eigenen Bevölkerung an. Offenbar war Bouazizi an dem Tag von einer Polizistin geohrfeigt und einem ihrer Kollegen bespuckt worden, weil er sich zum wiederholten Male geweigert hatte, Schmiergeld für seinen Obstkarrenstand zu zahlen (vgl. Jelloun (2011: 36f.). Das Auseinanderbrechen des Alltags durch den schier unglaublichen Akt des Nichtalltäglichen (hier: der Selbstverbrennung) kommentiert der marokkanische Schriftsteller Jelloun daher treffend (ebd.: 38): „Man kann seinen Ärger oft hinunterschlucken, man kann versuchen, Ruhe zu bewahren, sich sagen, dass es vom Schicksal so bestimmt ist, dass eines Tages die Sonne aufgehen wird und dass das Leben mehr ist als eine Anhäufung von Katastrophen. Man hofft weiter, betet, sieht zur Seite: die Schönheit der Bäume, der Flug eines Vogels, ein Schmetterling, der sich auf einem niederlässt, das Lächeln auf einem Kindergesicht, ein plötzliches Vertrauen in die Menschheit. Man sagt sich: Das geht vorbei, es ist nur eine schlimme Phase, Gott ist groß, und er wird seine Tore öffnen." Aber Mohammed Bouazizi konnte an jenem Tag das übliche Herrschaftsverhalten der Obrigkeit nicht mehr ertragen, obwohl eine Selbstverbrennung im Koran gar nicht thematisiert wird (vgl. ebd.: 40)!

bischen Welt ein Langzeitprojekt ist.[24] Bis zu den großen Demonstrationen auf dem Kairoer Tahrir-Platz, bis zur Vertreibung von Mubarak, war die ägyptische Demokratie de facto eine verkappte Militärdiktatur – und sie ist es immer noch.[25] Insofern ist auch der Kampf zwischen der Muslimbruderschaft und der Armee am Rande eines Bürgerkriegs mit hunderten von Toten nicht einfach ein Kampf zwischen dem Staat und seinen militärisch konnotierten Institutionen auf der einen Seite und der religiösen Bewegung der Muslimbruderschaft auf der anderen Seite, sondern dies ist zugleich ein Duell zwischen zwei ganz unterschiedlich ausgerichteten Volksgruppen in der Gesellschaft. „Es kämpfen die Muslimbrüder gegen das ägyptische Volk", meint ein Kommentator.[26] Tatsächlich besteht (wie in jeder revolutionären Phase) hier das grundlegende Problem, adäquat sagen zu können, *wer* oder *was* das Volk ist, geschweige denn, wer es *richtig* repräsentiert.[27]

---

24 Wie ein Demonstrant am Jahrestag des Beginns der Demonstrationen auf dem Tahrir-Platz im Januar 2013 ernüchternd feststellt: „Wir lernen gerade, dass Demokratisierung ein Prozess ist und es bedarf mehr als Wahlen, um Wurzeln zu schlagen". – Hier zit. n. Svensson (2013): 8.

25 Eine Revolution ist auch nicht einfach mit einem symbolischen Event in Form von Massendemonstrationen erfolgreich. Es bedarf vielmehr einer strukturellen Veränderung – und die kommt nicht über Nacht. Ganze Institutionen des vormals herrschenden Regimes müssen zerstört, ihre personellen Apparate ausgefiltert und durch neue Verantwortungsträger ersetzt werden.

26 Hier zit. n. Köhn (2013): 7.

27 Angesichts der atemberaubenden Vorgänge in Ägypten mit der Entmachtung des demokratisch gewählten Präsidenten Mursi im Sommer 2013 muss man die Demokratietheorie in einem zentralen Punkt umschreiben. Es reicht nicht mehr, nur auf die Legitimierung durch den Wahlakt zu verweisen. Das Volk hat die militärische Intervention geradezu herbei gerufen. Auch wenn es nicht das *ganze Volk* war, so war es doch eine beeindruckende Menge, vielleicht sogar die Mehrheit. Aber das ist genau der Punkt: woher wissen wir, wann die Mehrheit auf der Straße steht? Die demokratische Legitimität ergibt sich eher aus einer stillschweigenden symbolischen Übereinstimmung zwischen der Regierung und den Menschen im Lande. Wenn der öffentliche Protest zu groß wird, und das gilt mehr noch in normativer Hinsicht als an der Ausrichtung einer faktischen Zahl, dann muss auch eine gewählte Regierung hier die notwendige Konsequenz ziehen: zurücktreten, Neuwahlen ausrichten, Kompromisse finden. Genau das aber haben Mursi und die Muslimbruderschaft nicht

Während im Westen die Ereignisse in der arabischen Welt als so genannter *Arabischer Frühling* zunächst euphorisch gewürdigt wurden, so als habe sich Fukuyama mit seiner Hypothese vollends bestätigt, sieht man in China die Ereignisse gänzlich anders. *Chaos* sei es, was sich in den arabischen Gesellschaften ausbreite, zum Schaden der Weltwirtschaft und der Sicherheit in der Energieversorgung.[28]

Die viel grundsätzlichere Frage ist eigentlich, wie man (aus der Sicht des Westens) die Demokratisierung der Welt erreicht? – Einfach darauf warten (und hoffen), dass sich a) die Vernunft der Menschenrechte als weltweite Maxime durchsetzt oder b) die Vorteile der Marktwirtschaft über den Konsumentenstatus des Individuums zu einer Veränderung in der jeweiligen Massengesellschaft führen? – Oder sollte man c) nicht massiv dafür sorgen, dass die demokratische Ordnung zum Bestandteil auch all jener Länder dieser Erde wird, die bisher von autokratischen bis hin zu diktatorischen Regimen beherrscht werden?

Wenn man sich für Variante (c) entscheidet, dann bedeutet dies, dass man nicht nur im liberalen Sinne für Menschenrechte und Marktwirtschaft werben muss, sondern auch politische Strukturen vor Ort in einer Region notfalls mit Gewalt aufbrechen und verändern darf. Ein solches Ordnungsverständnis beinhaltet militärische Interventionen im Namen der Menschenrechte und des Völkerrechts.

Die neokonservative Bewegung in den USA hatte sich zu Beginn des 21. Jahrhunderts dieser Interpretationsperspektive verschrieben: Demokratie kommt nicht von allein, sondern darf und muss im Zweifelsfall auch mit militärischen Mitteln erzwungen werden. Das haben die USA

---

getan. Sie wollten es nicht, weil sie es von ihrer theologischen Ideologie her nicht verstehen konnten. Die demokratische Performanz haben sie nur als äußere Hülle betrachtet, dessen innerer Kern (nämlich die Akzeptanz in der Öffentlichkeit) sie nicht interessiert hat. Einmal im Amt, d.h. an der Macht, wollte man das Land im Sinne der eigenen Ideologie ohne jegliche Kompromisse verändern. Es wäre besser gewesen, Mursi wäre aus Gründen der Gerechtigkeit zurückgetreten, hätte den Platz friedlich frei gemacht. Das hätte der Muslimbruderschaft zu einer hohen normativen Reputation verholfen. Stattdessen zeigte sie nur ihre heimliche Fratze in ganzer Dreistigkeit: der Drohung eines Bürgerkriegs, der Anstachelung zum Massenmord gegen Minderheiten.

28   Vgl. Böhmer (2011): 7.

im Zweiten Weltkrieg gegenüber Deutschland und Japan erfolgreich vorgemacht, das war (bis zu einem gewissen Grad) auch eines der Begründungsmomente nach 9/11 für die Invasion in den Irak (und letztlich auch in Afghanistan). Robert Kagan, einer der Vordenker der *Neocons*, formuliert das Kredo markant, indem er feststellt:[29] „Wenn ein Krieg unvermeidlich ist, weil es heißt, wir müssen größere Katastrophen mithilfe eines Krieges verhindern, dann gilt das auch für den Irak." In Europa hat man das überwiegend als eine sehr *amerikanische* Interpretation von Demokratie und Sicherheitsbedürfnis aufgefasst und heftig kritisiert, vor allem in Deutschland. Dabei ist übersehen worden, dass ein Kennzeichen der Neocons in den USA u.a. auch die kritische Position zur demokratischen Kultur ist, die in ihrer gegenwärtigen Erscheinungsform als ein Verfall der ursprünglich republikanischen Werte angesehen wird.[30] In dieser Kritik an der eigenen Demokratie liegt zweifellos eine Dramatisierung, zugleich ist damit auch eine Existenzialisierung verbunden, welche die Dinge in der Welt eben nicht mehr relativierend im Sinne eines pragmatischen Politikverständnisses einfach akzeptiert.[31]

Drei weitere Grundüberzeugungen lassen sich für die neokonservative Strömung festmachen:[32]

1. Patriotismus wird als ein natürliches Prinzip für die Gesellschaft begriffen.
2. Jede Form von Weltregierung wird als eine tyrannische Usurpation der demokratischen Nation abgelehnt.
3. Auf der Grundlage der Positionen (1) und (2) müssen Staatsmänner eine Unterscheidung zwischen *Freund* und *Feind* vornehmen. Denn Politik ist und bleibt auch in der Demokratie existenziell – und kann damit tödlich sein, wenn grundsätzliche Fehler gemacht

29 Kagan (2007): 7.
30 „In Europa gibt es nichts, was dem Neokonservatismus nahe käme. Der Umstand, dass sich der Konservativismus in den Vereinigten Staaten in politisch so viel besserer Verfassung befindet und so viel wirkungsmächtiger ist als in der Alten Welt, hat etwas mit der Existenz des Neokonservativismus zu tun", urteilt Irving Kristol (2003: 7). – Vgl. zu den neokonservativen Vorstellungen grundsätzlich Keller (2008).
31 Vgl. hier auch Nitschke (2007).
32 Vgl. auch Kristol (2003): 7.

werden. Politiker, die dies nicht berücksichtigen, versagen existenziell und normativ gegenüber dem eigenen Volk.

Es ist gerade diese Radikalisierung auf die nationale Existenz hin, welche den amerikanischen Konservativismus bis hin zum gegenwärtigen Produkt, der Bewegung der *Tea Party*, antreibt. Im Gegensatz jedoch zu den Tea-Party-Aktivisten, die eher zu einer klassisch isolationistischen Grundhaltung für die USA tendieren, sind die Neocons die eigentlichen Interventionisten. Der Einmarsch in den Irak und in Afghanistan ist Ergebnis dieser strategischen Grundhaltung. Der Sturz des Regimes von Saddam Hussein hat überhaupt erst eine demokratische Entwicklung im Zweistromland möglich gemacht.[33] „Sollte die Demokratisierung des Irak scheitern,“ konstatiert ein deutscher Entwicklungshelfer vor Ort,[34] „wäre das nicht nur eine Katastrophe für die Menschen dort, sondern für die ganze Region, ja die Idee von Leben in besseren Gesellschaften überhaupt. Im Irak ging und geht es ja durchaus, und das kann man ruhig so pathetisch sagen, um einen Kampf um die Freiheit gegen ihre erklärten Feinde.“

Ein Leben in Freiheit, das ist es, was die meisten Menschen wollen,[35] was die Revolutionsbewegungen im arabischen Raum antreibt – auch

---

33 So sieht denn auch der Geschäftsführer einer Entwicklungshilfeorganisation mit langjähriger Erfahrung in der Region das militärische Engagement der USA im Irak (im Gegensatz zur negativen Grundhaltung in Deutschland) als absolut positiv, sogar notwendig an. – Vgl. Osten-Sacken (2010): 7.

34 Ebd.

35 In einem der wenigen Interviews, die Bush Jr. je einer deutschsprachigen Zeitung gegeben hat, wird das Handlungsverständnis zugunsten der Freiheitsdoktrin überaus deutlich: Demokratie ist für Bush Jr. ein universales Auftragsgeschäft. Diejenigen, die sich hier verweigern, auch wenn sie selbst Mitglieder des Westens sind, werden als elitäre Ignoranten empfunden, die sich damit zufrieden geben, dass es ihnen besser geht als dem Rest der Welt: „Es ist mir enorm wichtig,“ betont Bush, „Nationen dabei zu helfen, aus schwierigen Situationen herauszukommen und Demokratien zu werden. [...] Wenn man den Menschen die Chance dazu gibt, dann folgen sie dem universellen Prinzip, dass die Menschen frei sein sollen. Bekommen sie diese Chance, nehmen sie ihre Interessen in einer freien Gesellschaft entschlossen wahr. Sicher, das kann sehr schwierig sein. Im Irak ist es schwierig, und in Afghanistan ist es

wenn die retardierenden Effekte aufgrund alter Machtstrukturen oder kultureller Konventionen ebenfalls dominant bleiben. Mittlerweile gehen Frauen der Mittelschicht in Tunesien zu Tausenden wieder auf die Straße um für die Beibehaltung ihrer Rechte in der neuen tunesischen Verfassung zu demonstrieren. Die Forderung ist, „Wir brauchen eine zweite Revolution".[36] In der Tat sind Revolutionen oft nicht durch ein einziges fundamentales Ereignis geprägt. Eine Revolution besteht vielmehr aus einer Kette von Einzelaktionen, die sich irgendwann verdichten zu einem fundamentalen Vorgang, der alle sozialen, ökonomischen und kulturellen Aspekte durchspült. Nur ein Sturm auf die Bastille hätte nicht ausgereicht, nur der Zug der Fischmarktfrauen nach Versailles wäre zu wenig gewesen, nur der Sturm auf die Tuilerien ein militärisches Ereignis, das vom Regime mit einer Gegenaktion hätte bestraft werden können. Es ist die Summe all dieser Ereignisse, aus dem die Revolution als *Revolution* zustande kommt. Die Zeitdauer ist hierbei ganz entscheidend: auch die Französische Revolution kommt nicht über Nacht, sondern basiert auf einer Kette von Radikalisierungen, die deutlich mehr als zwei Jahre umfassen. Gleiches gilt für die Situation in Tunesien und anderswo in der arabischen Welt: Die Frage ist nur, wem kommt die Revolution zugute, d.h. in welche Richtung läuft sie? Zu mehr Liberalität in der Überwindung autokratischer bis diktatorischer Regime oder zu einer Renaissance des Islam, in diesem Fall zu einer orthodoxen Rückkoppelung der arabischen Gesellschaften?

Eine Revolution ist nie gleich einer anderen *Revolution*. Zu unterschiedlich können die Gründe und vor allem die Protagonisten sein. Das arabische Wort für Revolution (*al-Thawra*) beinhaltet im Ursprung auch den Begriff für Rache als *Blutrache*![37] In der Tat ist auffällig, wie sehr die Demonstranten und Widerstandskämpfer von Tunis bis nach Aleppo das Gerechtigkeitspathos bemühen als Ausdruck einer Wiedergutmachung einer Ordnungsvorstellung, die ganz offensichtlich aus den Fugen geraten ist. Das beinhaltet aber dann nicht notwendigerweise die europä-

---

auch schwierig. Und es wird wohl auch im Kosovo ein schwieriger Prozess werden. Dieser Schritt ist, die Geschichte zeigt es, nie leicht – aber er ist notwendig." – Bush (2008): 2.

36 Hier zit. n. Mülherr (2012): 6.
37 Vgl. Doetzer (2013): 44.

ische Vorstellung von Fortschritt, sondern eben auch die Zurückbesinnung auf das Eigentliche der Normvorstellungen (eben die des religiösen Bekenntnisses). Ein revolutionäres Bewusstsein ist mittlerweile in der arabischen Welt zum Mainstream geworden. Damit ist aber noch nichts über die Qualität der Revolution gesagt, geschweige denn über ihr jeweiliges Ziel in der Region. Eine deutsche Korrespondentin, die für den Sender Al-Dschasira gearbeitet hat, stellt ernüchtert fest:[38] „Die Revolution. Ich mag das Wort nicht mehr hören. Es meint nicht das, was ich mit 16 herbeigesehnt habe. Es klingt nicht mehr nach Tracy Chapman und nach Freiheit. Es klingt nach mehr Wut als Mut. Es klingt nach einem Teufelskreis."

Zweifellos sind Reformen auch der bessere Weg, um für ein Land und seine Gesellschaft neue Strukturen zu erschließen. Doch dies sagt sich einfacher als es in Wirklichkeit ist. Die Sehnsucht nach Freiheit wird umso größer, je stärker ein System mit seinen Pressionen gegen die Bevölkerung vorgeht.[39] Revolutionen sind immer dann eine logische Folge, wenn ein Regime nicht bereit (und kognitiv in der Lage) ist sich zu verändern.[40] In dieser Hinsicht ist der Arabische Frühling für den nordafrikanischen Raum in der Tat eine epochale Wende, wobei dem revolutionären Impetus, der selbst Diktatoren vom Typ Gaddafi hinweg gefegt hat, noch strukturelle Reformen in Staat und Gesellschaft folgen müssen – sonst bleibt alles beim Alten (und nur ein neuer autoritärer Führer tritt auf die Bühne).[41]

---

38 Ebd.: 45.
39 Ein ukrainischer Student, der öffentlich gegen die Inhaftierung von Julia Timoschenko während des Gerichtsprozesses demonstriert hat, begründet sein Engagement in Kiew folgendermaßen: „Ich will nicht so leben wie die Menschen in Minsk oder Moskau, sondern wie die in Berlin oder Kopenhagen, darum mache ich mit". – Hier zit. n. Jeglinski (2011): 7.
40 Vgl. auch Nitschke (2013).
41 Julia Timoschenko, die ehemalige Regierungschefin der Ukraine, die durch die *Orangene Revolution* an die Macht kam, antwortet auf die Frage, wie realistisch das Szenario der Arabischen Revolutionen für die Ukraine sei: „Ja, ich unterstütze jeden Kampf gegen autoritäre Regime und Diktaturen. Meine Erfahrung ist jedoch, dass eine Revolution alleine nicht ausreicht. Es braucht einen Plan, was danach kommen soll. Unsere Revolution war der erste Baustein zur Modernisierung unseres Landes. Für die Ukraine hoffe ich auf freie Wahlen

Wie die Beispiele in Tunesien und Ägypten in ihrer Wendung vom Arabischen Frühling zu einer Art *Herbst* demonstrieren,[42] reicht es ganz offensichtlich nicht aus, nur einfach freie, allgemeine und gleiche Wahlbedingungen zu schaffen. Wichtiger noch ist, was zuvor in den Köpfen des Wahlvolkes stattfindet, also die Frage, ob und wodurch überhaupt in der Mentalität ein demokratisches Bewusstseinsprofil anzutreffen ist – oder nicht. In dieser Hinsicht weist das Demokratieprojekt des Westens neue Problemstellungen in der politischen und ökonomischen Konstellation gerade durch die Globalisierung auf, „mit denen es die bisher bekannten demokratischen Gemeinwesen noch nicht oder nur andeutungsweise zu tun hatten".[43] Es ist gerade die strukturelle Externalisierung der politischen Entscheidungsmacht im Rahmen der Globalisierung, welche die klassische Legitimation von demokratischer Politik durch den nationalen

---

anstatt auf neue Revolutionen." – Tymoschenko (2011): 7. Wie wenig die westlichen Kommentatoren dem revolutionären Topos tatsächlich gerecht werden, zeigt der kritische Literaturbericht von Walter Laqueur (2011: 9). Meist überwiegt hier ein Überschwang der emphatischen Berichterstattung – so, als sei der Tahrir-Platz das Gleiche wie die Erstürmung der Bastille.

42   Das Fazit eines *Spiegel*-Korrespondenten nach seiner Reise durch die Länder des Arabischen Frühlings ist ernüchternd (Smoltczyk 2011: 110): „Dialektik der Aufklärung: In allen Maghreb-Staaten ist der arabische Frühling zur Erntezeit der Islamisten geworden, nicht zur Blüte westlicher Zivilgesellschaft. […] Und überall diese jungen Männer mit ihrer übergroßen Sonnenbrille, ihrer billigen Lederjacke und der Fußballerfrisur. Sie lehnen an Bäumen, hängen an den schmutzigen Plastikstühlen an der Straße, stehen reglos rauchend auf den Plätzen. Giacomettihafte Gestalten. Dutzende, Tausende. Sie gehören zum Landschaftsbild. Sie stehen da in Fès und in Tunis und Misurata, und sie stehen immer noch da in Bengasi und den elenden Vororten von Kairo. Sie warten und haben darüber vergessen, worauf. Etwas müsste passieren. Aber auch das Umwälzendste, was passieren könnte, ist schon passiert, die Revolution, und sie stehen immer noch da." – „Nichts hat sich hier getan", bemerkt ein Bauer in der Armutsregion um Sidi Bousid, wo die tunesische Revolution mit der spektakulären Selbstverbrennung von Mohammed Bouazizi im Dezember 2010 ihren Anfang nahm. – Hier zit. n. Hackensberger (2013): 9.

43   Euchner (2005): 20. – Ähnlich auch Münkler (2010: 51/52): „Die strukturellen Erfordernisse der Weltwirtschaft und die Bestandsvoraussetzungen der Demokratie stimmen nicht mehr zusammen, und keiner kann sagen, wie das zu ändern ist."

Souverän faktisch ins Leere laufen lässt. Nationale Parlamente werden in ihrer Kompetenz unterminiert durch Entscheidungen ihrer Regierungen, welche diese an anderer Stelle getroffen haben. Aber auch die Menschen als Individuen verhalten sich anders als es der normative Bürgerkontrakt für die Staatsbürgerschaft erwartet. Sie nutzen die Kommunikations- und Transportmittel, um sich funktional wie auch normativ aus dem Sinnzusammenhang ihrer politischen Ordnung *vor Ort* zu entfernen. Jeder Aktivist bzw. Demonstrant kann seine eigenen Informationen sammeln – und zwar in Echtzeit.[44] Insofern sind die Subjekte der Weltpolitik im 21. Jahrhundert die *Staaten* und die *Individuen* gleichermaßen.[45]

Das Problem ist jedoch die Kohärenz zwischen diesen beiden Akteurspositionen herzustellen – und zwar ganz besonders im demokratischen Profil. Bei einer Diktatur kann man sagen, dass es emanzipativ ist, wenn ein Individuum sich gegen die Unterdrückung wehrt und aus der Bevormundung auszubrechen versucht – aber bei einer Demokratie? – Was ist da Unterdrückung und was ist da Emanzipation, wenn doch jeder das Recht (und eigentlich auch die Pflicht) auf Beteiligung hat? – Oft hat es den Anschein, nicht nur dort, wo es wieder einmal eine sinkende Beteiligung bei Wahlen gegeben hat, als wenn sich der Zugang zum demokratischen Profil auch für viele im Westen einzig und allein in einem Konsumentenstatus erschöpft. Theodore Dalrymple hat in Bezug auf die mangelnde Anteilnahme britischer Wähler realistisch formuliert:[46] „Die Demokratie ist ein so kleiner Teil ihrer Wirklichkeit, dass fast zwei Fünftel der Menschen es nicht einmal alle fünf Jahre ins Wahllokal schaffen oder in jedem Fall nicht wissen, warum sie es sollten."

Wenn schon in den Gesellschaften des Westens problematische Effekte in der Akzeptanzfrage zur Demokratie auftreten, dann ist es wenig überraschend, wenn in Ländern der Dritten Welt ganz kuriose Verständnisweisen zur demokratischen Ordnung zum Vorschein kommen. Nach der traditionellen Meinung in Afghanistan z.B. werden Abgeordnete im Parlament eher abgelehnt, weil sie sich für Geld mit den Dingen des Lebens beschäftigen. Aus der Sicht des Volkes sind dies bezahlte „Provi-

---

44   Vgl. auch Sommer (2013): 8.
45   Vgl. Habermas (2008): 369.
46   Dalrymple (2010): 31.

sionsarbeiter", noch dazu korrupt, die sich mit der Wahrung der politischen Ordnung befassen.[47] Das herkömmliche Verständnis von Politik basiert dagegen auf einer Vorstellung von politischer Repräsentation, die aus der patriarchalischen Hierarchie heraus *natürlicherweise* die Alltagsgeschäfte lenkt. Somit legitimiert hier die Ehrwürdigkeit der Tradition die Ordnung – und nicht der Voluntarismus von Einzelwesen. Warum sollte man bei einem solchen Verständnis eine *Revolution* machen wollen?

Um überhaupt Veränderungen mit einer gewissen Nachhaltigkeit zu bewirken, bedarf es des Engagements der nationalen bzw. regionalen Eliten. Genau hier ergibt sich für die Demokratievermittlung erneut ein grundlegendes Dilemma: Weil die nationalen Eliten in den Entwicklungsländern als Minderheiten in ihrem jeweiligen System von der Globalisierung profitieren, wächst die Diskrepanz zur breiten Masse (sowohl ökonomisch wie mental). Je mehr eine nationale Elite nicht mehr spezifisch national denkt und agiert, umso größer wird der Graben zum einfachen Volk. Der Bedarf bzw. die Notwendigkeit für eine neue Daseinsinterpretation wächst und damit auch die Radikalität solcher Ansprüche. Kultur- und Identitätsfragen werden umso wichtiger, je mehr die Globalisierung ein „Minderheitsprogramm" für Eliten ist.[48]

Letztlich hilft hiergegen nur ein wohlverstandener Patriotismus, vorgetragen von einer nationalen Elite, die sich mit ihrem Land identifiziert. Michael Ignatieff nennt einen solchen Patriotismus heimatbezogen: „a place we can call home".[49] Ein solcher nicht rassistischer oder klassenkampforientierter Patriotismus basiert auf der Liebe zu den Menschen, die in dem Raum arbeiten und leben. Und diese *Liebe* ist wie ein zeitüberdauernder stillschweigender Kontrakt zwischen den Generationen:[50] „Love of a country is an emotion shared in the imagination across time, shared with the dead, the living and the yet to be born."

---

47 Jalal (2010): 7.
48 Fuhr (2005): 28.
49 Ignatieff (2009): 4.
50 Wenn das Gegenteil der Fall ist, wenn das Interesse an der jeweils eigenen Nation nicht vorhanden ist oder schwindet, dann fällt die Gesellschaft (und mit ihr der Staat) auseinander: „A country begins to die when people think life is elsewhre and begin to leave. It begins to die when order disintegrates, when

Auch dies ist ein Kennzeichen der Widersprüchlichkeit der Globalisierung: Gleichzeitig ein wieder erstarkender patriotischer Nationalismus (nicht nur in der Dritten Welt), der einher geht mit einer seltsam uninteressierten Betrachtungs- und Handlungsweise von Eliten, die sich dem globalen Leben verschrieben haben. Dergleichen hatte schon Karl Marx in der Entstehungsphase der Globalisierung scharfsinnig beobachtet und kritisiert:[51] „Der echte Patriotismus der Bourgeoisie – so selbstverständlich für die Eigentümer der verschiednen *nationalen* Güter – ist infolge des kosmopolitischen Charakters ihrer finanziellen, kommerziellen und industriellen Tätigkeit zu einem bloßen Trugbild verblaßt."

Literatur

Arendt, Hannah (1994): Über die Revolution. 4. Aufl. München.

Böhmer, Daniel-Dylan (2011): Maos Blogger. In: Die Welt (28. Mai 2011) S.7.

Bueno de Mesquita, Ethan (2010): Regime Change and Revolutionary Entrepreneurs. In: American Political Review 104 (August 2010) No.3, S.446-466.

Bush, George W. (2008): „Die Freiheit ist etwas Universelles". Ein Interview. In: Die Welt (31. März 2008) S.2-3.

Dalrymple, Theodore (2010): Griechen der Nordsee. In: Literarische Welt (15. Mai 2010) Nr.19, S.29 u. 31.

Doetzer, Stephanie (2013): Der Diktator im Kopf. In: Chrismon (2013) H.7, S.40-45.

Euchner, Walter (2005): Zur Notwendigkeit einer Ideengeschichte der Demokratie. In: Richard Saage, Demokratietheorien. Historischer Prozess – Theoretische Entwicklung – Soziotechnische Bedingungen. Eine Einführung. Wiesbaden, S.13-21.

Fuhr, Eckhard (2005): Europa interessiert Indien nicht allzu sehr. In: Die Welt (2. Dezember 2005) S.28.

Fukuyama, Francis (1992): Das Ende der Geschichte. Wo stehen wir? München.

Fukuyama, Francis (2011): Alle Menschen wollen Demokratie. In: Die Welt (4. April 2011) S.8.

---

people cease to trust their fellow citizens or their government." – Ignatieff (2009): 5.

51   Marx (1871): 559 (Hervorhebung v. Marx).

Hackensberger, Alfred (2013): Der Zorn der Straße entlädt sich. In: Die Welt (30. Juli 2013) S.9.

Huntington, Samuel P. (1968): Political Order in Changing Societies. New Haven.

Huntington, Samuel P. (1991): The Third Wave – Democratization in the Late Twentieth Century. Oklahoma.

Ignatieff, Michael (2009): True Patriot Love. Four Generations in Search of Canada. Toronto, Ontario.

Jacobs, Ansgar (2012): Was Ägypten braucht. In: Die Welt (10. Juli 2012) S.2.

Jalal, Massouda (2010): „Das Volk betrachtet Abgeordnete als Diebe". In: Die Welt (18. September 2010) S.7.

Jelloun, Tahar Ben (2011): Arabischer Frühling. Vom Wiedererlangen der arabischen Würde. Bonn.

Jeglinski, Nina (2011): Sorge um Timoschenko. In: Die Welt (9. August 2011) S.7.

Jünemann, Annette / *Zorob*, Anja (Hrsg. / 2013): Arabellions. Zur Vielfalt von Protest und Revolte im Nahen Osten und Nordafrika. Wiesbaden.

Kagan, Robert (2007): „Wer geht, verliert im selben Augenblick". Ein Interview. In: Die Welt (26. Februar 2007) S.7.

Keller, Patrick (2008): Neokonservatismus und amerikanische Außenpolitik. Ideen, Krieg und Strategie von Ronald Reagan bis George W. Bush. Paderborn.

Köhn, Selma (2013): Aus dem Tag der Wut wird ein Tag der Toten. In: Die Welt (17. August 2013) S.7.

Kristol, Irving (2003): Was sind die Neokonservativen? In: Die Welt (28. August 2003) S.7.

Laqueur, Walter (2011): Der flaue Wind der Revolution. Der arabische Frühling veranlasste viele Beobachter, optimistische Bücher zu schreiben. Ein skeptischer Literaturbericht. In: Literarische Welt (8. Oktober 2011) Nr.40, S.9.

Marx, Karl (1871): Erster Entwurf zum „Bürgerkrieg in Frankreich". In: Karl Marx / Friedrich Engels, Werke, Bd.17. Berlin 1968, S.493-571.

Montefiore, Simon Sebag (2011): Gesetze der Revolution. In: Die Welt (17. Februar 2011) S.2.

Mühlmann, Sophie (2010): Robinas Sprint ins afghanische Parlament. In: Die Welt (18. September 2010) S.7.

Mülherr, Silke (2012): Die Wut der Frauen. In: Die Welt (16. August 2012) S.6.

Münkler, Herfried (2010): Regierungsversagen, Staatsversagen und die Krise der Demokratie. In: Berliner Republik (2010) H.5, S.48-55.

Nitschke, Peter (2007): Der Tod der demokratischen Ordnung – Eine neoklassische Rekonstruktion. In: Zeitschrift für Politik 54 (Juni 2007) H.2, S.141-161.

Nitschke, Peter (2013): Reformation und Revolution. Die fließenden Veränderungen in modernen Gesellschaften. In: Öffentlichkeit und Demokratie in der Metamorphose. Hrsg. v. dems. u. M. Wischke. Frankfurt a.M., S.113-125.

Olson, Mancur (1965): The Logic of Collective Actions. Cambridge, MA.

Osten-Sacken, Thomas von der (2010): „Ganz pathetisch: Es geht um Freiheit". Ein Interview. In: Die Welt (26. August 2010) S.7.

Schmid, Thomas (2011): Der Unbekannte, der die Welt veränderte. In: Die Welt (17. Dezember 2011) S.8.

Selbin, Eric (1993): Modern Latin American Revolutions. Boulder, CO.

Skocpol, Theda (1979): States and Social Revolutions. A Comparative Analysis of France, Russia, and China. Cambridge u.a.

Smoltczyk, Alexander (2011): Es war einmal die Revolution. In: Der Spiegel (17. Dezember 2011) Nr.51, S.106-111.

Sommer, Ariane (2013): „Umarme deinen Feind". In: Die Welt (10. Juni 2013) S.8.

Svensson, Birgit (2013): Die rosarote Brille ist verblasst. In: Die Welt (25. Januar 2013) S.8.

Tocqueville, Alexis de (1969): Der alte Staat und die Revolution. Hrsg. v. J. P. Mayer. Reinbek b.H.

Tullock, Gordon (1971): The Paradox of Revolution. In: Public Choice 11 (Fall 1971) S.89-100.

Tymoschenko, Julia (2011): „Gegen mich wird ein Schauprozess geführt". Ein Interview. In: Die Welt (11. Juli 2011) S.7.

Wolf, Dieter / *Zürn*, Michael (1995): Revolutionstheorien. In: Lexikon der Politik. Bd.1 – Politische Theorien. Hrsg. v. D. Nohlen u. R.-O. Schultze. München, S.552-561.

X.   Migrationsströme

Weltweit hat es in der Geschichte der Menschheit immer schon Wanderungen gegeben,[1] doch weltweite Wanderungsbewegungen in einem unmittelbaren raumzeitlichen Zusammenhang sind erst aufgrund der technischen Verkehrsmöglichkeiten der Globalisierung ein Bestandteil für jede nationale Politik geworden. Die Wanderungsbewegungen der so genannten Epoche der *Völkerwanderungen,* die das Ende der Antike und den Untergang des Römischen Weltreiches markiert haben, sind Vorgänge gewesen, die einige Jahrhunderte beanspruchten. Nunmehr ist dank Flugzeug, Eisenbahn und intensivem Schiffsverkehr eine weit reichende individuelle Ausgestaltung gegeben, die in ihrer Endkonsequenz jedoch wiederum Masseneffekte beinhaltet – und die vor allem zeitnah, d.h. nicht nur innerhalb eines Jahrzehnts, sondern innerhalb eines Jahres für alle Beteiligten deutlich spürbar ist. Das weltweite Migrationsgeschehen verändert insofern weitaus mehr und mit gravierenden Folgen die bestehende Sozialordnung in den meisten Ländern dieser Welt, insbesondere in den OECD-Staaten, die die begehrtesten Anlaufplätze für die globale Migration darstellen.[2]

Dennoch ist das Ausmaß der sozialen und kulturellen Transformation von Staaten und Gesellschaften dort am Stärksten, wo der ökonomische Effekt zunächst gar nicht der Entscheidende ist – nämlich in den Ländern der Dritten Welt, hier insbesondere in Afrika südlich der Sahara, wo von den reinen Zahlen her die meisten Migrationswellen seit Jahrzehnten zu verzeichnen sind. Im Grunde lässt sich für die Situation in Afrika die komplexe Ursachen-Wirkungsrelation für die Migrationsfrage am besten aufzeigen, weil hier alle Faktoren in ihrer z.T. ambivalenten Verdichtung umfassend gegeben sind. Denn nie ist es nur ein einziger Grund, der Menschen von A nach B *migrieren* lässt. Stets sind es mehrere

---

1   Vgl. hier grundsätzlich Hahn (2012).

2   Nach UN-Schätzungen lebten im Jahre 1965 etwa 76 Millionen Menschen außerhalb ihres Geburtslandes. 1985 waren es bereits 105 Millionen und 1995 ca. 125 Millionen. Im Jahr 2005 wurden dann sogar schon fast 191 Millionen Migranten weltweit gezählt! – Das entspricht einem Anteil von beinahe 3 Prozent der Weltbevölkerung. Vgl. Rheims (1997): 96 u. Brinkbäumer (2006a): 69 sowie Angenendt (2009).

und durchaus auch sich widersprechende Faktoren, die zur Aus- und Abwanderung führen.[3]

Grundsätzlich kann (bzw. sollte) man zwischen a) einer Auswanderung, b) der Binnenwanderung (innerhalb eines Staates) und c) der Vertreibung und Flucht unterscheiden. Doch während schon die Gründe für (a) und (b) ganz unterschiedlich (und doch auch wiederum übereinstimmend – etwa bei der Suche nach Arbeit) sein können, sind Flucht und Vertreibung nur unscharf zu klassifizierende Faktoren. Zweifellos handelt es sich um Vertreibung, wenn ein Regime gegen eine ethnische Minorität im Lande, etwa die Regierung von Khartum gegen die Stämme in Ost-Darfur, militärisch vorgeht. Andererseits kann Flucht auch ausgelöst werden durch die Folgen von Naturkatastrophen. Das betrifft dann z.T. auch schon die Binnenwanderung in einem politischen System wie etwa Pakistan nach der Überschwemmungskatastrophe von 2010 oder Haiti im gleichen Jahr.

Generell ist es die Existenzialität der Daseinsfrage, die Menschen dazu bringt ihre vorgefundene Lebens- und Arbeitsform aufzugeben und sich in fremde Länder, Territorien und Räume zu begeben um dort ihr Überleben zu sichern. Miserable Lebensbedingungen, schierer Hunger und die Aussicht auf bessere Arbeits- und Lebensgrundlagen führen dazu, dass sich *Push- und Pull-Faktoren* für die Migration wechselseitig bedingen. Politische Verfolgung, Hungersnöte, Umweltkatastrophen und strukturelle Armut werden als Push-Faktoren genannt, welche die Menschen aus ihren angestammten Lebensräumen hinaus treiben. Als Anziehungspunkte (Pull-Faktoren) gelten hingegen die Nachhaltigkeit einer Demokratischen Ordnung (verbunden mit der Rechtsstaatlichkeit), die Gewährleistung von Sicherheit, eine gute Versorgungslage und der Wohlstand in einem attraktiven Arbeitsmarkt.

Die Mechanismen der Globalisierung fördern in ihrer Logik (und systemischen Notwendigkeit) die grenzüberschreitende Mobilität von Arbeitskräften, die sich nun nicht einfach mehr in einem nationalstaatlichen Wettbewerb befinden und bewähren können (und müssen), sondern (je nach Branche unterschiedlich) in einer sektoralisierten, tendenziell weltweiten Erwerbsperspektive. Der klassische *Brain Drain* gilt eben

---

3   Vgl. hier u.a. Rheims (1997), Marshall (2006), Bade (2007) u. Geddes (2011).

nicht nur für die anspruchsvollen Kopfarbeiter, die Ärzte und Ingenieu-
re, die akademischen Berufe generell, sondern auch für die Masse der
weniger talentierten Arbeiter, insbesondere die in der Landwirtschaft und
im sekundären Sektor. Ca. 46 Prozent der Menschen in den Regionen
Afrikas südlich der Sahara fristen ihren Lebensunterhalt mit weniger als
einem Dollar pro Tag.[4] Ökonomisch sinnvoll können sie nur dann und
dort existieren, wenn die Produkte ihrer Regionen und Staaten erfolgreich in die Erste Welt exportiert werden. Wenn diese Menschen zu ihrer
eigenen Subsistenz strukturell (d.h. im Rahmen ihrer traditionellen Le-
bens- und Arbeitsbedingungen) nicht mehr in der Lage sind, wer wird es
ihnen verdenken, wenn sie sich dann auf machen um *anderswo leben* zu
können?

Tausende von Kilometer durch Länder wie Togo, Benin, Nigeria,
Niger und Algerien zu Fuß und ohne viel Geld – und alles illegal – ist
der Regelfall für junge Männer oder Familienväter, die für sich und ihre
Angehörigen keine andere Chance mehr sehen als die Einwanderung
nach Europa.[5] Der alte Kontinent ist für viele Migranten weltweit das
gelobte Land: die Sozialstandards sind im internationalen Vergleich
hoch, die Sicherheitslage durch einen Frieden seit dem Ende des Zweiten Weltkrieges ist nachhaltig. „Heute haben wir es rings um Europa mit
gescheiterten Staaten zu tun", kommentiert Ayaan Hirsi Ali die Konstellation,[6] „in denen die Menschen arm und perspektivlos sind. Wir müssen
akzeptieren: Diese Menschen werden alles dransetzen, ihr Glück zu suchen. Deshalb wird eine riesige Welle von Immigranten auf uns zukom-
men." Europa (inklusive Russland) weist folgerichtig die höchste Zahl
von Migranten auf.[7]

---

4   Vgl. Brinkbäumer (2006a): 68.
5   Vgl. hier das Migrantenschicksal von John E. Ampan aus Ghana, dessen Weg
    nach Europa, in diesem Fall Südspanien, ganze vier Jahre dauerte (s. Brink-
    bäumer 2006b).
6   Hirsi Ali (2006): 71.
7   Das gilt besonders für die kleineren Länder in Europa: vier von fünf Men-
    schen in Andorra sind eingewandert. Der Kleinstaat hat weltweit die höchste
    Einwanderungsdichte! Hingegen sind die Philippinen eines der Länder, mit
    der geringsten Einwanderungsquote: nur jeder 500. Bewohner ist dort ein
    Einwanderer. – Vgl. Dorling/Newman/Barford (2010): 31. – In der Schweiz

Aber auch die USA sind und bleiben ein begehrtes Einwanderungsland. Insbesondere die illegale Einwanderung aus Lateinamerika drückt ethnografisch auf die amerikanische Population und macht sich nicht nur an der Südgrenze der USA zu Mexiko hin systematisch bemerkbar. Die Zahl der Einwanderer aus Mexiko stieg von 1980 bis 1996 von 2,2 auf 7,1 Millionen Menschen an. Aktuell liegt die Zahl bei etwa 12 Millionen Mexikanern, von denen sich vermutlich zwei Drittel illegal in den USA aufhalten.[8] Die Gründe für die Einwanderung in die USA sind hauptsächlich der wirtschaftlichen Situation geschuldet, weil das BIP, welches in Mexiko erzielt wird, seit ca. 60 Jahren stets nur zu 25 bis 30 Prozent dem entsprach, was in den USA erreicht worden ist.[9] Schätzungen zufolge stammen von den vermuteten 12 Millionen Immigranten, die sich in den USA illegal aufhalten, allein die Hälfte aus Mexiko![10]

Das Finanzvolumen, welches die Immigranten in der neuen Heimat erzielen, ist beträchtlich. Egal ob legal oder illegal zustande gekommen, machten die finanziellen Überweisungen von Mexikanern aus den USA in ihre alte Heimat im Jahr 2005 über 20 Milliarden Dollar aus.[11] Doch verständlicherweise ist die illegale Einwanderung für die USA nicht nur ein Ärgernis, sondern ein substanzielles Problem, weil es hierbei auch um Menschen- und Drogenhandel, insgesamt um eine länderübergreifende organisierte Kriminalität geht. Im Jahr 2005 nahmen die US-Grenzbeamten ca. eine Million Menschen beim illegalen Grenzübertritt fest! – Im

---

ist hingegen die Einwohnerzahl aufgrund starker Einwanderung allein von 2002 bis 2011 um ca. 10 Prozent gestiegen! Ca. 80 Prozent des demografischen Wachstums der Schweizer Gesellschaft basiert auf Zuwanderung. – Vgl. Henckel (2012): 8.

8   Vgl. Gertschen (2011): 44.

9   Vgl. ebd.

10   Vgl. Stausberg (2006): 5.

11   Ebd. – Ähnlich stimulierende Transferleistungen lassen sich für alle Migrationsketten konstatieren, sei es nun im Hinblick auf die Überweisungen aus Deutschland in die Türkei oder seien es die Leistungen polnischer Gastarbeiter in Irland und in England zurück nach Polen. – Vgl. hier auch D´Costa (2008). – Der soziale Hintergrund für ein derartiges Finanzverhalten ist natürlich die familiäre Struktur, die sich in Form der Migrationsketten über die Ländergrenzen hinweg setzt bzw. ihre Verbindungen beibehält. Vgl. hier grundsätzlich Boyd (1989): 638ff.

Jahr zuvor waren beinahe 500 Menschen bei dem Versuch ums Leben gekommen, die amerikanische Grenze in der Wüste illegal zu passieren.[12] Um dieser Einwanderungswelle einen Riegel vorzuschieben, hatte George W. Bush nach jahrelanger Debatte 2006 ein Gesetz unterschrieben, welches den Bau einer 1.123 Kilometer langen Grenzmauer von Arizona bis nach New Mexico vorsieht. Für den Bau dieser Mauer hatte es im Kongress eine überwältigende Mehrheit gegeben.[13]

Mauern bauen, das Abschließen von Territorien, ist merkwürdigerweise ein Kennzeichen in der Globalisierung geblieben. Das ist zunächst paradox, weil doch die Vernetzung auf eine Entgrenzung der nationalen Räume zielt. Der Nationalstaat wehrt sich gegen unerwünschte Effekte dieser Entgrenzung mit neuen, eben auch physischen Grenzziehungen, die ganze Ethnien, Bevölkerungsgruppen oder Nationen ausgrenzen.[14] Ob es sich dabei um eine sicherheitspolitische Maßnahme handelt, wie im Falle Israels, um terroristische Angriffe aus den Palästinensergebieten zu verhindern oder um illegale Migration in die EU an der Ost- und Südgrenze des Schengen-Raumes zu vermeiden, die Gründe sind vielschichtig, haben aber stets etwas mit dem Profil des Nationalstaats und seinen Schutzansprüchen und den Erwartungen seitens der *nationalen* Be-

---

12 Vgl. Stausberg (2006): 5.

13 Vgl. ebd.

14 Das gilt auch schon für die Frühphase der Globalisierung: nachdem z.B. in Folge des Eisenbahnbaus die Einwanderung von chinesischen Arbeitern mit über 300.000 drastisch zugenommen hatte, verhängten die USA mit dem *Chinese Exclusion Act* 1882 die erste ethnisch begründete Ausgrenzung bei Einwanderern. – Vgl. Heideking (1999): 189. – Auch die Obama-Administration geht in dieser Angelegenheit nicht zimperlich mit den illegalen Migranten um: 2012 wurden 409.849 Menschen wegen illegaler Einwanderung abgeschoben bzw. mussten die USA verlassen. Das ist eine höhere Quote als unter Bush Jr. im Jahr 2008! Manche Bundesstaaten haben hier in den letzten Jahren eine Verschärfung in ihrer Migrationspolitik vorgenommen. Arizona z.B. hat seit dem Gesetz *SB1070* von 2010 das härteste Anti-Migrationsgesetz in den USA. Es ermöglicht der Polizei, Passanten allein wegen ihrer Hautfarbe zu kontrollieren und, bei nachgewiesener Illegalität im Aufenthaltsstatus, abzuschieben. – Vgl. Janz (2013): 8.

völkerung zu tun.[15] Oft wird auch innerhalb des nationalen Territoriums
eine sektorale, ethnisch oder ideologisch motivierte, schichtenbezogene
Aus- und Eingrenzung betrieben, die zunächst gar nichts mit neu an-
kommenden Migranten im jeweiligen System zu tun hat, die sich dann
aber sofort unmittelbar auf die Neuankömmlinge auswirkt. Alle amerikanischen Großstädte haben ihr spezifisches *Chinatown* und auch in europäischen Kapitalen sind derartige raumbezogene Sektoralisierungen
ethnozentristischer Art nicht fremd. Die Krawalle von Jugendbanden in
Pariser Vororten des Jahres 2005 wurden getragen aus dem Umfeld
schwarzer, muslimischer Einwandergruppen.[16] Anderswo,[17] wie z.B. in
Londonderry und Belfast, sind es Katholiken, die (nach wie vor) von ihren protestantischen Mitbürgern durch Mauern sektoral abgetrennt leben.[18]

Wenn man die weltweite Migrationsbewegung als eine personale
Vernetzung zwischen den Staaten und Gesellschaften auffasst, dann ist
die Reaktion darauf – mit Ausnahme des *brain drain*, der ja strukturell er-
wünscht ist – weitgehend von Ablehnung und Abgrenzung durch die
Nationalstaaten gekennzeichnet.

Auch ein supranationales Gebilde wie die EU verhält sich hier im
Prinzip nicht anders: Europa ist eine der wohlhabendsten Regionen in
der Welt, im Jahr 2009 stellte der Kontinent nach einer Studie von *Global
Wealth* sogar die reichste Region der Erde dar.[19] Dementsprechend ist
auch der Migrationsandrang auf den alten Kontinent. Sei es der (lange)
Weg über die spanischen Enklaven Ceuta und Mellila auf dem marokka-
nischen Festland, der Landung auf den Kanarischen Inseln, dem scheinbar kurzen Sprung von Nordafrika über das Mittelmeer auf die italieni-
sche Insel Lampedusa, Malta oder dem Landweg von der Türkei aus

---

15   Insofern hat Migration immer auch etwas mit *Securitization* zu tun, d.h. der
      Versicherheitlichung sozialer und ökonomischer Fragen mit der Ordnungs-
      und Schutzfunktion des Staates. Die Institutionalisierung eines spezifischen
      Grenzüberwachungssystems (*Frontex* seit 2005) für die Außengrenzen der EU
      folgt dieser Logik. – Vgl. Nitschke (2008).
16   Vgl. Finkielkraut (2005): 1f.
17   Vgl. auch für London die Analyse von Peach (2006): 61ff.
18   Vgl. hier Volkery (2011).
19   Vgl. Kaiser (2009): 9.

nach Ostthrakien, der Druck auf die Mitgliedsstaaten der EU wächst von
Jahr zu Jahr. Und die Wanderung ist für diejenigen, welche die EU an-
steuern, äußerst gefahrvoll. Allein die scheinbar kurze Überfahrt von der
libyschen Küste nach Süditalien umfasst eine Distanz von 1.770 Kilome-
tern, die hier überbrückt werden muss. Das UN-Flüchtlingswerk schätzt,
dass allein in einem Jahr (2008) mehr als 67.000 Menschen die gefahrvol-
le Route unternommen haben – vermutlich sind über 1.700 Menschen
durch desolate Schiffe, die auf hoher See zusammenbrachen, ums Leben
gekommen.[20] Nach Angaben des Italienischen Flüchtlingsrates (CIR) gab
es in den Jahren 2007-08 offiziell die Registrierung von 5.532 Menschen,
die vor der westafrikanischen Küste und im Mittelmeer ertrunken sind.[21]
Seitdem Spanien mit dem Senegal und Mauretanien bilaterale Abkom-
men zur Grenzsicherung geschlossen hat, ist die Zahl der im Mittelmeer
Ertrunkenen (2008) auf das Doppelte gestiegen.[22]

Libyen avanciert seitdem immer mehr zum Sprungbrett auf dem Weg
in die EU. Schätzungen zufolge lebten in der Diktatur Gaddafis ca.
1,2 Millionen Ausländer, die meisten davon illegal.[23] Deshalb kam es
auch beim Ausbruch der Kampfhandlungen im Bürgerkrieg 2011 zu
massiven Anfeindungen und Vertreibung der Migranten und Gastarbeiter.

Ganz unabhängig von den Auswirkungen des Arabischen Frühlings,
seinem Scheitern oder seinen Mutationen zu einem Roll-Back zugunsten
autoritärer Regime wird der Migrationsdruck auf die Staaten der EU
noch zunehmen. Die meisten Menschen kommen auch gar nicht per

---

20 Vgl. Hackensberger (2009): 8.
21 Vgl. Interview (2009): 8.
22 Vgl. ebd. – Insofern ist der Besuch des neuen Papstes Franziskus auf Lampe-
    dusa im Sommer 2013 eine Sensation und in mehr als nur einer Hinsicht pa-
    radigmatisch: statt auf eine wohlfeile Auslandstour zu fahren und sich von den
    gläubigen Massen feiern zu lassen, reist der Papst ans Ende der italienischen
    Welt, an den Rand Europas, um den Ärmsten der Armen, die auf Solidarität
    hoffen, seine Solidarität zu erweisen – und das, obwohl viele von ihnen Mus-
    lime aus den Maghrebstaaten oder aus Somalia sind. Der Papst geißelt in sei-
    ner Ansprache eine „Globalisierung der Gleichgültigkeit": „Wir haben uns an
    das Leiden des anderen gewöhnt, es betrifft uns nicht, es interessiert uns
    nicht, es ist nicht unsere Sache." – Hier zit. n. Schmidt (2013): 7.
23 Vgl. Hackensberger (2009): 8.

Schiff in die EU, sondern mithilfe eines Touristenvisums per Flugzeug![24]
Es sind also nicht nur die Ärmsten der Armen, die den Weg in das ver-
heißene Paradies *Europa* suchen, sondern es ist eine mittelschichtsorien-
tierte Wohlstands- und Arbeitsmigration.[25] „15 000 Euro hat jeder von
uns bezahlt", sagt ein Sprecher der Flüchtlinge in der spanischen Enkla-
ve Ceuta, der in seiner Heimat in Indien Ökonomie studiert hat.[26] Eben
weil es hier um beträchtliche Summen in der Finanzierung der Beförde-
rung und Einschleusung Illegaler in die westlichen Industriegesellschaf-
ten geht, ist nach Einschätzung der OSZE davon auszugehen, dass mit
dem Menschen- und Schleuserhandel weltweit bereits mehr Geld verdient wird als mit dem klassischen Drogengeschäft![27]

Daraus resultiert dann auch eine Nachhaltigkeit krimineller Strukturen im Migrationsgeschehen: 1) hat die Organisierte Kriminalität ein Interesse daran, dass diese Einnahmequelle bestehen bleibt. Insofern
schafft sie permanent Angebote und modifiziert ihre illegalen Strukturen.
2) bleibt die Nachfrage dauerhaft, solange die ökonomischen und sozialen Diskrepanzen zwischen armen und reichen Gesellschaften auf der
Welt derart *systematisch* auseinanderfallen. „Man kann Menschen abfangen
und zurückschicken, aber wenn sie keine Perspektive haben, versuchen
sie es immer wieder", bilanziert der Leiter des Italienischen Flüchtlingsrates.[28]

Die Sogwirkung des Westens bleibt also, egal wie hoch die Mauer an
der amerikanisch-mexikanischen Grenze sein wird oder die Bemühungen
der europäischen Grenzschutz-Institution *Frontex* zur Sicherung der EU-
Außengrenzen.[29] Insbesondere vom afrikanischen Kontinent aus wird
der Andrang im Laufe des 21. Jahrhunderts noch zunehmen. Gut ausge-
bildete Menschen werden dahin gehen, wo sie mehr verdienen und bessere Lebensbedingungen haben als in ihren Heimatländern. „Ja, das ist
Afrikas Schicksal", beklagt Kenneth Kaunda, der frühere Staatspräsident

---

24   Vgl. Bolzen (2009): 8.
25   Vgl. auch Angenendt (2009).
26   Hier zit. n. Hackensberger (2009): 8.
27   Vgl. Bolzen (2009): 8.
28   Interview (2009): 8.
29   Vgl. hierzu Kasparek (2010).

von Sambia:[30] „Die Menschen lernen etwas und verschwinden. Der gesamte Kontinent leidet unter dieser Abwanderung seiner Intelligenz. Wir müssen zusehen, dass wir das Leben hier attraktiver machen. Wir können es uns nicht leisten, dass unsere Besten nach Europa oder in die Vereinigten Staaten gehen." Ähnliche Effekte gibt es jedoch auch in den Staaten der EU untereinander, hier vor allem verschärft durch die Eurokrise. So bemerkt der Ministerpräsident Litauens zu den Gründen der massiven Emigration, die in seinem Land stattfindet:[31] „Wir leben in einer globalisierten Welt, da lässt sich Migration nicht vermeiden. Aber unsere Lage ist so, dass man wirklich etwas tun muss, um die Emigration zu stoppen. Es begann im Jahr 2008, mit der Krise, als die Arbeitslosigkeit stieg – in zwei Jahren von 5,9 auf 18,3 Prozent – und die Löhne sanken. Im Zeitraum 2009 bis 2011 ist unsere Bevölkerung durch Migration um 130.0000 Menschen geschrumpft. Allein 2011 haben 54.000 Litauer das Land verlassen, fast die Hälfte davon Menschen zwischen 20 und 29 Jahren."

Aber warum gehen die besser qualifizierten Arbeitnehmer? Sie wandern auch deshalb aus, weil ihre nationalen Systeme z.B. in Afrika durch und durch korrupt sind. Oder weil ein Bürgerkrieg das Land in mittelalterliche Verhältnisse absinken lässt – oder weil Diktatoren jegliche Aussicht auf soziale Gerechtigkeit und Selbstbestimmung mit schonungsloser Gewalt bekämpfen.[32] Kriege, gezielte Verfolgung und Unterdrückung

---

30 Kaunda (2007): 129.

31 Hier zit. n. Gnauck (2013): 7. – Litauen hat derzeit etwa 3,5 Millionen Einwohner. Von Abwanderungen in der Eurozone profitiert wiederum Deutschland, das seit 2010 ein positives Zuwanderungssaldo verzeichnet. Das bedeutet, mehr Menschen kommen ins Land als durch Abwanderung und Sterberate als Minus zu verzeichnen wären. Damit wird die ansonsten schlechte Geburtenrate in Deutschland kompensiert und der demografische Wandel zumindest temporär aufgehalten. – Vgl. auch Siems (2013): 9.

32 Paradigmatisch hier die Schreckensherrschaft von Robert Mugabe, dem mittlerweile über 80jährigen Staatschef von Simbabwe, der sein Land in eine Hölle auf Erden verwandelt hat. Der radikale Marxist und ehemalige Jesuitenschüler hat 3 Millionen Menschen außer Landes getrieben bzw. zur Flucht veranlasst. In Simbabwe, der einstigen Kornkammer Afrikas, lebten 2007 nur noch ca. 10 Millionen Menschen, von denen große Teile sukzessive von Hungersnöten bedroht sind. Die Menschen sterben einfach auf der Nahrungssuche im

führen jedes Jahr zu einer neuen Welle von Migranten, die ihr jeweiliges Land verlassen, weil sie um ihr Leben fürchten müssen. Nach der neuesten Studie der UN lebten Ende 2012 etwa 45,2 Millionen Menschen als Flüchtlinge in einem anderen Land. Das ist die höchste Zahl seit Mitte der 1990er Jahre. Allein im Jahr 2012 sind 7,6 Millionen Menschen aus ihren Heimatländern geflohen, das bedeutet alle 4,1 Sekunden ein neuer Flüchtling.[33] Die Zerstörung des Staates bzw. die Inanspruchnahme seiner Institutionen zugunsten von Claninteressen,[34] die Fragmentierung traditionaler Gesellschaften, letztlich vor allem das Auseinanderbrechen und z.T. dauerhafte Fehlen eines staatlichen Gewaltmonopols (wie etwa in Somalia) begünstigen die weltweite transnationale Migration.

Was ist hier zu tun? – Zweifellos muss das gravierende Armutsgefälle zwischen der Ersten und der Dritten Welt abgebaut werden. Doch mit „Geld allein wird die Armut aber nicht bekämpft", wie Norbert Blüm

---

Busch. Das Mugabe-Regime hat nachweislich eine ethnizistische (auf Stämme der Oppositionspartei orientierte) Aushungerspolitik betrieben. Ein Minister (für Sicherheit) konstatierte unverblümt: „Wir wären besser dran mit nur sechs Millionen Menschen – mit unserem Volk, das den Befreiungskampf unterstützt hat, wir brauchen diese überflüssigen Menschen nicht." – Hier zit. n. Knemeyer (2007): 9.

33   Vgl. Svensson (2013): 8. – Aus dem Bürgerkrieg in Syrien flohen bisher schon 1,6 Millionen Menschen. Insbesondere das Nachbarland Jordanien ist komplett überfordert mit der Aufnahme der Flüchtlinge. Auf 12 Quadratkilometer Wüstenfläche hat sich eine gigantische Zeltstadt entwickelt, die 120.000 Syrern Schutz bieten soll. Dieser Ort ist damit zur fünftgrößten Stadt Jordaniens avanciert! Die Flüchtlingswelle verteuert alle Waren, Grundnahrungsmittel, Mieten, Wasser. Pakistan hat derzeit weltweit die meisten Flüchtlinge zu beherbergen (ca. 1,6 Millionen), der Iran an zweiter Stelle (868.200) und an dritter Stelle bereits Deutschland, das mit 589.700 Menschen die höchste Flüchtlingszahl aller westlichen Länder aufgenommen hat. Unter den TOP 10 der Flüchtlingsaufnahmeländer ist Deutschland das einzige westliche Land (vgl. ebd.)!

34   Was sich da *Staat* nennt, ist in weiten Teilen der Dritten Welt nichts anderes als eine Karikatur der Staatlichkeit des Westens. Das vom Erdbeben schwer getroffene Haiti z.B. hat seit seiner Unabhängigkeit im Jahre 1804 insgesamt 32 Militärputsche und zwei üble Diktaturen (des Duvalier-Klans) erlebt. Allein deshalb sind schon vor dem Erdbeben 800.000 Haitianer im Laufe der Jahre in die USA emigriert. – Vgl. Schmitt (2010): 5.

bereits 1995 konstatiert hat:[35] „Länder, die einerseits Geld für Panzer ausgeben und andererseits kein Geld für Insulin haben, können mit Geld allein nicht bekehrt werden. Strukturen müssen sich ändern." – Doch genau dies ist leichter gesagt als getan, zumal es eben auch die Strukturen in den reichen Ländern des Westens sind, welche die Schieflage zu den ärmeren Staaten dieser Welt mit begünstigen. Deutschland ist schließlich nicht nur einer der größten Finanzgeber von Entwicklungshilfe, sondern auch einer der größten Waffenexportnationen dieser Welt.

Entwicklungshilfe für sich allein genommen ist auch nicht die Lösung des Problems. So wichtig eine Strategie der Direkthilfe in den unterentwickelten Ländern der Welt ist, so bleibt diese doch oft an vordergründigen Effekten mit sozialer Symbolik ausgerichtet. Der Direktor des *Inter Region Economic Network* in Kenia, James Shikwatti, kritisiert an der traditionellen Entwicklungshilfe des Westens eine strukturelle Fehlleitung:[36] „Entwicklungshilfe hat die Grenzen aus der Kolonialzeit aufrechterhalten, den Afrikanern die Wirtschaftssysteme der Industrieländer oktroyiert und ihnen so die Chance genommen, ihren eigenen Entwicklungsweg zu bestimmen". Sieben strategische Fehler bei der Entwicklungshilfe des Westens macht Shikwatti für das generelle Scheitern der Hilfsmaßnahmen fest:[37]

1. Die Unterstützung tyrannischer Staatsoberhäupter, damit einhergehend die Stabilisierung ihrer Zwangsregime.
2. Die Zerstörung demokratischer Foren in den traditionalen Gesellschaften.
3. Die Förderung der Bürokratie.
4. Die Begünstigung der Korruption.
5. Die Förderung von Planwirtschaften und die Schwächung von Privatwirtschaft.
6. Keine strukturellen Anreize für eine Eigeninitiative der nationalen Ökonomien in der Dritten Welt.

---

35 Blüm (1995): 36.
36 Shikwatti (2007): 9.
37 Vgl. ebd.

7. Gewinnbringende Waffenverkäufe.[38]

Entwicklungshilfe bedarf also für die Zukunft neuer strategischer Maßstäbe und entsprechender Konzepte. Selbst das Kredo von der *Hilfe zur Selbsthilfe* wirkt hier nur stereotyp paternalistisch. Im Grunde wird man sich gerade angesichts der vielfältigen Motive für Migrationen von der Dritten in die Erste Welt und der nicht weniger starken Wanderungen innerhalb der Dritten Welt von der Perspektive verabschieden müssen, dass man mit den Sozialstaatsvorstellungen (wie sie besonders in der EU anzutreffen sind) eine strukturelle Verbesserung in den Ländern der Dritten Welt erzielt. Der amerikanische Politikwissenschaftler Graham Fuller hält dies für einen der Hauptfehler, die der Westen kognitiv in der Globalisierungsepoche begeht: Zu meinen, dass die eigenen sozialen Prinzipien auf alle Gesellschaften dieser Welt in der gleichen Weise übertragbar wären. Im Gegenteil: Sie wirken mancherorts in der Dritten Welt sogar destabilisierend. „Am Ende", so Fuller,[39] „dürften dergleichen Schwierigkeiten und Mißstände ein solches Ausmaß an politischer Unzufriedenheit und Feindseligkeit erreichen, daß unser derzeitiges Staatensystem dadurch in Frage gestellt wird. Und eben darin liegt die nächste ideologische Herausforderung."

Literatur

Angenendt, Steffen (2009): Umfang der weltweiten Migration. Unter: www.bpb.de/themen/SYE96X.html (aufgerufen am 11. Oktober 2011).

Bade, Klaus J. (Hrsg. / 2007): Enzyklopädie Migration in Europa – vom 17. Jahrhundert bis zur Gegenwart. Paderborn u.a.

Blüm, Norbert (1995): „Wir haben vieles nicht kapiert". Ein Interview. In: Die Zeit (17. März 1995) Nr.12, S.36.

Bolzen, Stefanie (2009): Europa streitet um das Asylrecht. In: Die Welt (2. April 2009) S.8.

---

38 Von 1981 bis 1996 gab es fast in jedem zweiten afrikanischen Land südlich der Sahara einen Bürgerkrieg; statistisch gesehen investierte jeder afrikanische Staat etwa 15 Milliarden Dollar für Waffeneinkäufe. – Vgl. ebd.

39 Fuller (1995): 3.

Boyd, Monica (1989): Family and Personal Networks in International Migration – Recent Developments and New Agendas. In: International Migration Review XXIII (1989) H.3, S.638-670. Nachdr. in Geddes (2011): I, S.85-114.

Brinkbäumer, Klaus (2006a): Welt der Wandernden. In: Der Spiegel (26. Juli 2006) Nr.26, S.66-70.

Brinkbäumer, Klaus (2006b): Die afrikanische Odyssee. In: Der Spiegel (26. Juli 2006) Nr.26, S.72-91.

D'Costa, Anthony (2008): IT Workers on the Move with Globalization. In: Global Politician (11. April 2008).

Dorling, Daniel /*Newman*, Mark / *Barford*, Anna (2010): Atlas der wirklichen Welt. So haben Sie die Erde noch nie gesehen. Neuausgabe, Darmstadt.

Dpa (13. Juli 2007): Flüchtlingszahlen weltweit auf dem höchsten Stand.

Finkielkraut, Alain (2005): Ein Progrom gegen die Republik. In: Literarische Welt (10. Dezember 2005) Nr.49, S.1-2.

Fuller, Graham (1995): Der Kampf der Ideologien geht weiter. In: Die Zeit (1995) Nr.21, S.3.

Geddes, Andrew (Hrsg. / 2011): International Migration, 4 Volumes. London.

Gertschen, Alex (2011): Das bessere Leben, erträumt und erlitten. In: Aus Politik und Zeitgeschichte 61 (4. Oktober 2011) H.40-42, S.42-46.

Gnauck, Gerhard (2013): Litauen will ein „ehrlicher Makler" sein. In: Die Welt (28. Mai 2013) S.7.

Hackensberger, Alfred (2009): Endstation Mittelmeer. In: Die Welt (2l. April 2009) S.8.

Hahn, Sylvia (2012): Historische Migrationsforschung. Frankfurt a.M./New York.

Heideking, Jürgen (1999): Geschichte der USA. 2., überarb. u. erw. Aufl. Tübingen/Basel.

Henckel, Elisabeth (2012): Es wird eng in der Schweiz. In: Die Welt (14. August 2012) S.8.

Hirsi Ali, Ayaan (2006): „Diese Menschen suchen ihr Glück". Interview. In: Der Spiegel (26. Juli 2006) Nr.26, S.71.

Interview (2009): „Wir brauchen Investitionen in die Transitländer". In: Die Welt (2. April 2009) S.8.

Janz, Charlotte (2013): Hartes Arizona, weiches Kalifornien. In: Die Welt (25. Februar 2013) S.8.

Kaiser, Tobias (2009): Europa ist jetzt die reichste Region der Welt. In: Die Welt (15. September 2009) S.9.

Kasparek, Bernd (2010): Laboratorium, Think Tank, Doing Border – Die Grenzschutzagentur Frontex. In: Grenzregime, Diskurse, Praktiken, Institutionen in Europa. Hrsg. v. S. Hess u. dems. Berlin/Hamburg, S.111-126.

Kaunda, Kenneth (2007): „Gier, Neid und Kriege". Ein Interview. In: Der Spiegel 16 (16. April 2007) S.129-130.

Knemeyer, Thomas (2007): Simbabwes Höllenfürst. In: Die Welt (29. März 2007) S.9.

Marshall, Barbara (Hrsg. / 2006): The Politics of Migration – A Survey. London.

Nitschke, Peter (2008): Die EU als kontinentales Polizeiregime in der Globalisierung. In: Empirische Polizeiforschung X – Einflüsse von Globalisierung und Europäisierung auf die Polizei. Hrsg. v. B. Frevel u. H.-J. Asmus. Frankfurt a.M., S.15-25.

Peach, Ceri (2006): Global Migration in the Beginning of the 21st Century – A World Without Borders? Ethnic and Religious Segregation in London – Ghettos or Enclaves. In: Globale Migration am Beginn des 21. Jahrhunderts – Eine Welt ohne Grenzen? Hrsg. v. d. Deutschen Gesellschaft für die Vereinten Nationen e.V. (Blaue Reihe, Nr.96). Berlin, S.61-77.

Rheims, Birgit (1997): Migration und Flucht. In: Globale Trends. Fakten, Analysen, Prognosen. Hrsg. v. I. Hauchler u.a. Frankfurt a.M., S.97-117.

Schmidt, Christoph (2013): Das Weinen verlernt. In: Die Welt (9. Juli 2013) S.7.

Schmitt, Uwe (2010): Eine komplizierte Hassliebe. In: Die Welt (22. Januar 2010) S.5.

Shikwatti, James (2007): Stellt die Entwicklungshilfe ein. In: Die Welt (9. Juli 2007) S.9.

Siems, Dorothea (2013): Regierung lockt weniger Fachkräfte als erhofft. In: Die Welt (2. April 2013) S.9.

Stausberg, Hildegard (2006): Mexikaner protestieren gegen die neue Mauer. In: Die Welt (6. Oktober 2006) S.5.

Svensson, Birgit (2013): Sie malen nur Panzer und Soldaten. In: Die Welt (20. Juni 2013) S.8.

Volkery, Carsten (2011): Belfast's 'Peace Wall': Barriers Remain Amid Unresolved Conflict. Unter: www.spiegel.de/international/europe/0,1518,779205, 00.html (aufgerufen am 13. Dezember 2011).

XI.   Der demographische Faktor

Eines der hervorstechendsten Kennzeichen der Globalisierung ist das demographische Wachstum. Paradoxerweise wird hierüber weder in der Wissenschaft noch in der Politik signifikant geredet. Nach den großen Weltbevölkerungskonferenzen in Bukarest (1974), Mexico City (1984) und in Kairo (1994) ist mittlerweile eine verdächtige Ruhe in der globalen Perspektive eingekehrt. Seit dem Millenniumswechsel hat es keine Weltbevölkerungskonferenz mehr gegeben, obwohl man doch seinerzeit in Bukarest symbolisch vereinbart hatte, alle 10 Jahre zur Frage der Entwicklung der Weltbevölkerung eine Konferenz abzuhalten.[1] Allein die Tatsache des Ausbleibens einer spezifischen Weltbevölkerungskonferenz spricht für eine gewisse strukturelle Ignoranz der Regierungen dieser Welt. Dabei sind die Auswirkungen statistisch brisant und empirisch dramatisch: Während noch 1804 nur eine Milliarde Menschen auf der Erde lebten, die Menschheit also ein sehr langsames Wachstum in ihrer Gattung über die Jahrtausende aufwies, waren es hundert Jahre später (1927) bereits 2 Milliarden (s. Abb.).[2]

Abb.: Das rasante Wachstum der Weltbevölkerung

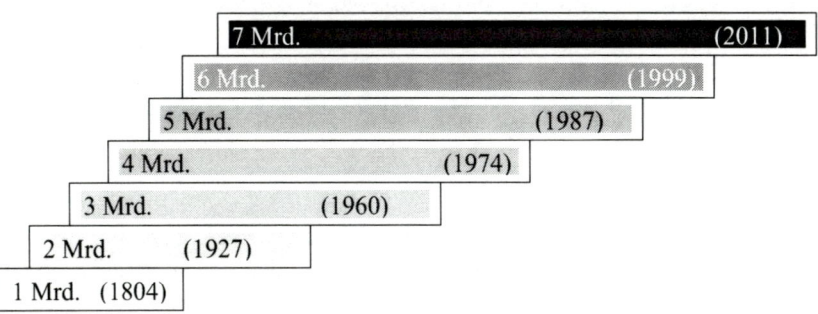

Seitdem ist die Entwicklung des demografischen Wachstums rasant – die Milliardengrenzen werden in immer kürzeren Intervallen auf der Zeitachse eingenommen und überschritten: im Jahre 1960 fiel die 3-Milliarden-Marke, im Jahre 1974 die 4-Milliarden-Grenze, im Jahre 1987 die

---

1   Vgl. u.a. hier Leisinger/Siebold (1997) u. Fleisch/Klingholz (2003).
2   Vgl. hier die *Historische Entwicklung der Weltbevölkerung* unter www.weltbevoelkerung.de.

5-Milliarden-Schwelle und 1999 die 6 Milliarden! Nach der statistischen Modellberechnung erfolgte am 31. Oktober 2011 das Überschreiten der 7-Milliarden-Grenze.[3] Die 8-Milliardenmarke wird dann den Schätzungen nach im Jahr 2024 überschritten.[4] Die *Weltbevölkerungsuhr*, die nach einer Datenmodellierung des amerikanischen *Population Reference Bureau's* berechnet wird, verzeichnet im Modell ein Wachstum von 2,6 Menschen pro Sekunden auf der Welt.[5] Innerhalb von nur einer Minute hat sich demnach die Erde um 158 Menschen vermehrt, pro Tag über 228.000 (der Größe einer Stadt wie Magdeburg)! Am Ende eines Jahres sind es dann (die Opfer von Naturkatastrophen und Kriegen nur bedingt rechnerisch einkalkuliert) über 83 Millionen Menschen – also mehr als Deutschland heute noch Einwohner hat![6]

Was folgt nun aus alledem? – Auf jeden Fall die analytische Konsequenz, dass man die *Praxis* von Gesellschaften in ihrem jeweiligen kulturellen, sozialen und ökonomischen Alltag nicht einfach mehr wie gewohnt weiterlaufen lassen kann. Zu groß und bedeutsam sind die Konsequenzen, die sich hier für die Gesellschaften vor Ort und die Welt als Menschheit insgesamt einstellen. Doch außer ein paar Bevölkerungsstatistikern scheint dies die nationalen Regierungen nicht weiter zu beunruhigen.[7] Allerdings sind die demographischen Effekte auch (national gesehen) recht unterschiedlich: während das Bevölkerungswachstum z.B.

---

3   Vgl. hier Ehrenstein (2011): 8. – Wobei die Berechnung nur eine Modellanalyse darstellt. Faktisch kann man zu keinem Zeitpunkt genau sagen, wie viele Menschen *realiter* auf der Welt leben. Mangelnde Verwaltungsstandards in der Erfassung der Geburten in vielen Ländern der Dritten Welt oder das Verschweigen der realen Geburtsdaten führen zu Prognosen in den Alterskohorten, die bei wenigen Prozent Abweichung schon Differenzen von mehreren hundert Millionen Menschen ergeben.

4   Vgl. hier DSW-Datenreport (2010): 3.

5   Die Berechnung erfolgt vor dem Hintergrund der weltweiten Geburten- und Sterberaten. Allerdings sind bezogen auf die einzelnen Staaten hierbei die Effekte durch Ein- und Abwanderung im Migrationsgeschehen nicht berücksichtigt. Vgl. DSW-Datenreport (2010): 15. – Zur Weltbevölkerungsuhr s. www.weltbevoelkerung.de.

6   Vgl. www.weltbevoelkerung.de.

7   Als eine der wenigen Ausnahmen hier für Deutschland s. Birg (2004).

im Gazastreifen oder in Nigeria enorm hoch ist,[8] liegen die meisten westlichen Länder weit unterhalb der signifikanten Reproduktionsquote von
2,1 Kindern pro Frau – hier vor allem auch Deutschland.

Das hat weitreichende Folgen für die soziale Struktur dieser Gesellschaften, ihrer ökonomischen Bedingungen und Chancen auf dem globalen Markt – und letztlich auch für ihre politische Bedeutung in der Welt.
Während die Industrieländer des Westens statistisch eine geradezu
schlanke Säule in der Kohortenentwicklung der Generationen aufweisen,
bei der die Zahl der über 60jährigen etwa gleich groß ist zu der Zahl der
unter 20jährigen, ist dies bei den Entwicklungsländern mitunter dramatisch anders: wobei hier der Begriff der Andersartigkeit eigentlich nicht
recht passend erscheint, denn historisch betrachtet haben sich auch die
europäischen Gesellschaften in den letzten zwei Jahrtausenden in gleicher Weise dargestellt – nämlich als ein Turm der Generationen in Form
einer Pyramide, deren Sockel deutlich breiter war als die Spitze der älteren Jahrgänge der über 60jährigen. Die Entwicklungsländer dieser Welt
weisen im Stichjahr 2010 im Durchschnitt eine pyramidale Altersstruktur
auf, bei der mehr als ein Viertel der Bevölkerung unter 15 Jahre alt ist.[9]

In Deutschland ist demgegenüber eine sklerotische Alterung der Gesellschaft wie anderswo auch (in Japan, Russland oder in Spanien) zu
konstatieren.[10] Wenn diejenigen, die eine öffentlich bezahlte Arbeit ha-

---

8   In den Palästinensischen Autonomiegebieten bei 4,6 und in Nigeria bei 5,7
     pro Frau! – Vgl. DSW-Datenreport (2010): 6 u. 12.

9   Nicht zufällig befinden sich Länder der arabischen Welt im revolutionären
     Umbruch, weisen doch gerade diese Staaten eine (aus der Sicht des Westens)
     extrem junge Bevölkerung auf. Ägypten beispielsweise hat eine Bevölkerung,
     die zur Hälfte unter 25 Jahre alt ist. Pro Jahr wächst die Gesellschaft dieses
     Landes um eine Million Menschen! – Vgl. Svensson (2013): 6.

10   Vgl. für Deutschland Kaufmann (2005). – In Japan ist die Anzahl der Erwerbs-
     tätigen seit 1995 rückläufig. Derzeit liegt der *Altersmedian* der japanischen Ge-
     sellschaft bei 46,7 – d.h., die Hälfte der Bevölkerung ist älter als 46,7 Jahre!
     Statistisch betrachtet hat das Land durch den Rückgang der Erwerbstätigen-
     quote ca. 6,7 Millionen Arbeitskräfte verloren, mehr als seinerzeit die perso-
     nellen Verluste an Soldaten im Zweiten Weltkrieg! – Vgl. Eckert (2011): 17. In
     Japan wird im Jahr 2050 voraussichtlich nur noch ein Erwerbstätiger für einen
     älteren Menschen aufkommen müssen! – Vgl. DSW-Datenreport (2010): 3.
     Die Konsequenz ist, dass in den Industrieländern länger gearbeitet werden

ben, zukünftig in der Bundesrepublik in einem Verhältnis von 1:1 die Zahl der Rentner gegenfinanzieren müssen, dann ist das deutsche wohlfahrtsstaatliche Rentensystem so nicht mehr haltbar.[11]

In den Ländern wiederum, in denen die Fertilitätsquote pro Frau bei deutlich über 2,1 liegt (in Afrika allein bei 4,1, im Kongo sogar bei 6,4),[12] wird die Armut strukturell wachsen, die sozialen Infrastrukturen werden nachhaltig darunter leiden. Umwelt- und Gesundheitsprobleme werden daher in diesen Ländern die Migration in die besseren Sozial- und Wirtschaftssysteme dieser Welt vorantreiben. Allerdings haben diese Länder auch den Vorteil, dass sie aufgrund ihrer extrem jungen Bevölkerung eigentlich keine Probleme mit der Alterssicherung haben: in Afrika kommen z.Z. 16 Erwerbstätige auf einen Menschen, der älter als 64 ist. Im Gegensatz zu der alternden Gesellschaft europäischer Staaten sind in Afrika nur 3 Prozent der Gesamtbevölkerung jenseits der 65 Jahre![13]

Insofern ist es wichtig für die globale Analyse zu klären, inwieweit a) das Wachstum der Weltbevölkerung im 21. Jahrhundert voran schreitet und b) wie sich die demographische Beschleunigung der Gesellschaften auswirkt? Denn die sektoralen (= regionalen bis kontinentalen) Unterschiede sind beträchtlich. Für die mögliche Population der Weltbevölke-

---

muss, wie der neueste Befund der OECD zeigt: In 18 der insgesamt 34 Mitgliedsländer ist das Renteneintrittsalter für Frauen angehoben worden, in 14 Ländern auch das für Männer. Am Längsten arbeiten derzeit die Männer in Mexiko (bis zum 72,2. Lebensjahr) und in Südkorea (bis zum 70,3. Lebensjahr). Am Wenigsten wird (noch) gearbeitet derweil in Luxemburg (bis zum 57,3. Lebensjahr) und in Österreich (bis zum 58,9. Lebensjahr). – Vgl. Siems (2011): 11.

11   Als Adenauer die als Generationenvertrag strukturierte Rentenformel der Umlagefinanzierung durch die jeweils aktuell Berufstätigen in den 1950er Jahren generierte, gab es eine Relation von etwa 6:1. – Seinerzeit ging man davon aus, dass der Staat keine spezifische Form der Familienpolitik nötig habe – und versäumte damit für mehr als zwei Jahrzehnte (anders als etwa Frankreich) eine Politik, die strukturelle Anreize für die Generationenperspektive in die Gesellschaft implementierte. – Vgl. hierzu Gerlach (2008): 36ff.

12   Vgl. DSW-Datenreport (2010): 6 u. 8. – Vgl. auch die Zahlen im DSW-Datenreport (2013): 6 u. 8.

13   Vgl. ebd.: 3.

rung lassen sich nach den Berechnungen der UN drei signifikante Szenarien unterscheiden:[14]

1. Als Best-Case-Szenario die Annahme, dass infolge von Kriegen, Aufklärungskampagnen zur Empfängnisverhütung, einer verbesserten Situation für die Rolle der Frau in bis dato eher klassisch patriarchalischen Gesellschaften und den leider fatalen Effekten bestimmter Epidemien bis zum Berechnungsjahr 2050 (nur) 7,7 Milliarden Menschen auf der Erde sein werden. Dieses Modell setzt allerdings eine durchschnittliche Geburtenrate von 1,56 pro Frau voraus.

2. Als mittleres Szenario die Modellberechnung, der zufolge im Stichjahr 2050 etwa 9,1 Milliarden Menschen auf der Erde leben werden (bei einer durchschnittlichen Geburtenrate von 2,05).

3. Als Worst-Case-Szenario die Modellhypothese, dass bei einem unverändert hohem Geburtenwachstum (vor allem in den Entwicklungsländern) die Zahl der Erdenbürger auf 10,6 Milliarden (bis 2050) gestiegen sein würde. Dies setzt eine weiterhin hohe Geburtenrate von 2,53 voraus.

Wenn wir im Jahre 2011 nunmehr den Sprung über die 7-Milliarden-Grenze in der Weltbevölkerung erreicht sehen, ist das Best-Case-Szenario zweifellos das Wünschenswerteste von allen drei Modellberechnungen. *Niedrig* kann man auch die 7,7 Milliarden-Perspektive nicht nennen, weil auch so bereits jetzt schon gravierende Probleme in der Unterversorgung von einem Drittel der Menschheit bestehen. Die ökologischen Bedingungen hängen am demographischen Faktor bzw. schlagen reziprok hier unmittelbar durch.[15] Je mehr Menschen auf der Erde existieren, desto größer und drückender (auch in zeitlicher Hinsicht) wird das Ressourcendilemma für die Beschaffung von Nahrungsmitteln. Bereits im ersten Jahrzehnt des 21. Jahrhunderts haben sich die Weltmarktpreise für bestimmte Grundnahrungsmittel deutlich verteuert. Allein im Jahr 2008

---

14 Vgl. Pantförder (2006): 6.

15 „Wir werden immer mehr Menschen, doch die Produktion bleibt gleich", meint ein ägyptischer Unternehmer in Bezug auf die energie- und wirtschaftspolitische Situation seines Landes. – Hier zit. n. Svensson (2013): 6.

ist der Weltmarktpreis für Reis in zwei Monaten um 75 Prozent angestiegen, bei Weizen sogar um 120 Prozent.[16] Hungerrevolten wie in Haiti
oder in Bangladesh sind die Folgen dieses größten Preissprungs für
Grundnahrungsmittel seit Jahrzehnten.[17] Die Verteuerung der Lebensmittelpreise manifestiert sich sofort global – immer dann und dort, wenn
es um große Mengen oder begehrte Lebensmittel geht.[18] Die Zahl der
kaufkräftigen Konsumenten steigt in Schwellenländern wie Russland,
Brasilien und Mexiko signifikant und rasch an. Allein in Indien wächst
die Bevölkerung derzeit doppelt so schnell wie in China. Mit der gesteigerten Nachfrage nach Lebensmitteln, die bisher für die Grundversorgung finanziell nicht in Reichweite der Konsumenten dieser Gesellschaften war, verändern sich auch die Lebensbedingungen tiefgreifend. Rund
um den Globus müssen wegen der sich ausdifferenzierenden Arbeitsprozesse die Speisen schneller zubereitet und verzehrt werden. Dosen-
suppen und Tiefkühlkost sind gefragt.[19]

---

16 Vgl. Kulke (2008): 3. – Eine Tonne Milchpulver kostete im Jahr 2007 dreimal
    mehr als im Jahr 2006! – Vgl. Ehrenstein (2007): 5.
17 Manche Analysten sehen in dieser Teuerung von Reis, Mais und Korn den
    Grund für den plötzlichen, aber zeitgleichen Reform- und Revolutionsbedarf
    in den Ländern der arabischen Welt. In Afrika südlich der Sahara hat die Zahl
    der Hungernden signifikant um 46 Millionen (1990-2007) zugenommen, trotz
    besserer Lebenschancen und der Produktionssteigerungen in diesen Ländern
    im Kontext der Globalisierung. – Vgl. DSW-Datenreport (2010): 4. Jährlich
    sterben 35 Millionen Menschen an Nahrungsunterversorgung, 850 Millionen
    hungern permanent. – Vgl. Kulke (2008): 3.
18 Vgl. auch Dierig (2011): 9. – Die Rechnung ist im Grunde ganz einfach: wenn
    immer mehr wohlhabende Chinesen z.B. auch Fleisch essen möchten, wird
    die Nachfrage nach Futtermitteln für Rinder und Schweine umso grösser. Für
    20 Kalorien Fleischzufuhr benötigt der Mensch auf der Gegenseite den Ver-
    brauch von 100 Kalorien Getreidezuführung für die Tierproduktion. – Vgl.
    Kulke (2008): 3.
19 In Indien gab es z.B. 2003 erst ca. 30 Einkaufszentren, Ende des Jahres 2007
    mehr als 200! – Mit den veränderten Konsumgewohnheiten der aufstrebenden
    Massengesellschaften in den Entwicklungsländern ändert sich auch das
    Krankheitsbild dieser Gesellschaften. Während zu Beginn der 1970er Jahre
    noch 40 Prozent der Menschen auf der Welt an Mangelernährung zu leiden
    hatten, sind es heute nur noch etwa 17 Prozent. Hingegen nimmt das Phäno-
    men der Fettleibigkeit dramatisch zu – vor allem in den Schwellenländern

Auch Wasser, hier vor allem *trinkbares* Wasser, als Grundvoraussetzung für jegliches Leben wird zunehmend knapper, weil der steigende Nachfragebedarf durch die wachsende Weltbevölkerung nicht künstlich kompensiert werden kann.[20] Der Kampf um die Wasserreservate dieser Welt hat längst begonnen – im Kleinen zwischen den Familienclans der Nomadenstämme in der Sahelzone und im Großen zwischen den führenden Industriestaaten und aufstrebenden Schwellenländern (wie China, Indien oder Brasilien). Sollte das Worst-Case-Szenario bis 2050 eintreffen, dann sind regelrechte Kriege um Wasservorräte beinahe unvermeidbar.[21]

Nicht unwichtig ist auch die recht unterschiedliche Entwicklung im demographischen Wachstum, wenn man sie sektoral, d.h. nach den einzelnen Kontinenten oder Großregionen, betrachtet. Hier ergeben sich deutliche Verschiebungen (vgl. Tabelle), die vor allem zugunsten Afrikas sprechen werden – während hingegen Europa über die letzten 50 Jahre hinweg bereits einen signifikanten Rückgang in seiner demographischen Bedeutung für die weltweite Entwicklung angezeigt hat. Es ist abzusehen, dass daraus auch ein Verlust an politischer wie ökonomischer Relevanz resultiert bzw. damit einhergeht. Denn es ist keineswegs unerheblich, ob eine Gesellschaft (Kultur) in ihrer demographischen Struktur konstant bleibt, wächst oder schrumpft.[22] Historisch betrachtet hat es

---

(Mexiko, Indonesien, Malaysia). Auch in der EU sind mehr als die Hälfte der Bürger(innen) übergewichtig, in Griechenland sogar drei Viertel der Bevölkerung und in Deutschland etwa 60 Prozent! Während die Bundesbürger zu Beginn der 1960er Jahre 2.920 Kalorien pro Tag zu sich nahmen, sind es nunmehr 3.490 pro Kopf. – Vgl. Ehrenstein (2007): 5. Diabetes wird zur Volkskrankheit aufgrund veränderter Nahrungsgewohnheiten. Allein in Deutschland erfolgen pro Jahr ca. 40.000 Amputationen bedingt durch diese Stoffwechselkrankheit. – Vgl. Langemak (2013): 22.

20   Mit der Getreideproduktion für die Tierverfütterung steigt auch der Bedarf an Wasser gewaltig und wird dadurch massiv verknappt: Für 1 Kilo Getreide sind in der Herstellung insgesamt 1.500 Liter Wasser notwendig, ein 1 Kilo Rindfleisch 5.000 bis 20.000 Liter. – Vgl. Kulke (2008): 3.

21   Vgl. Houdret/Tänzler (2006): 359 u. 366f.

22   Das gilt auch für die Konstellation innerhalb einer Nation: so liegt z.B. die Geburtenrate in der Türkei seit einiger Zeit unter der 2,1-Quote pro Frau. Im europäischen Teil, d.h. der Westtürkei, sogar nur bei 1,5, hingegen in Ostanatolien bei 3,5. Damit hat die Regierung ein Problem. In ihren ältesten Hoch-

noch zu keinem Zeitpunkt in der Geschichte der Menschheit ein politisches System gegeben, welches bei Verminderung der Anzahl seiner Arbeitskräfte und Leistungsträger eine positive Entwicklung genommen hätte. Insofern ergeben sich aus den strukturellen Umbrüchen in der demographischen Entwicklung der Welt kontinentalpolitische Verschiebungen – nicht nur in den Zahlen, sondern eben auch in den materiellen Verfügungschancen und -ansprüchen.

Tabelle.[23] Demographische Entwicklung nach Kontinenten (1950-2025)

Kontinent	1950	2000	2025
Europa	27,2 %	12,0 %	9,1 %
Nordamerika	6,7 %	5,0 %	4,8 %
Lateinamerika	6,5 %	8,5 %	8,9 %
Afrika	8,7 %	13,2 %	16,3 %
Asien	56,1 %	60,7 %	60,3 %
Ozeanien	0,5 %	0,5 %	0,5 %

Afrika, das ist für die Gegenwart wie für die Zukunft der *junge* Kontinent, sowohl rohstoffreich wie mit einer Vielzahl an jungen arbeitsu-

---

burgen in Zentralanatolien, wo sie ihren Siegeszug als religiöse Massenpartei startete, ist die Geburtenrate seit 10 Jahren um 36 Prozent gesunken. In der Osttürkei, wo die hohen Durchschnittswerte erzielt werden, leben hingegen überwiegend Kurden. Auch wenn diese nicht alle Anhänger der PKK sind, so ist doch der Zuspruch zur nationalen Identität der Türkei (und damit auch zur muslimischen Perspektive der Regierungspartei, die an einer Renaissance des Osmanischen Reiches arbeitet), ausgesprochen gering. Nur 23 Prozent der Bewohner in der Osttürkei sind *stolz* auf die türkische Identität. – Vgl. Kálnoky (2012): 6. Man sieht hieran, wie sehr Demografie eine Frage der Politik ist. In und mit ihr drücken sich die Gestaltungschancen und –ansprüche von Parteien mit ihrer jeweiligen Klientel aus. Eine nachhaltige Bevölkerungspolitik ist nicht einfach nur aus Gründen des ökonomischen Wachstums wichtig, fast mehr noch aus der Perspektive nationaler bzw. regionaler Identität(en).

23 Zahlen nach Schmid (2006): 49.

chenden Menschen ausgestattet.[24] Auch *Asien* wird seinen Anteil (und damit seine Funktion im Kräftegleichgewicht zum Westen) durch die demographisch relativ konstant gehaltene Zahl ausbauen.

Das westliche Lebens- und Politikmodell steht demnach demographisch betrachtet auf der Kippe; es verliert seinen paradigmatischen Anspruch für die Ausgestaltung der Lebenswelten der Menschen, die im 21. Jahrhundert von den Wachstumsschüben der Bevölkerungsentwicklung in Asien und Afrika strukturell betroffen werden. Im Grunde sind hierbei sämtliche Politikfelder sowohl der internationalen wie der nationalen Politik davon berührt. Das westliche Modell der Aufklärung (und damit auch der Menschenrechte) hat bereits erkennbar an Vorbildfunktion verloren. Die Freiheitsbewegungen in der arabischen Welt formulieren nicht geradlinig einen individualistischen Bezug auf *Freiheit*. Die kollektivistische Formel, sei es in der Version der Religionsgemeinschaft der *wahren Gläubigen* (wie bei der Muslimbruderschaft in Ägypten) oder in Form eines konfuzianischen Nationalismus wie in China oder schlicht der Zuordnung zu Stammes- und Clanverbänden wie in Somalia oder Afrika südlich der Sahara, zeigt eine ganz andere Dimension politischer Organisation an. Unter dem Firnis der so genannten Staatlichkeit hat sich in den letzten Jahrzehnten gerade in den Entwicklungsländern so manches getummelt, was mit dem Prinzip von Staatsbürger und Rechtsordnung nicht vereinbar ist.

Während Europas schwindender Einfluss mit dem demographischen Niedergang seiner Gesellschaften symbolisch einhergeht, bleiben die USA in einer relativ konstanten Situation. De facto sind sie das einzige große Land in der westlichen Welt, das weiterhin ein nennenswertes natürliches demographisches Wachstum vorzeigen kann.[25] Warum das so ist, zeigt ein erster Blick allein auf die demographischen Zahlen, die für die Wachstumsperspektive einer Gesellschaft entscheidend sind: In den

---

24 Das Land mit dem größten demographischen Wachstum wird (bis 2050) Niger sein: die Bevölkerung wächst hier beinahe um das Vierfache (von 16,9 im Jahre 2013 auf 65,8 Millionen Menschen), weil jede Frau im gebärfähigen Alter durchschnittlich 7,6 Kinder zur Welt bringt! – Vgl. DSW-Datenreport (2013): 6.

25 Vgl. auch ebd.: 10. – Noch besser ist das natürliche Wachstum nur in Island (0,8 Prozent) und in Irland (1 Prozent)!

USA werden alle 7 Sekunden ein Mensch geboren, während (nur) alle 13 Sekunden jemand dort stirbt. Alle 31 Sekunden kommt schließlich noch ein Migrant in das Land.[26] Einwanderung und ein struktureller Geburtenüberschuss bedingen also das demographische Wachstum. Im Grunde ein einfacher Sachverhalt – nur wird dieser in den übrigen Ländern der westlichen Welt nicht mehr systematisch hergestellt!

Am 21. November 1967 verkörperte ein gewisser Robert Woo symbolisch den 200millionsten Amerikaner. Beim nächsten Stichtag, den das US-Zensusbüro erst am 17. Oktober 2006 erneut angesetzt hatte, passierten die USA die 300-Millionen-Schranke für ihre Bevölkerung![27] In nur etwas mehr als 40 Jahren sind die USA also um 100 Millionen Menschen gewachsen. Bleibt es bei dem kontinuierlichen Wachstum aufgrund der beiden Faktoren a) dauerhafter Zuzug durch Einwanderer, b) deutlicher Geburtenüberschuss, dann werden die USA wahrscheinlich um 2050 herum die 400-Millionen-Grenze überschreiten.[28]

Allerdings ist das demographische Wachstum der USA sozial betrachtet kein lineares, sondern beinhaltet eine ganze Reihe von kulturellen, ökonomischen und letztlich auch politischen Effekten für den Zusammenhalt der amerikanischen Gesellschaft und den des Staates. Mit der nachhaltigen Einwanderung seit vier Jahrhunderten, der die USA historisch ihre Genese wie auch ihre Entwicklung zur führenden Weltmacht verdanken, haben sich auch immer wieder Verwerfungen und Umgruppierungen in der sozialen Ordnung für die Gesellschaft als *Nation* ergeben. Bei alledem unangefochten war jedoch bis in das 20. Jahrhundert hinein der (weiße) angelsächsische Protestantismus, demgegenüber die Katholiken, die Schwarzen und die Asiaten (hier vor allem die chinesischen Einwanderer) nur jeweils eine Minderheit darstellten. Das hat sich mittlerweile gründlich geändert, wie der Zensus von 2010 ausweist. Zwar stellt die weiße Bevölkerung in den USA mit 63,7 Prozent immer noch die Mehrheit in der Gesellschaft dar, jedoch wird diese Position in absehbarer Zukunft nicht mehr gegeben sein. Da bei den Kindern unter drei Jahren die Weißen nur noch mit 49,9 Prozent vertreten sind, wird

---

26 Vgl. Krauel (2006): 28.
27 Vgl. ebd.
28 Vgl. hier Graw (2011): 7 sowie den DSW-Datenreport (2013): 10.

sich die historisch-strukturelle Vormachtstellung der Weißen in den USA ab 2024 zugunsten der übrigen Ethnien gewandelt haben.[29]

Auf dem Vormarsch sind hier vor allem die *Hispanics*, denen schon in den letzten Jahrzehnten nicht nur wegen der massiven Einwanderung in die USA, sondern ebenso aufgrund der starken Geburtenüberschüsse in ihrer Ethnie das demographische Wachstum zu verdanken ist. Die Hispanics haben bereits die Schwarzen als bis dato größte Ethnie nach den Weißen überholt.[30]

Vor dem Hintergrund des demographischen Wandels, den man in Europa auf absehbare Zeit nicht mehr ändern kann, weil man die (natürliche) Entwicklung in der Beziehung zwischen den Geschlechtern in der zweiten Hälfte des 20. Jahrhunderts hat laufen lassen, ohne sich hier weiter strukturelle Sorgen zu machen, versucht man nun, sich hier und da die Dinge für die nahe Zukunft schön zu reden. Ein Hauptargument ist, dass eine schrumpfende Gesellschaft nicht notwendigerweise eine Katastrophe sein muss. Dabei wird jedoch übersehen, dass das etablierte Konsum- und Lebensniveau vor dem Hintergrund eines produktiven Wachstums zustande gekommen ist. Bei weniger Wachstum, Null-Wachstum oder sogar einem Minus-Wachstum wird der Konsum- und

---

29 Vgl. Graw (2011): 7.

30 Vgl. ebd. – Politisch interessant ist hierbei, dass sich dieser strukturelle Geburtenüberschuss bei den Hispanics *kulturell* legitimiert, also über das Familienbild, die Bedeutung der Generationenperspektive für die menschliche Gemeinschaft, der Religion etc. – und gar nichts mit irgendeiner Form staatlich alimentierter Sozialpolitik zu tun hat. Denn eine solche Perspektive, wie sie in Deutschland im Bereich der Familienpolitik organisiert wird, existiert in den USA nicht. Der Materialismus und Hedonismus weißer angelsächsischer Frauen, die in ihrer individuellen Karriereorientierung immer weniger Kinder zur Welt gebracht haben (und bringen), wird also von den Hispanics und den übrigen Einwanderungsethnien mehr als nur kompensiert! – Wie auch immer man dies für die klassische Kultur des amerikanischen Republikanismus bewerten mag, welche Veränderungen und welche Herausforderungen damit verbunden sind, unstrittig ist, dass die USA nicht das Vergreisungsproblem der übrigen Staaten in der westlichen Welt, hier vor allem Europas, haben. So kommentiert ein amerikanischer Experte für Stadtentwicklung diese Perspektive mit dem Vergleich auf Europa (ebd.): „Die Leute [in den USA] stehen nicht Schlange für Liegestühle auf einem untergehenden Schiff."

Lebensstandard nicht zu halten sein. Und dies betrifft dann nicht nur die klassische Ökonomie, sondern auch die ökologische Dimension.

Dabei soll nicht verharmlost werden, dass ein gigantisches demografisches Wachstum, wie es sich in den Schwellenländern Indien und Mexiko sowie in den afrikanischen Entwicklungsländern südlich der Sahara abzeichnet, enorme Probleme für die jeweiligen nationalen Gesellschaften und letztlich auch für den Rest der Welt mit sich bringt.[31] Die entscheidende Frage lautet – mit welcher Art von Politik soll darauf reagiert werden?

China hat seit 1979 eine strikte Agenda für eine Familienplanung in Form einer Ein-Kind-Grenze zur offiziellen Grundlage seiner Bevölkerungspolitik gemacht.[32] Neben der Tatsache, dass mit unerwünschten Zweit- oder Drittkindern bäuerlicher Familien kriminelle Geschäfte mit der Adoption von Kindern ins Ausland gemacht werden,[33] hat diese rigorose *Ein-Kind-Politik* strukturell dazu geführt, dass China in den kommenden Jahren weitaus mehr und schneller vergreist, als bis dato angenommen worden war. Nach der jüngsten Volkszählung, die die chinesische Regierung nun veröffentlicht hat, steigt der Anteil der alten Menschen in der Gesellschaft auf eine neue Rekordzahl an. Schon im Jahre 2013 ist bereits jeder sechste Chinese über 60 Jahre alt (= 200 Millionen Menschen).[34] Der Anteil der Heranwachsenden (bis 14 Jahre) ist hinge-

---

31 In Indien wies die Volkszählung von 2001 eine Population von 1.029 Milliarden Menschen aus, bei der Unabhängigkeit des Landes 1947 waren es hingegen nur 345 Millionen! D.h., in nur zwei Generationen hat sich die Bevölkerung des Subkontinents verdreifacht! Zu erklären ist dies auch mit der besseren medizinischen Grundversorgung für alle Bevölkerungsschichten und einer besseren Ernährung. Die klassisch hohe Sterberate bei Seuchen und der Kindersterblichkeit ging zurück, hingegen stieg die durchschnittliche Lebenserwartung von 26,8 Jahren (1920) auf 64 Jahre (2001). Vgl. hier Rothermund (2008): 20f. – Für 2013 zeigt der Datenreport zur Weltbevölkerung für Indien bereits eine Population von 1.276,5 Milliarden Menschen an. Geburten und Todesfälle stehen sich hier in einer Relation von 22:7 pro 1.000 Einwohner gegenüber. Zum Vergleich: in Deutschland beträgt diese Relation 8:11! – Vgl. DSW-Datenreport (2013): 10 u. 12.

32 Vgl. hierzu Scharping (2007): 55ff.

33 Vgl. hier Erling (2011a): 8.

34 Vgl. Erling (2013): 3.

gen um mehr als 6 Prozent auf 16,6 Prozent gesunken.[35] Das bedeutet: China wird schneller vergreisen als noch vor 10 Jahren gedacht.[36] Die nachhaltigen Effekte der *Ein-Kind-Politik* der Regierung werden dazu führen, dass das Land mit seinen derzeit 1,357 Milliarden Menschen bei einer nur halb so hohen Geburtenrate wie Indien spätestens im Jahre 2025 nicht mehr das bevölkerungsreichste Land der Erde sein wird.[37] An den gravierenden Problemen (wie der erneut gestiegenen Landflucht in die Städte) ändert dies jedoch nichts. Nach dem Rechenschaftsbericht der Regierung hat es zwischen 2008 und 2012 eine Binnenwanderung vom Land in die chinesischen Städte in Höhe von 84,6 Millionen Menschen gegeben.[38] Das entspricht einer Steigerung der Stadtbevölkerung von 45,9 auf 52,6 Prozent, der höchste, bis dato je verzeichnete Wachstumswert für Urbanisierung in einem Land! Jeder zweite Chinese lebt damit bereits jetzt in einer Stadt. In etwa 20 Jahren wird dies ca. eine Milliarde Chinesen betreffen![39]

Immerhin hat China aufgrund der Ein-Kind-Politik das Bevölkerungswachstum kontrollierbar gemacht, was angesichts der enormen Population, um die es in der Volksrepublik geht, schon eine Leistung ist, die überhaupt nicht unterschätzt werden kann. Im Grunde lebt das wirtschaftlich prosperierende Schwellenland von der so genannten *demographischen Dividende*, womit der Faktor gemeint ist, das mehr Arbeitstätige in der Bevölkerung vorhanden sind als Kinder und ältere Menschen.[40] Im Prinzip müssten alle demographisch starken Schwellenländer und vor allem die Entwicklungsländer einen solchen Weg gehen. Allerdings ist die politische Verordnung zu einem Kind pro Elternpaar bis hin zu Benachteiligungen und Sanktionsmechanismen beim zweiten oder dritten

---

35　Vgl. Erling (2011b): 7.
36　Ab 2015 wird die Zahl der jungen Arbeiter in China stagnieren. Zwischen 2025 und 2040 wird die Zahl der Rentner von ca. 285 (im Jahre 2006) auf mehr als 400 Millionen Menschen steigen. Die Renten- und Krankenversicherungssysteme sind auf diese Perspektive noch völlig unzureichend eingestellt. Vgl. Erling/Wenk (2006): 3.
37　Vgl. Erling (2011b): 7 sowie DSW-Datenreport (2013): 12.
38　Vgl. Erling (2013): 3.
39　Vgl. ebd.
40　Vgl. hierzu DSW-Datenreport (2010): 3.

Kind schon diktatorisch zu nennen, mit demokratisch-freiheitlichen Lebensprinzipien nicht zu vereinbaren. Was aber kann hier an die Stelle einer Verordnungspolitik zur Geburtenkontrolle treten?

Die UN setzen schon seit den 1990er Jahren und erst recht mit den Millenniumszielen auf den sozialen wie kulturellen Status der Frau. Denn die Rolle der Frau ist die Schlüsselfunktion in der Geburtenfrage. Frauen bekommen in den Entwicklungsländern so viele Kinder, weil das vorherrschende kulturelle Deutungssystem ein patriarchalisches ist, in dem oft religiös (wie etwa im Islam) eine untergeordnete Stellung der Frau begründet wird, deren soziale Funktion und gesellschaftlicher Nutzen zentral in der Reproduktion von Nachkommen gesehen wird. Frauen dürfen in solchen Systemen und Kulturen am ökonomischen Prozess, sofern er in der Öffentlichkeit stattfindet, nur begrenzt und meist nur in untergeordneten Tätigkeitsfeldern teilnehmen. Ansonsten ist eine Tätigkeit in informellen Bereichen der Schattenwirtschaft dieser Länder der Standard.[41] Das Karrierebild des Individualismus, an dem selbstverständlich auch Frauen partizipieren, ist ein westliches Modell. Es wird in den traditionalen Gesellschaften der Dritten Welt meist abgelehnt oder nur in bestimmten Arbeitssegmenten, die den elitären Schichten der postkolonialen Gesellschaften vorbehalten sind, umgesetzt.

Die Emanzipation von Frauen in den Entwicklungsländern ist somit ein wichtiger Schritt für einen Bewusstseinswandel in der Geburtenfrage.[42] Wenn Frauen mehr am öffentlichen Arbeitsgeschehen teilnehmen könnten, dann würde, so die Vermutung, wie in der westlichen Welt die Fertilitätsquote sinken. Voraussetzung dafür ist jedoch eine bessere Bildung für Frauen und Mädchen.

Das Millenniumsziel Nr. 3, die Förderung von Mädchen bei der Elementar- und Sekundarschulausbildung, ist in den letzten Jahren deutlich vorangekommen und liegt im globalen Durchschnitt bei ca. 94 Prozent.

---

41 Vgl. auch Ruppert (2003): 110. – Hinzu kommt, dass Frauen weltweit länger arbeiten (müssen) als Männer. Vgl. Rodenberg (2006): 196.

42 Wobei man diese globale Emanzipation nicht einfach als eine feministische Agenda ansehen darf, wie überhaupt sich der Feminismus der Gegenwart nicht nur von einer individualistisch-liberalen Zielsetzung herleiten lässt. Vgl. hier mit der Betonung auf den *Diversity*-Aspekt unter Frauen in Bezug auf ihre jeweiligen sozial-kulturellen Kontexte Marso (2010): 263ff.

Dennoch stellen immer noch die Frauen bei der Analphabetenquote mit etwa 64 Prozent die größere Gruppe der Benachteiligten.[43] Nach wie vor haben ca. 57 Millionen Kinder weltweit keinen Zugang zur Elementarbildung. 2 Millionen zusätzliche Lehrer sind nach UN-Schätzung vonnöten sowie 4 Millionen Klassenzimmer.[44]

Mit einer besseren Bildung geht einher die Aufklärungsagenda bezüglich empfängnisverhütender Mittel und Methoden sowie die Orientierung an besseren Hygienestandards und der gesundheitlichen Vorsorge.[45] Gerade dies ist jedoch ein Problem weiterhin in den Entwicklungsländern, wo die Infrastrukturen für eine geregelte medizinische Grundversorgung weitestgehend fehlen oder aufgrund von Kriegsstrukturen nicht intakt sind. Kinder werden, wie früher in Europa auch, in vielen Kulturen geboren, um den Ausfall durch Kriege, Seuchen und Kindersterblichkeit zu kompensieren. Damit wird das demographische Wachstum permanent angetrieben. Aus diesem Kreislauf der sozialen Erwartungsmuster in den traditionellen Kulturen der Entwicklungsländer kommt man nur heraus, wenn man vor allem die nach wie vor z.T. hohe Kinder- und Müttersterblichkeit senkt. Derzeit sterben mehr als 350.000 Frauen bei der Geburt ihres Kindes oder an den Folgen bzw. Komplikationen der Schwangerschaft, die meisten von ihnen in Afrika südlich der Sahara.[46] Noch nicht einmal jede zweite Geburt wird in diesen Regionen durch einen versierten Arzt oder eine Hebamme begleitet. Das Risiko,

---

43 Vgl. Rodenberg (2006): 194. – In Indien liegt die Quote des Analphabetismus für Frauen bei 46 Prozent, für Männer jedoch nur bei 24 Prozent! Vgl. Rothermund (2008): 222.

44 Vgl. Remke (2013): 8.

45 Nur 17 Prozent aller Frauen in Afrika südlich der Sahara benutzen in der Gegenwart moderne Verhütungsmethoden. Vgl. DSW-Datenreport (2010): 4. – Meist ist die Sterilisation nur schichtspezifisch bei den Leistungseliten der Entwicklungsländer zu konstatieren, z.T. begünstigt durch säkulare Einstellungsmuster wie etwa in Indien, wo im Süden des Subkontinents beinahe jede zweite Frau sterilisiert ist und auch das Heiratsalter wesentlich höher als im Norden ausfällt. – Vgl. Rothermund (2008): 223.

46 Vgl. DSW-Datenreport (2010): 5.

bei der Geburt des Kindes oder an den Folgen der Schwangerschaft zu sterben, ist hier statistisch 1 zu 22![47]

Die z.T. hohe Kindersterblichkeit in den Entwicklungsländern ist ebenfalls ein Faktor, der mit besserer medizinischer Grundversorgung vor Ort systematisch eingegrenzt und bekämpft werden kann – sofern genug finanzielle Mittel hierfür bereitgestellt werden. Auch wenn es hier deutliche Fortschritte in globaler Perspektive gibt, die Sterblichkeit von Kindern unter fünf Jahren zwischen 1990 und 2008 allein um 30 Prozent gesenkt werden konnte, so erleben immer noch gegenwärtig ca. 8,8 Millionen Kinder ihr fünftes Lebensjahr nicht (mehr).[48]

Mit relativ wenig Geld, denkt man allein an die laufenden Transferaktionen der EU um Griechenland in der Euro-Zone zu behalten, könnte man global bei der Mütter- und Säuglingssterblichkeit enorm viel bewirken. Allein eine Verdoppelung der finanziellen Mittel für Familienplanung und Fürsorge für Schwangere auf den Betrag von 24,6 Milliarden Dollar pro Jahr würde die Müttersterblichkeitsquote in den Entwicklungsländern um 70 Prozent reduzieren – und die Säuglingssterblichkeit um 50 Prozent![49]

Traditionelle (patriarchalische) Strukturen, in denen ein androzentrisches Weltbild vorherrscht,[50] behindern die Millenniumsziele der UN

---

47 Vgl. ebd. – Zum Vergleich: In Deutschland beträgt dieses Risiko nur die Relation von 1 zu 19.200!

48 Vgl. DSW-Datenreport (2010): 4.

49 Vgl. ebd.: 5. – Allein eine aufklärerische Agenda, die nachhaltig umgesetzt würde und den Frauen (und Männern) in den Entwicklungsländern beibringt, die Abstände zwischen den Geburten ihrer Kinder auf 36 Monate zu erhöhen, würde die Kindersterblichkeit um 25 Prozent senken (vgl. ebd.: 4).

50 Besonders krass ist diese Konstellation nicht nur in der islamischen Welt, sondern auch in Indien. Die Sterblichkeitsquote von Mädchen liegt bis zum Erreichen des 5. Lebensjahres um 75 Prozent höher als die bei Jungen! *Genderzid* nennen das Frauenrechtlerinnen. Indien hat derzeit nach Schätzungen bereits ca. 40 Millionen Männer mehr als Frauen. Die Tradition der Mitgift für die Frauen bei ihrer Verheiratung ist das große Übel. So werden auch in den gesellschaftlich wohlhabenden Schichten Mädchen abgetrieben. Eine Frauenärztin konstatiert zur Ultraschalluntersuchung: „Wenn ich dieser Mutter irgendwann sagen muss, dass das hier ein Mädchen wird, dann verhänge ich ein Todesurteil über das Baby". Obwohl die Ultraschalluntersuchung in

weiterhin enorm. Zweifellos ist es aber auch eine Frage der Finanzierung von Aufklärungskampagnen, von Investitionen in die medizinische Grundversorgung von Regionen und der Etablierung von Schulen für ein Elementarprogramm zur Bildung, die hier in einem weitaus gesteigerten Spektrum stattfinden müssten.[51] Insgesamt betrachtet ist hier jedoch bereits eine Menge erreicht worden: im historischen Vergleich zum Jahr

---

Indien seit 1994 verboten ist, wird sie von vielen Ärzten illegal angeboten. Der Staat geht dagegen nicht nennenswert vor. So kommt es, dass in Indien monatlich ca. 50.000 weibliche Föten abgetrieben werden! Ein Paar schreibt bei einer anonymen Umfrage: „Unser Baby war ein Mädchen, und deshalb wollten wir es nicht haben. Wir haben 1200 Rupien bezahlt und es hinter uns gebracht. Was sollen wir mit noch einer Tochter?" Für ca. 17 Euro kann man in Indien abtreiben lassen. – Hier zit. n. Mühlmann (2012): 23. Das patriarchalische System und die Kastenstruktur werden als Hauptgründe für die Diskriminierung von Frauen genannt. Nach einer neuerlichen Gruppenvergewaltigung, dieses Mal begangen an einer Fotografin durch Arbeiter in Mumbai, konstatiert eine Expertin, dass Frauen in Indien lediglich „eine Art Gebrauchsgut" darstellen. Auf die Frage, ob Indien denn kein modernes Land sei, kommt die Antwort: „Ja, ja, es ist modern, es ist die größte Demokratie der Welt, aber was heißt das? Am Ende des Tages hat man es hier mit Kultur und Tradition zu tun. Damit, wie die Leute denken und wie sie die Welt betrachten. Und in dieser Weltsicht haben Frauen einfach nichts zu sagen. Sie sind zum Geschlechtsverkehr da, als ‚Gefäß' für die Babys. Es geht nur um ihren Körper, nicht um ihre Persönlichkeit." Der indischen Kriminalitätsstatistik zufolge wird in Indien alle 20 Minuten eine Frau vergewaltigt. – Hier zit. n. Mühlmann (2013): 32; vgl. auch Rao (2013): 8.

51 Nach dem *Global Gender Gap Report* des Weltwirtschaftsforums für 2012 existiert bisher kein Land auf der Erde, wo eine völlige Gleichheit zwischen den Geschlechtern in der Bildung erreicht worden wäre! Deutschland rangiert unter den 135 untersuchten Ländern hier nur auf Platz 83. Spitzenreiter in der Gleichheit zur Bildungsvermittlung ist Australien. Das Schlusslicht bilden der Tschad, Jemen und Benin. Nicht zufällig moslemische Staaten. Obwohl die Bildungsquote weltweit seit den Millenniumszielen zugenommen hat, ist immer noch die Hälfte aller Kinder auf der Erde von Vorschulerziehung ausgeschlossen. In den ärmsten Ländern der Welt sind es sogar 5 von 6 Kindern. Um eine geregelte Grundschulbildung weltweit etwa im Jahre 2015 zu etablieren, müssten die Staaten lediglich 16 Milliarden Dollar ausgeben bzw. bereitstellen. Die UN verfügen hier jedoch nur über 3 Milliarden Dollar! – Vgl. Grillmeier (2013): 7.

1950, in dem jede Frau auf der Welt durchschnittlich 6 Kinder geboren hat, ist die gegenwärtige Situation mit 2,5 deutlich besser.[52] Das demografische Wachstum hat sich signifikant verlangsamt und es wird, wenn der Trend so bleibt, in den kommenden Jahrzehnten zu einem Punkt kommen, an dem die Weltbevölkerung nicht mehr wachsen wird.

Am besten sind die Chancen für Frauen in den Städten gegeben: Hier ist selbst in den Entwicklungsländern eine im Vergleich zum Land ausreichende Infrastruktur in Bezug auf die Bildungschancen und die Möglichkeiten des Lohnerwerbs vorhanden. Doch gerade die Städte in der Dritten Welt sind es auch, die im Prozess der Globalisierung bis dato historisch nie gekannte Wachstumszahlen ihrer Populationen aufweisen. So hatte beispielsweise Lima im Jahre 1952 etwa 700.000 Einwohner. 1990 hingegen sind es ca. 6 Millionen Menschen gewesen, die in einer auch durch Verwaltungsreformen vergrößerten Stadt lebten.[53] Ähnliche Wachstumszahlen gelten auch für Afrika, wo sich die städtische Bevölkerung innerhalb von nur 20 Jahren vervierfachen wird![54] Schon heute lebt mehr als die Hälfte aller Menschen in Städten.[55] Der mit diesem rasanten und historisch in Europa im Vergleich so nicht gekannten Wachstum einhergehende Wandel in der globalen Stadtstruktur führt zu einem neuen Typus von Großstädten – den *Megastädten*.[56]

Sie sind die wirtschaftlichen Knotenpunkte dieser Welt.[57] In ihrer unübersichtlichen,[58] oft mehr chaotischen als logisch-geordneten Struktur ballt sich die Innovationsfreude und Leistungsdichte des ökonomischen Lebens der Zivilisationen. Im Jahre 2015 werden in etwa 60 von solchen Megastädten weltweit mehr als 600 Millionen Menschen leben,[59] die meisten davon in Asien. Mit Ausnahme von New York wird schon im Jahre 2015 keine Megalopolis aus dem Westen im exklusiven Kreis

---

52   Vgl. Ehrenstein (2011): 8 sowie DSW-Datenreport (2013): 6.
53   Vgl. Time-Life-Redaktion (1993): 166.
54   Vgl. Leisinger /Siebold (1997): 124.
55   Vgl. Ehrenstein (2011): 8.
56   Mindestens 5 Millionen Einwohner sind die Voraussetzung für die Charakterisierung als Megastadt. – Vgl. Kraas/Nitschke (2006): 19.
57   Vgl. ebd.: 21.
58   Vgl. hierzu Schabert (1997): 133ff.
59   Vgl. Kraas/Nitschke (2006): 19.

der 10 größten Zentren dieser Welt mehr dabei sein. London und Paris
geraten hier ins Hintertreffen, weil sie einfach zu klein sind angesichts
der Wachstumszahlen von Megastädten wie Bombay, Peking oder São
Paulo und Mexico City. Die größte Megalopolis der Welt, Tokio (mit
seinen geschätzten 36 Millionen Einwohnern) zeigt zugleich auch alle
Problemkonstellationen auf, die sich mit derartigen Riesenkonglomera-
tionen von Menschenmassen auf engstem Raum in der Fläche ergeben:
eine massive Umweltverschmutzung und ein gigantischer Ressourcen-
bedarf, der das Niveau von vielen Nationalstaaten um ein Mehrfaches
übersteigt.[60] Die *Neue Welt* findet, was das Wachstum der Menschheit
angeht, in Asien statt. Die Impulse für das 21. Jahrhundert gehen damit
ökonomisch wie kulturell sukzessive vom Westen in eine neue Areal-
Konstellation über, die allein (mit Blick auf China) durch die schiere
Masse an Konsumenten und Produzenten alle Superlative aufbietet.[61]
Geht das wirtschaftliche Wachstum in China annähernd so weiter wie
bisher, dann lautet die Prognose, dass das Land in etwa 10 Jahren ein
BIP-Volumen von 85 Prozent erreicht haben dürfte.[62] Was wiederum
bedeutet, dass z.B. Deutschland als früherer Exportweltmeister mit seiner volkswirtschaftlichen Leistung nur noch auf dem 6. Platz liegen würde – hinter Russland, Indien und Japan!

Literatur

Birg, Herwig (2004): Die Weltbevölkerung. Dynamik und Gefahren. München.

Deutsche Stiftung Weltbevölkerung (DSW) unter: www.weltbevoelkerung.de.

---

60   Vgl. das Beispiel bei Kraas/Nitschke (2006): 20.

61   In China gab es 2005 insgesamt fast 2.000 Tageszeitungen sowie über 9.000
      Zeitschriften und 302 Fernsehsender mit insgesamt 1.227 Programmen! 120
      Millionen Chinesen nutzten täglich das Internet. Vgl. Erling/Wenk (2006): 3.

62   Die Prozentzahlen beziehen sich auf den Vergleich zu den USA, der nach wie
      vor größten Volkswirtschaft der Welt, die deshalb als Paradigma mit 100 Pro-
      zent taxiert wird. Die Zahlen im Prozentvergleich dürfen allerdings nicht dar-
      über hinwegtäuschen, dass China nach wie vor (auch) ein armes Land ist. Be-
      zogen auf das Pro-Kopf-Einkommen erwirtschaftet jeder Chinese nur 4.000
      Dollar im Jahr (2010), jeder Japaner hingegen etwa das Zehnfache! – Vgl. Kai-
      ser (2010): 9.

Deutsche Stiftung Weltbevölkerung (Hrsg. / 2010): DSW-Datenreport 2010. Hannover.

Deutsche Stiftung Weltbevölkerung (Hrsg. / 2013): DSW-Datenreport 2013. Soziale und demographische Daten weltweit. Hannover.

Dierig, Carsten (2011): Lebensmittelpreise explodieren. In: Die Welt (21. Mai 2011) S.9.

Eckert, Daniel (2011): Alternde Babyboomer lasten auf Börsen. In: Die Welt (17. Juli 2011) S.17.

Ehrenstein, Claudia (2007): Wie die Welt isst. In: Die Welt (29. September 2007) S.5.

Ehrenstein, Claudia (2011): 7000000000 Menschen und die Folgen. In: Die Welt (27. Oktober 2011) S.8.

Erling, Johnny / *Wenk,* Kirstin (2006): Keine Angst vor China. In: Die Welt (22. Mai 2006) S.3.

Erling, Johnny (2011a): Die geraubten Kinder von Shao. In: Die Welt (11. Mai 2011) S.8.

Erling, Johnny (2011b): Schneller alt als reich. In: Die Welt (29. April 2011) S.7.

Erling, Johnny (2013): Riskante Urbanisierung. In: Die Welt (12. März 2013) S.3.

Fleisch, Hans / *Klingholz,* Reiner (2003): Weltbevölkerung und nachhaltige Entwicklung. In: Globale Trends 2004/2005. Fakten, Analysen, Prognosen. Hrsg. v. I. Hauchler u.a. Frankfurt a.M., S.66-81.

Gerlach, Irene (2008): Familienpolitik – Geschichte und Leitbilder. In: Familie und Familienpolitik. Hrsg. v. d. Bundeszentrale f. politische Bildung (Informationen zur politischen Bildung, 301). Bonn, S.36-51.

Graw, Ansgar (2011): Immer bunter, immer stärker. Bis 2024 werden die Weißen in Amerika zur Minderheit werden. In: Die Welt (7. April 2011) S.7.

Grillmeier, Franzsika (2013): Die andere Hälfte des Himmels. In: Die Welt (12. Juli 2013) S.7.

Houdret, Annabelle / *Tänzler,* Dennis (2006): Umweltwandel und Konflikte. In: Globale Trends 2007. Frieden, Entwicklung, Umwelt. Hrsg. v. T. Debiel u.a. Frankfurt a.M., S.359-376.

Kaiser, Tobias (2010): China wird zweitgrößte Volkswirtschaft der Welt. In: Die Welt (17. August 2010) S.9.

Kálnoky, Boris (2012): Die Türkei hat ein besonderes Geburtsproblem. In: Die Welt (9. November 2012) S.6.

Kaufmann, Franz-Xaver (2005): Schrumpfende Gesellschaft. Vom Bevölkerungsrückgang und seinen Folgen. Frankfurt a.M.

Kraas, Frauke / *Nitschke*, Ulrich (2006): Megastädte als Motoren globalen Wandels. Neue Herausforderungen weltweiter Urbanisierung. In: Internationale Politik (November 2006) S.18-28.

Krauel, Torsten (2006): Von heute Mittag an gibt es 300 Millionen Amerikaner. In: Die Welt (17. Oktober 2006) S.28.

Kulke, Ulli (2008): Der Hunger-Schock. In: Die Welt (12. April 2008) S.3.

Langemak, Shari (2013): Diabetes wird zum politischen Thema. In: Die Welt (6. März 2013) S.22.

Leisinger, Klaus / *Siebold*, Thomas (1997): Bevölkerung und Verstädterung. In: Globale Trends 1998. Fakten, Analysen, Prognosen. Hrsg. v. I. Hauchler u.a. Frankfurt a.M., S.118-131.

Marso, Lori J. (2010): Feminism's Quest for Common Desires. In: Perspectives on Politics 8 (March 2010) No.1, S.263-269.

Mühlmann, Sophie (2012): Indiens verlorene Töchter. In: Die Welt (7. Mai 2012) S.23.

Mühlmann, Sophie (2013): „Sie nehmen sich Sex einfach". In: Die Welt (24. August 2013) S.32.

Pantförder, Manfred (2006): Deutschland mit dritthöchstem Anteil an Einwanderern. Weltbevölkerungsbericht betont Rolle der Frauen. In: Die Welt (7. September 2006) S.6.

Rao, Padma (2013): Angst ist der Begleiter von Indiens Frauen. In: Die Welt (2. September 2013) S.8.

Remke, Michael (2013): Das „mutigste Mädchen der Welt" spricht vor UN. In: Die Welt (13. Juli 2013) S.8.

Rodenberg, Birte (2006): Geschlechtergerechtigkeit und internationale Frauenbewegungen. In: Globale Trends 2007. Frieden, Entwicklung, Umwelt. Hrsg. v. T. Debiel u.a. Frankfurt a.M., S.189-207.

Rothermund, Dietmar (2008): Indien. Aufstieg einer asiatischen Weltmacht. München.

Ruppert, Uta (2003): Geschlechterverhältnisse und Frauenpolitik. In: Globale Trends 2004/2005. Fakten, Analysen, Prognosen. Hrsg. v. I. Hauchler u.a. Frankfurt a.M., S.98-113.

Schabert, Tilo (1997): Die Architektur der Welt. Eine kosmologische Lektüre architektonischer Formen. München.

Scharping, Thomas (2007): Bevölkerungspolitik und demographische Entwicklung. In: Länderbericht China. Hrsg. v. D. Fischer u. M. Lackner. Bonn, S.50-71.

Schmid, Josef (2006): Bevölkerungsentwicklung/-politik. In: Handwörterbuch Internationale Politik. Hrsg. v. W. Woyke. 10., durchgeseh. Aufl. Opladen/Farmington Hills, S.44-54.

Siems, Dorothea (2011): Industrieländer lassen länger arbeiten. In: Die Welt (18. März 2011) S.11.

Svensson, Birgit (2013): Mursis Hochburg ist sein Dorf. In: Die Welt (29. Juni 2013) S.6.

Time-Life-Redaktion (1993): Die Entwicklung der Städte. Spektrum der Weltgeschichte. 2. Aufl. Amsterdam.

XII. Neue Kriege

Nach der Beendigung des Zweiten Weltkrieges sah es zunächst so aus, als seien damit die Bedingungen für eine langanhaltende Friedensepoche gegeben gewesen. Doch der Ost-West-Konflikt, der den Begriff des *Kalten Krieges* kreierte, zeigte, dass dem nicht so war. Im Gegenteil: es wurde global permanent weiter gekämpft. Vor allem die zahlreichen Bürgerkriege nach 1945, die sich z.T. auch unter der Flagge der Entkolonialisierung abspielten, waren mehr oder weniger Stellevertreter-Kriege zwischen den beiden Großmächten, den USA auf der einen und der Sowjetunion auf der anderen Seite. Oft wurden diese *Befreiungskriege*, wie sie auf Seiten der Linken emphatisch gefeiert wurden, unter der Agenda einer nationalen Emanzipation von der Bevormundung westlicher (ehemals imperialer) Systeme betrieben. Dabei waren die Aufstandsbewegungen in Vietnam, in Algerien, Mozambique, Angola und in Kambodscha sowohl national wie auch marxistisch motiviert. Erstaunlicherweise ging die marxistische Ideologie in vielen Ländern der Dritten Welt nach 1945 eine nationalistische Ummantelung ein, die sich vielleicht am besten damit erklärt, dass der Marxismus a) eine unbegrenzte, d.h. radikale Freiheitsperspektive von jeglicher Art der klassenorientierten Unterdrückung versprach und b) dass man mit dieser Ideologie berechtigt war, Gewalt als taktisches Mittel anzuwenden.

Die Befreiungskriege in der Dritten Welt, die ab den 1950er bis zur Mitte der 1970er Jahre stattfanden, waren allesamt asymmetrische Kriege. Hier wurde von meist (zunächst) nicht regulären Kampfverbänden ein Guerillakrieg gegen die legale Staatsmacht und ihre Armee geführt.[1] Der Partisan entwickelte sich damit, wie bereits von Carl Schmitt recht früh scharfsinnig bemerkt, zum neuen Prototyp des Kriegers im atomaren Zeitalter.[2] Dieser Typus des Kämpfers lebt von der Irregularität seiner militärischen Aktionen, d.h. hier erfolgt eine vollständige Diskreditierung aller militärischen Regeln – und damit auch des Völkerrechts – zum Vorteil der eigenen Handlungen und Ziele. Der Partisan setzt eine neue

---

1   Zur Genese dieses Szenarios eindrucksvoll und anschaulich Scholl-Latour (1980).
2   Vgl. Schmitt (1995).

„Regularität aus eigener Kraft".[3] Er schert sich nicht um bestehende Verträge und rechtliche Verpflichtungen. Im Grunde wird jegliche Normativität der bestehenden Ordnung außer Kraft gesetzt. Die Negation durch den Partisanen zur Art und Weise, wie die Welt in ihrer vorgefundenen Ordnung existiert, ist komplett.

In der Guerillastrategie tritt insofern das neue Muster der Kriege deutlich hervor.[4] Das klassische Militär in seiner uniformierten Klassifikation hat es mit einem Gegner zu tun, der zwar jederzeit und an jedem Ort zuschlagen könnte, aber den direkten Kampf, vor allem die große Feldschlacht, systematisch verweigert. Der Kampf aus dem Hinterhalt, die Nichteinhaltung jeglicher konventioneller, auch völkerrechtlicher Einhegungen der Kriegsführung, wird zum beherrschenden Prinzip dieser neuen Kriege. Dem trägt auch die allgemein anerkannte Definition in der Friedens- und Konfliktforschung Rechnung, indem Kriege nach drei formalen Klassifikationen als solche anerkannt bzw. überhaupt erkannt werden. Es müssen demnach:[5]

1. mindestens zwei bewaffnete Konfliktteilnehmer vorhanden sein, von denen mindestens eine Seite reguläre Streitkräfte der Regierung darstellt.
2. ein Mindestmaß an gelenkten, d.h. planmäßigen und strategischen Operationen auf beiden Seiten vorhanden sein.
3. eine organisierte Hierarchie der Kriegsführung existent sein.

Ein Krieg gilt dann als beendet, wenn es mindestens für die Dauer eines Jahres zu keiner weiteren Kampfhandlung mehr gekommen ist.[6] Kriege sind immer gewaltsame Massenkonflikte, die jedoch den Charakter eines Duells aufweisen, bei dem es einzig und allein darum geht, den jeweiligen Gegner (als Feind) nieder zu ringen. Wie Carl von Clausewitz dies in sei-

---

3   Ebd.: 78.
4   Vgl. hierzu auch Freudenberg (2008).
5   Vgl. hier u.a. Debiel/Ropers/Wollefs (1997): 349 sowie AKUF (2005).
6   Natürlich sind Festlegungen solcher Art, wie sie von der AKUF aufgestellt werden, relativ. Sie können lediglich als strukturelle Orientierungsmaßstäbe gelten, um bei den Phänomenen gewaltsamer Konflikte für die Analyse einigermaßen die Übersicht zu behalten.

ner systematischen Betrachtung *Vom Kriege* notiert hat:[7] „*Der Krieg ist also ein Akt der Gewalt, um den Gegner zur Erfüllung unseres Willens zu zwingen.*"

Gewaltanwendung ist damit das strategische Mittel um die eigenen Ziele als Willensbekundungen durchzusetzen. Hier erscheint der (existenzielle) Wille als Versuch, sich in eine Position der Verfügbarkeit über den Anderen (als Gegner) zu bringen, indem man ihn entweder beseitigt oder aber bezwingt. Da hierbei für Clausewitz alle Mittel gerechtfertigt erscheinen, gibt es keine humanen Kriege! Im Krieg ist der Einsatz von Gewalt an sich rücksichtslos. Nie „kann in die Philosophie des Krieges selbst ein Prinzip der Ermäßigung hineingetragen werden, ohne eine Absurdität zu begehen"![8] Im Krieg schützt auch keine Form von Zivilisation: selbst die „gebildetsten Völkern können gegeneinander leidenschaftlich entbrennen".[9] Im Krieg kann es deshalb hinsichtlich der Gewaltanwendung stets zum Äußersten kommen, wobei allerdings Clausewitz dennoch meinte, dass das politische Ziel die Richtung vorgeben sollte.[10]

Als sich Clausewitz seine Gedanken über eine Theorie des Krieges im ersten Drittel des 19. Jahrhunderts machte, war für ihn selbstverständlich (wie für die meisten Denker in Deutschland),[11] dass sich Politik in den Formen des Staates abspielt. So gesehen ist Clausewitz ein Apologet von *Staatskriegen* gewesen, demzufolge Krieg nichts anderes sei, „als die fortgesetzte Staatspolitik mit anderen Mitteln".[12] Der Zweck der Politik ist es, den Staat zu garantieren, *ihn* in seinen apparativen und normativen Strukturen aufrecht zu erhalten. Von daher ergibt sich die berühmte Formel von Clausewitz, dass der Krieg die Fortsetzung der Politik mit anderen Mitteln sei.[13]

Natürlich kann man diese Definition des Krieges als einen Bellizismus auffassen, hier noch dazu mit einem biologischen Imperativ in Be-

---

7 Clausewitz (2008): 29 (Hervorhebung v. Clausewitz).
8 Ebd.: 30.
9 Ebd.: 31.
10 Vgl. ebd.: 33f.
11 Vgl. hier Nitschke (2011a).
12 Clausewitz (2008): 21.
13 „So sehen wir also, dass der Krieg nicht bloß ein politischer Akt, sondern ein wahres politisches Instrument ist, eine Fortsetzung des politischen Verkehrs, ein Durchführen desselben mit anderen Mitteln." – Ebd.: 47.

zug auf die Existenzialität des Kampfes versehen,[14] doch ändert dies nichts am Faktum selbst, dass im Krieg massiv Gewalt angewandt wird. Wie der Militärhistoriker Martin van Creveld nüchtern konstatiert: „Per Definition ist Krieg die organisierte Gewalt mit dem Ziel, ein politisches Anliegen durchzusetzen".[15] Dabei sterben notwendigerweise Menschen. Über die Zahl der Getöteten kann man diskutieren, ob und ab wann man einen Konflikt, bei dem Menschen zu Tode kommen als einen *Krieg* bezeichnet, aber letztlich ist es müßig, ob es sich hierbei um ein paar hundert oder um mehrere tausend Tote handelt. Wichtiger sind hingegen die Nachhaltigkeit der Kampfhandlungen und ihre Systematik.[16]

Genau an dieser Perspektive setzen das Phänomen der so genannten *Neuen Kriege* und die Debatte darüber ein. Denn während die bisherigen Kriege seit dem 18. Jahrhundert allesamt Staatenkriege waren, in denen jeweils ein Staat A gegen einen Staat B (oder gleich mehrere Staaten unter- und miteinander) Krieg geführt haben, erscheinen die Kriege der Gegenwart im Zeitalter der Globalisierung als militärische Kampfhandlungen neuen Typs, mitunter sogar als Kampfhandlungen, bei denen sich eine militärische Logistik im klassischen Sinne gar nicht ausmachen lässt. Vor dem Hintergrund einer weltweit geführten Sicherheits- und Ordnungsdebatte lassen sich zur Kennzeichnung der neuen Form der Kriegsführung eine Reihe von Indikatoren anzeigen, die deutlich machen sollen, wie sehr sich die Bedingungen und Erscheinungsformen des Krieges im Hinblick auf die Erfahrungen des Ersten und Zweiten Weltkriegs mittlerweile deutlich verschoben haben.[17]

Mehrere Faktoren lassen sich hierbei signifikant beobachten und zu belegbaren Thesen formulieren.

1. *Ein Ende der Staatenkriege.* Die klassischen Kriege aus der Clausewitz-Ära lassen sich in Form einer Trinität kennzeichnen: a) Volk (Nation), b) Armee und schließlich c) Regierung kämpften hier gegen eine jeweils an-

---

14   Vgl. hier Janssen (2008): 665; dazu auch Nitschke (2011b).
15   Creveld (2009a): 7.
16   Vgl. zur Übersicht über die Diskussionspunkte auch Meyers (2006): 286ff.
17   Vgl. dazu als eine der ersten Analysen überhaupt Kaldor (1997) und für den deutschsprachigen Wissenschaftsraum Münkler (2007) sowie Chojnacki (2007): 479ff.

dere trinitarische Formation auf der Gegenseite.[18] Das ist erkennbar eine Stilisierung, die eher vom Modell des Nationalstaats in einer Selbstzuschreibung des 20. Jahrhunderts ausgeht, als von den historischen Gegebenheiten. Immerhin ist jedoch richtig, dass eine solche Modellierung die konkrete Konstellation der Gegenwart nicht mehr annähernd exakt beschreibt. Auch das Raum-Zeit-Verhältnis hat sich massiv geändert. Noch für die postkolonialen Kriege galt das Prinzip von Front und Hinterland. In der heutigen globalen Konstellation gilt dies nicht mehr.[19] Tendenziell ist die *Front* überall (und nirgends). Die klassische Konfrontationssituation mit einem Staat A versus einen Staat B kommt zwar auch noch vor und ist für die nahe Zukunft im 21. Jahrhundert keineswegs auszuschließen. Dennoch ist die Häufigkeit der militärischen Konflikte, die unterhalb oder jenseits der staatlich geführten Kriege liegt, auffällig. Das bedeutet jedoch nicht, dass Staaten mit ihren militärischen Apparaten und Personal nicht mehr in den Neuen Kriegen involviert wären. Das sind und bleiben sie auf jeden Fall, wie dies die Nato in Afghanistan seit 2002 dokumentiert und in den Luftschlägen gegen Serbien im Kosovo-Krieg von 1999 und bei der Intervention im libyschen Bürgerkrieg 2011 auf Seiten der Aufständischen eindrucksvoll demonstriert hat. Die militärische Konfrontationslinie ist jedoch verhalten und bleibt nur indirekt gegeben, zumal dann, wenn (wie im Falle Libyens) nur Luftoperationen erfolgen und Bodentruppen vermieden werden. Wenn der Staat Israel gegen die *Hamas* im Gaza-Streifen militärisch vorgeht (wie im kurzen Krieg an der Jahreswende von 2008/09) oder gegen die *Hizbollah* im Libanon 2006, dann ist dies eine militärische Konfrontation mit Guerillaverbänden, hinter denen keine staatliche Institution steht (oder die mit verdeckter ausländischer Staatshilfe, hier konkret Syrien bzw. des Iran) ihre militärische Struktur organisieren und finanzieren.[20] Gerade die Konstellati-

---

18 Vgl. Creveld (1998): 281.
19 Vgl. ebd.: 296.
20 Die militärische Situation in Mali im Frühjahr 2013 zeigt diesen neuen Typus für die Neuen Kriege paradigmatisch an: weltweit vagabundierende Islamisten versammeln sich in einer bestimmten Region, um von dort aus ihren Heiligen Krieg gegen den Westen zu führen. In diesem Fall ist es im Mali. Nachdem ein Aufstand der Tuareg-Beduinen gegen die Zentralregierung im Süden des Landes erfolgreich war, haben die islamistischen Kämpfer von dem Al-Qaida-

on im Nahen Osten zeigt an, dass nicht nur die staatlichen Grenzen an Bedeutung verlieren, sondern auch die Kriegsführung, ihre strategischen Konzepte und die handelnden Akteure diffundieren. Clausewitz hat so gesehen nur für eine Theorie von Staatskriegen geschrieben.

2. *Gesellschaftskriege und Privatkriege.* Vor allem in Afrika südlich der Sahara sind viele Bürgerkriege gekennzeichnet durch gesellschaftliche Vorurteilsmuster, in denen sich ethnische neben ideologischen (und neuerdings auch religiösen) Aspekten mit ökonomischen Faktoren mischen.[21] Natürlich geht es um ökonomische Ressourcen,[22] aber oft sind es einfach tribalistische Strukturen, die dazu beitragen, dass diese Bürgerkriege mitunter von Familienclans sektoral in bestimmten Territorien eines Landes geführt werden,[23] während an anderen Orten im gleichen Staat Friede herrscht. Die Grenzziehungen sind in der Dritten Welt überhaupt ein grundlegendes Problem. Meist haben die Kolonialmächte lineare Grenzziehungen im Rahmen ihrer Definitionsmacht und ohne Rücksicht auf Wanderungsbewegungen von Nomadenstämmen gezogen, die einfach auf der Karte mit dem Lineal eingetragen wurden.[24] Dementsprechend

---

Ableger *Ansar al-Dine* das Regiment im Norden Malis übernommen. Islamisten aus Nigeria, Libyen, Pakistan und Afghanistan haben sich seitdem in dieser Region festgesetzt (vgl. Hackensberger 2013a: 8). Nicht umsonst sieht die internationale Staatengemeinschaft hierin eine Bedrohung, gegen die sie dann unter der Führung Frankreichs militärisch vorgegangen ist. Der staatsferne Typus in den Neuen Kriegen ist also von kultureller Qualität, indem er eine transnationale Agenda mischt mit regionalen Befindlichkeiten, die insgesamt jedoch die territoriale Integrität eines Staates in Frage stellen – und damit auch das völkerrechtliche Konzept der modernen Staatenwelt.

21 Vgl. hierzu grundsätzlich Schlichte (1996).
22 Hierbei auch von Relevanz die Renaissance privater Söldnerfirmen, die weltweit gewinnträchtig zum Einsatz kommen. – Vgl. dazu u.a. Scahill (2007) sowie Uesseler (2008).
23 Einer der ersten Kriege dieses neuen (alten) Typs ist der Bürgerkrieg in Tadschikistan (1992-97) gewesen. Jenseits der religiösen, ethnischen und ideologischen Fronten sind es vor allem die rivalisierenden Clanstrukturen, die hier den Kampf um Land und Ressourcen bestimmt haben. „Nicht in eine archaische Vergangenheit," so meint ein Kommentator, sondern „in eine entzauberte Zukunft weist der tadschikische Krieg, eine Zukunft, in der die vertrauten politischen Bezugssysteme untergegangen sind". – Kermani (2000): III.
24 Vgl. hier auch Ulfkotte (2000): 5.

sehen diese Staaten (markant hier z.B. der Irak oder Syrien) auch heute aus. Doch die Menschen und Kulturen in der Dritten Welt leben nicht nach der Kartografie des europäischen Kolonialismus, sondern nach den Traditionen und rituellen Bestimmungen ihrer regionalen Kultur. Daran ändert auch die Einbettung in einen so genannten *Nationalstaat* nichts. Im Gegenteil: oft wird die Situation dadurch sogar verschärft, wenn regionale (ethnische) Minderheiten nicht angemessen im Staatsgefüge berücksichtigt werden.[25]

3. *Raubökonomisierung.* Die Neuen Kriege werden im steigenden Maße gar nicht mehr wegen ideologischer Differenzen, ethnischer oder religiöser Spannungen geführt, auch wenn diese Faktoren oft den Anlass gaben für den Beginn der Kampfhandlungen. Vor allem in Afrika südlich der Sahara ist zu beobachten, dass kriegerische Auseinandersetzungen im Kontext der Gesellschaftskriege mit ihrem oft diffusen Warlord-Charakter dahin tendieren, den Krieg als Selbstzweck zu betreiben. Das heißt, die Kampfhandlungen werden aufrechterhalten, weil sich hierdurch am Leichtesten der Zugang und Gewinn von Ressourcen organisieren lässt. Es wird geraubt und geplündert, um die eigenen Truppen ökonomisch zu unterhalten. Der Krieg wird in dieser Form zu einem *Subsistenzkrieg*: er dient der Bewirtschaftung der eigenen Klientel. Infolgedessen geht es auch nicht mehr um strategische Ziele im Sinne von Bodengewinnen oder die Beherrschung eines bestimmten Raumes zum taktischen Vorteil bei den militärischen Operationen. *The Art of War* reduziert sich wie im Mittelalter auf das Überleben der Krieger. Insofern

---

25 Das Schicksal der Kurden ist bezeichnend für dieses Dilemma. Eigentlich (gemessen an den Prinzipien des Völkerrechts) sind die Kurden *ein Volk* – mit einer spezifischen Kultur und Sprache. Sie können damit den Status einer Ethnie vorweisen. Doch ein nationaler Status bleibt ihnen gerade deswegen versagt, weil ihr kultureller Lebensraum gleich von vier so genannten *Nationalstaaten* okkupiert worden ist (dem Iran, dem Irak, Syrien und der Türkei). Eine Population von immerhin fast 25 Millionen Menschen lebt daher getrennt in vier unterschiedlichen Staatsräumen, was den Anlass gibt für den separatistischen Terrorismus der PKK (in der Türkei), der Verfolgung und Unterdrückung im Iran und der Autonomiebewegung der kurdischen Partei im heutigen Irak (nach jahrzehntelanger Bekämpfung durch das Regime Saddam Husseins).

ist diese Erscheinungsform der Neuen Kriege nicht wirklich neu. Was *neu* daran ist, ergibt sich durch die Dimensionen der Schattenwirtschaft, die mit den modernen Verkehrs- und Kommunikationsmittel einen Bezug zum globalen Handel ermöglicht.[26] Die weltweite Schattenwirtschaft wird durch die Raubökonomisierung der Neuen Kriege stimuliert. „Krieg und globaler Profit verschmelzen" zu einer Einheit, an der viele, nicht nur der klassische Warlord mit seinen Kriegern, verdienen.[27] Das bisherige Fazit aus der empirischen Forschung zu den komplexen Effekten der globalen Schattenwirtschaft im Kontext der Neuen Kriege ist eindeutig:[28] „Wenn wir uns nicht näher mit den Schatten befassen, können wir zudem Krisen wie etwa den asiatischen Crash in den 1990er Jahren oder den Terrorangriff auf die USA am 11. September 2001 nicht vorhersehen. Die Schatten durchdringen diese Bereiche. Die außerstaatlichen Ökonomien spielen eine zentrale Rolle für die globale Machtverteilung."

4. *Barbarisierung und Terrorisierung.* Die Raubökonomisierung in den modernen Kriegen in der Dritten Welt trägt auch dazu bei, dass man diese Kriege oft mit barbarischer Gewalt austrägt. Es wird gefoltert, gemordet mit bestialischer Intensität – und in medialer Aufwartung für ein potenzielles Weltpublikum.[29] Massaker sind an der Tagesordnung: Ruanda,[30]

---

26   Vgl. hier Le Billon (2003) u. Lock (2003).

27   Nordstrom (2005): 24.

28   Ebd.

29   Die zeigt vor allem der syrische Bürgerkrieg in der Gegenwart, in dem selbst kannibalistisch anmutende Videovorführungen dokumentiert werden. So ruft ein Rebellenkommandeur, der einem toten Regierungssoldaten Herz und Leber aus dem Leib schneidet, die Drohung aus: „Ich schwöre zu Gott, ihr Hunde von Baschar al-Assad, wir werden von euren Herzen und Lebern essen. Oh ihr Helden von Baba Amr, ihr werdet die Alawiten schlachten und ihre Herzen essen." Dann zeigt das Video im Internet, wie der Kommandeur demonstrativ so tut, als esse er das Herz des Feindes. – Hier zit. n. Hackensberger (2013b): 7.

30   Das Massaker an den Tutsi, bei dem innerhalb von nur wenigen Wochen im Frühjahr 1994 mindestens 800.000 Menschen bestialisch niedergemetzelt wurden, ist in der jüngeren Geschichte Ruandas nur der düstere Höhepunkt einer ganzen Reihe von Massakern, die sich seit der Unabhängigkeit des Landes immer wieder ereignet haben. Vgl. hierzu Strizek (2011).

Bosnien, Tschetschenien verweisen auf die neue (alte) Phänomenologie des Krieges, demzufolge es immer vor allem die Zivilbevölkerung trifft, nicht so sehr die kämpfenden Einheiten. Clausewitz ist in diesem Punkt besonders zu revidieren, weil sich im Verlauf des 20. Jahrhunderts das Verständnis von einer *Schlacht* massiv gewandelt hat.[31] Eine offene Feldschlacht im herkömmlichen Sinne wird aufgrund der modernen Technologien keine Macht mehr führen – zu groß wären die Verluste, wie sie zuletzt Saddam Hussein im zweiten Golfkrieg von den Luftstreitkräften der USA zugefügt worden sind. Das bedeutet dann aber auch, dass die Zivilbevölkerung in die Kampfhandlungen systematisch mit einbezogen wird, sei es als Schutzschilde (wie die Hamas es vorgeführt hat, indem sie Artilleriestellungen in der Nähe von Krankenhäusern und Schulen platzierte) oder strategisch überhaupt als Ziel der militärischen Einsätze. Im Prinzip ist auch dieser Effekt nicht neu, war doch seit der Antike die Bevölkerung stets das Objekt der Kampfhandlungen. Wenn man dem jeweiligen Gegner Verluste zufügen wollte, dann am besten über den Umweg des Angriffs auf seine natürlichen Ressourcen in der Population und den ökonomischen Infrastrukturen jenseits der reinen Front.[32] Seit dem Amerikanischen Bürgerkrieg (1861-65) ist jedoch das Ausmaß solcher Kriegsaktionen durch die moderne Waffentechnologie (Maschinengewehr und Sprengstoff) in eine neue Dimension der Massenvernichtung geführt worden, die genozidale Bezüge aufweist.[33] Die systematische

---

31 Vgl. Creveld (2009b): 61ff.

32 Insbesondere der Dreißigjährige Krieg hat hier ganze Landstriche in Deutschland auf Jahrzehnte hinaus sozioökonomisch zurückgeworfen, weil das Ausmaß der Verheerungen gigantisch war. – Vgl. hier u.a. Arndt (2009).

33 Der Begriff *Genozid* ist erstmals in einer amerikanischen Publikation von 1944 erwähnt. Ursprünglich war dieser Terminus nicht identisch mit dem Begriff *Verbrechen gegen die Menschheit*, denn die alliierten Siegermächte haben bei der Aufarbeitung und juristischen Beurteilung der Verbrechen des NS-Regimes bewusst davon Abstand genommen, die Verfolgungen und Tötungen des Systems in seiner innenpolitischen Perspektive (gegen Oppositionelle, Homosexuelle etc.) strafrechtlich zu bewerten. Das hätte unangenehme Fragen nach dem eigenen Umgang mit ethischen Minderheiten (z.B. den Indianern) impliziert. Seit der UN-Resolution von 2005 erst befinden sich Völkermord (Genozid) und Verbrechen gegen die Menschheit terminologisch in juristischer Übereinstimmung. Vgl. Schabas (2010): 23f., 26. – Der amerikanische Jurist Raphael

Terrorisierung der Zivilbevölkerung hat die Armee der Nordstaaten bei ihrem Siegeszug in die Gebiete der Südstaaten mit einer Strategie der *verbrannten Erde* erstmals erfolgreich vorgemacht.[34] Das zeigt an, dass auch demokratisch geführte Armeen nicht gegen die Barbarisierung gefeit sind – im Gegenteil: mitunter erscheinen Terror und Schonungslosigkeit als ein Teilelement der militärischen Strategie westlicher Militärs.[35] So haben

---

Lemkin, der den Begriff *Genozid* bei der Aufarbeitung der Taten des NS-Regimes nach 1945 wesentlich geprägt hat, sah in dem Phänomen eine Manifestation der Barbarei. Das ist jedoch zu einfach bzw. idealistisch gedacht. Auch wenn Lemkin den Genozid für einen Typus staatlich organisierter Kriegsführung hielt, geht das entscheidende Motiv stets vom (individuellen und dann kollektiv gesteigerten) Aggressionsverhalten der Menschen im Krieg aus. – Vgl. hier Levene (2004): 9 u. 14. Bei Genoziden existiert kein Masterplan. Sie ereignen sich zwar nicht einfach so, aber sie sind auch nicht das Produkt einer systematischen Logik. „Jeder Völkermord findet seine Täter", konstatiert der Sozialpsychologe Harald Welzer (2010: 33): „Tatsächlich muss man Völkermorde nicht als Exzesse von Grausamkeit verstehen, als die sie sich uns darstellen. Im Kern geht es stets um die Formierung einer Gemeinschaft der Zugehörigen, die auf einer radikalen Definition von Nicht-Zugehörigkeit basiert. Einer Nicht-Zugehörigkeit, die durch Gewalt zugleich demonstriert wie durchgesetzt wird." Für Welzer haben daher die Gewaltexzesse der Soldaten im Krieg eine soziale Funktion: hierdurch *sozialisieren* sich die Akteure untereinander in der Extremsituation des Kampfes (vgl. ebd.: 35).

34　Die Strategie der radikalen Auslöschung von Städten und die Vertreibung bzw. Massakrierung ihrer Bewohner, die insbesondere General William Tecumseh Sherman für die Nordstaaten vertrat, gehörte in das klassische Konzept der Indianerbekämpfung seit dem 17. Jahrhundert. Vgl. Seewald (2011): 27. – Der Ungeist der modernen Kriegsführung ist demnach bereits durch prämoderne Muster in Form einer ethnizistisch und religiös überhöhten Ideologie (der *weiße Mann*) vorgeprägt worden, die dem *Anderen* keine Chance zum Leben lässt.

35　Insbesondere die USA sind hier immer wieder negativ aufgefallen, sei es in Afghanistan, dem Irak oder in Vietnam. Bei der Schulung für die Einsätze in Vietnam in den 1960er Jahren gab es für die jungen amerikanischen Soldaten lediglich eine zweistündige Ausbildung, wie man mit Kriegsgefangenen umzugehen habe. Die GIs, von denen viele nicht über einen High-School-Abschluss hinaus gekommen waren, pflegten als Witz die Aussage *anything that's dead and isn't white is a VC* (Vietcong). Das Niederbrennen von Dörfern,

die USA im Vietnamkrieg meist in Kleingruppen einen so genannten
Brückenkrieg kämpfen lassen, bei dem die Einheiten oft tagelang auf sich
allein gestellt im Dschungel waren und keinerlei Kontakt zu ihren Vorge-
setzten hatten.[36] Das hatte zur Folge, dass sich eine habituelle Disziplin-
losigkeit strukturell bemerkbar machte, die in der Dimension von *lea-
dership breakdown* furchtbarste Taten, begangen von demokratischen Soldaten, nach sich zogen.[37] „Sobald Frauen die Opfer waren," so fasst
Bernd Greiner seine Untersuchungen zur sexuellen Gewalt als Terror-
mittel im Vietnamkrieg zusammen,[38] „kannte die Gewalt keine Grenzen". „Die Täter traten wie Exorzisten auf, bis zur Besinnungslosigkeit
von ihrer Blutlust berauscht. Feixend feierten sie ihre Orgien der Gewalt." Massive sexuelle Gewalt gegen Frauen,[39] oft verbunden mit Tötungen lassen sich auch für die Bürgerkriege in Bosnien, an der Elfenbeinküste und in Sierra Leone konstatieren. Der Gegner wird terrorisiert
und gedemütigt, indem man den Männern ihre Frauen nimmt. Je brutaler
und je zufälliger die Täter insgesamt vorgehen, desto größer die psycho-

---

das Vergiften von Tieren und Vergewaltigungen waren an der Tagesordnung.
– Vgl. Linder (2007).

36 Vgl. Greiner (2004): 226.

37 Das Beispiel jener kleinen amerikanischen Kampfeinheit, die (bestehend aus
fünf Soldaten) im November 1966 im südvietnamesischen Hochland eine
junge Vietnamesin entführte, fünf Tage und Nächte lang vergewaltigte, um sie
dann anschließend auf *Hügel 192* zu ermorden, ist leider kein Einzelfall. Vergewaltigungen passten in das strategische Kalkül. Lieutenant General Julian
Ewell, der im Frühjahr 1969 den Einsatz einer Infanteriedivision im Mekong-
Delta leitete, gab sogar die Devise heraus, dass für jede Schwangere, die er-
schossen wurde, zwei getötete Personen auf der Berichtsliste angekreuzt werden könnten! – Vgl. hier Greiner (2004): 224 u. 229.

38 Ebd.: 241.

39 Das Ausmaß von Vergewaltigungen, die als gezielte Kriegsmaßnahme zur
Verunsicherung des jeweiligen politischen Gegners und seiner Anhänger in
der Bevölkerung in den Neuen Kriegen eingesetzt wird, ist bisher von der Internationalen Politik zu wenig beachtet worden. Zu Recht fordern hier der
britische Verteidigungsminister William Hague und die Schauspielerin Angelina Jolie als UNHCR-Sondergesandte in einem Appell an die Staatengemeinschaft eine „Verpflichtungserklärung zur Verhinderung von sexueller Gewalt
in Konflikten" für das Völker- und Kriegsrecht. – Vgl. Jolie/Hague (2013): 2.

logische Wirkung, denn hierdurch steigert man die allgemeine Unsicherheit auf der Gegenseite.

5. *Totalität der Kampfhandlungen.* Die Terrorisierung der Zivilbevölkerung wird erreicht durch das Konzept der totalen Kriegsführung. Alles und Jedermann kann betroffen sein. Die kämpfenden Einheiten legen keinen großen Wert auf eine völkerrechtlich relevante Trennung von Zivilisten und Soldaten. Dies gilt nicht nur für die Aktionen von Paramilitärs und Guerillaverbänden, im Grunde betrifft es auch das strategische Verhalten regulärer (staatlicher) Armeen. Im Ersten Weltkrieg waren nur 5 Prozent aller getöteten Menschen Zivilisten. Im Zweiten Weltkrieg hingegen betrug diese Quote bereits 66 Prozent und seit den 1970er Jahren sind ca. 80 Prozent der in einem Krieg Getöteten zivile Opfer.[40] Auch die verharmlosende Umschreibung von so genannten *Kollateralschäden* in der Terminologie westlicher Militärs kann nicht darüber hinweg täuschen, dass die Kriege der Gegenwart Kampfhandlungen beinhalten, die meist in Form von Bombardements die Zivilbevölkerung taktisch nicht aussparen. Allerdings ist auch dieses Szenario nicht wirklich neu: tatsächlich haben sämtliche Kriege in der Geschichte der Menschheit Effekte und Ansätze zu einer totalen Kriegsführung gehabt. Besonders im Dreißigjährigen Krieg gibt es keinen gesellschaftlichen Lebensraum, der nicht von den Kampfhandlungen der Kriegsparteien in irgendeiner Weise betroffen worden wäre. Der Krieg raste hier mit einer oft enthemmten und verwahrlosten Soldateska über ganze Landstriche hinweg.[41] Die Staatenkriege mit einer geordneten Linienführung und klaren Regeln, von denen Clausewitz in seiner Analyse zur Theorie des Krieges ausging, sind so gesehen eher Ausnahme als die Regel in der Geschichte des Krieges. Die immer schon vorhandene Bereitschaft zur radikalen Ausmerzung des Gegners (und auch des feindlichen Volkes) ist mit der technischen Entwicklung der militärischen Mittel eher gestiegen als gesunken. Das hat auch etwas mit dem veränderten Raumkonzept für die Kriegsführung zu tun. Aufgrund der Inanspruchnahme sämtlicher Ressourcen, die ökonomisch, demographisch und kulturell zur Verfügung stehen, haben sich

---

40   Vgl. Markusen/Kopf (1995): 1f.
41   Vgl. die paradigmatischen Szenen, die Jacques Callot um 1632 so realistisch wie drastisch illustriert hat (1982).

die Kriege seit dem Mittelalter zu Raumokkupationen entwickelt. Kolonialismus und Imperialismus sind die ökonomistisch-ideologischen Attribute für ein grundsätzlich verändertes Raumverständnis im Bereich der Politik. Die Poliswelten der griechischen Antike konnten einen Raum in der Fläche militärisch nicht beherrschen. Sie führten punktuelle Kriege mit situativen Schlachten. Der moderne Verwüstungskrieg ist so gesehen nicht nur ein Ergebnis der neuen technischen Möglichkeiten, die militärische Innovationen in den Waffensystemen bereit stellen, sondern diese raumergreifende Form des Kampfes ist auch das historische Resultat und die logische Konsequenz aus der sozialen und politischen Beherrschung des Raumes durch den Staat in der Fläche. Auch in dieser Hinsicht gilt der Amerikanische Bürgerkrieg nicht zu Unrecht als Prototyp des ersten *modernen* Krieges:[42] ca. 600.000 Tote (allein bei den Soldaten, Zivilisten hier noch gar nicht berechnet) zeigen die totalisierende Komponente der Kampfhandlungen in der Fläche signifikant an. Im Ersten und im Zweiten Weltkrieg hat sich diese Tendenz zum Normalfall für die kriegführenden Parteien verdichtet:[43] „Es gibt keine unschuldigen Zivilisten. Man bekämpft ein Volk und keine Streitkräfte mehr", so formulierte Curtis Le May als zuständiger Supervisor für die Bombardements gegen Deutschland und Japan im Zweiten Weltkrieg die Strategie für die Alliierten.[44] Ein solcher Grundsatz führt zur Massakrierung der Zivilbevölkerung – und zwar als strategisches Konzept.[45] Auch wenn man diese Position nach den Kriegen in Vietnam erkennbar zurückgenommen hat, bleibt dennoch auch für das taktische Verhalten der Nato-Einsätze gegen

---

42   Vgl. auch Seewald (2011): 27.

43   Bereits Ludendorff hat rückblickend auf den Ersten Weltkrieg vom *totalen Krieg* gesprochen. – Vgl. Ludendorff (1935).

44   Zit. n. Friedrich (2005): 8/9.

45   In einer neueren systematischen Untersuchung von Nick Turse (2013) zu hunderten von Massakern während des Vietnam-Krieges wird deutlich, wie sehr das *Body-Counting* der US-Streitkräfte nicht nur zu einer Verrohung der Soldaten geführt hat, sondern zu einem ganz gezielten Tötungsimpuls gegenüber der Zivilbevölkerung wurde. Regelrechte Killermaschinen liefen da durchs Land, wie etwa Sergeant Roy Bumgarner, der sich rühmte, in sieben Jahren in Vietnam mehr als 1.500 Menschen persönlich liquidiert zu haben! – Vgl. Schmitt (2013): 8.

Serbien im Kosovokrieg 1999, der USA gegenüber den serbischen Verbänden in Bosnien 1995 und insbesondere beim Libyen-Einsatz der
Nato zum Sturz Gaddafis strategisch bestehen. Die Botschaft ist nunmehr symbolisch: Wer immer das jeweils bekämpfte Regime unterstützt,
hat sich im Zweifelsfall selbst zuzuschreiben, wenn dabei *unschuldige* Zivilisten nebenbei mit zu Tode kommen.[46]

6. *Small-Budget-Kriege.* Die Fähigkeit, einen Krieg zu führen, hängt wesentlich auch vom Organisationsgrad einer Gesellschaft oder Gruppe ab,
wie sie mit ihren Ressourcen umgeht, d.h. wie sie diese Ressourcen erwirtschaftet und ob und inwiefern sie dabei auch noch Gewinne macht.
Klassischerweise ist dies der Staat (gewesen), der nicht nur im Ersten
Weltkrieg durch eine bedingungslose Mobilmachung seiner Zivilbevölkerung hier ungeahnte Energien frei gesetzt hat. Um 1900 kamen
88 Prozent der Weltindustrieproduktion aus Europa, den USA und aus
Japan.[47] 1929 betrug der Anteil der USA an der gesamten Industrieproduktion der Welt 43,3 Prozent.[48] Insofern ist es kein Zufall, dass die führenden Konfliktmächte im Ersten und Zweiten Weltkrieg auch die großen Industrienationen der Erde waren. In und mit den Neuen Kriegen
hat sich die ökonomische Konstellation für die kriegführenden Parteien
verändert: Zwar sind die Staaten der westlichen Welt immer noch diejenigen mit dem bei weitem stärksten Rüstungspotential – allen voran hier

---

46   Damit verschieben sich auch die Legitimationsmuster für die Kriegsführung
     selbst. Eine Theorie des *Gerechten Krieges* lässt sich bei Kollateralschäden, die
     aufgrund der modernen Waffentechnik ebenso punktgenau sind wie sie sozial
     diffus bleiben, nicht mehr aufrechterhalten. Gerade die Totalität der militäri-
     schen Mittel (bis hin zur Androhung des Einsatzes von Massenvernichtungs-
     waffen oder deren temporäre und räumlich begrenzte Anwendung wie im Fal-
     le Saddam Husseins gegen die Kurden im Nordirak) führt zu einer völligen
     Nihilierung für eine Begründung der gerechten Sache. Noch jeder Diktator
     hat im Übrigen seinen Militäreinsatz als *gerecht* bezeichnet. Die Neuen Kriege
     wirken in dieser Hinsicht enttheoretisierend: Sie enttarnen Kriege als das, was
     sie immer sind – massive Anwendung von Gewalt, die Zwecke seien dahin
     gestellt – sie bleiben beliebig. – Vgl. hierzu, mit dem Versuch die Theorie des
     Gerechten Krieges zu retten bzw. zu modifizieren, Walzer (1977 u. 2002), kri-
     tisch dazu Nitschke (2012).
47   Vgl. Creveld (2009b): 19.
48   Vgl. ebd.: 104.

die USA, doch die Schwellen- und Entwicklungsländer rüsten auf.[49] Dabei geht es auch preiswerter. Gerade die Bürgerkriege in Sierra Leone, der Elfenbeinküste, die Sezessionskriege in Bosnien, Kroatien und im Südsudan sind umso erbitterter und schonungsloser ausgetragen worden, weil die High-Tech-Waffen hierbei fehlten. Kalaschnikows sind relativ preiswert illegal auf dem Markt zu beziehen. Die Schattenwirtschaft im Einklang mit den Gewinnen der Raubökonomie führt bei den modernen Kommunikationstechnologien dazu, dass selbst kleinste Gruppen, gescharrt um den regionalen oder lokalen Warlord im Dschungel oder in der Wüste, ihren Profit aus dem Fortgang des Krieges ziehen. Es kostet nicht viel, Menschen zu töten: Die bevorzugte Mordwaffe bei den Massakern in Ruanda in nur wenigen Wochen war der Baseballschläger und die Machete. Auch der Einsatz von *Kindersoldaten* ist bei den diversen Guerillagruppen Schwarzafrikas sehr beliebt. Außer ihrer Verpflegung kosten sie fast nichts, sie sind bedingungslos gehorsam gegenüber ihrem Anführer und emotional leicht zu fanatisieren. Völkerrechtliche Regeln, wie sie die Genfer Konvention in ihrem Festakt im August 1999 gefeiert hat, gelten in den Neuen Kriegen, die so furchtbar preiswert geführt

---

49 Nach der neuen Studie von *Sipri* sind 2012 die Militärausgaben weltweit erstmals seit 1998 zurückgegangen (um 0,5 Prozent). Allerdings stiegen sie in bestimmten Regionen Asiens bzw. Ozeaniens um 3,2 Prozent. Vergleicht man die aktuellen Zahlen im Rahmen einer 10-Jahresbilanz, dann wird die Veränderung bei den Militärausgaben dramatischer deutlicher: zwischen 2003 und 2012 hat Vietnam seine Rüstungsausgaben um 130 Prozent erhöht, Indonesien um 73 Prozent und China sogar um 175 Prozent! Auch in Lateinamerika wird aufgerüstet; hier liegen Paraguay und Venezuela voran. Nur in West- und Zentraleuropa sowie in Australien, Kanada und Japan gab es einen Rückgang bei den Rüstungsausgaben. Die militärische Struktur der Welt verändert sich also derzeit: zwar sind nach wie vor die USA der Spitzenreiter bei den Rüstungsausgaben (mit 39 Prozent), doch rückt China auf den zweiten Platz nach (mit 9,5 Prozent) und Russland ist mit 5,2 Prozent ebenfalls in einer Steigerung begriffen. Deutschland steht mit 2,6 Prozent der weltweiten Rüstungsausgaben hinter Frankreich (3,4 Prozent) und Großbritannien (3,5 Prozent), Japan, Saudi-Arabien und Indien auf dem neunten Platz. Insgesamt betragen die Rüstungsausgaben weltweit im Jahre 2012 1,75 Billionen Dollar, ca. 2,5 Prozent der weltweiten Wirtschaftsleistung! Davon finanzieren die Natostaaten allein etwa 1 Billion! – Vgl. Erling (2013): 7.

werden, nichts, denn ein Menschenleben zählt in Kulturen, deren Population rasant ansteigt, nicht viel.[50]

7. *Asymmetrie.* Viel ist über die Asymmetrie geschrieben worden. Nicht wenige Analysten sehen darin den Hauptpunkt, der die Neuen Kriege von den *Alten* unterscheidet.[51] Gemeint ist hierbei die Gefechtskonstellation, dass sich zwei gegnerische Armeen mit gleichen Mitteln und Methoden gegenüber stehen. Unabhängig von der Größe der Truppenstärke, die meist nie auf beiden Seiten identisch war und ist, erscheint der klassische Krieg im Rückblick als eine Konfrontation unter Gleichen. Doch diese Konstellation ergibt sich bei näherer historischer Betrachtung eigentlich nur für die Gefechtssituationen der linear aufgestellten Infanterie des Ancien Régime. Genau darauf hatte sich Clausewitz auch bezogen. Ansonsten ist der antiken wie auch der mittelalterlichen Kriegsführung die symmetrische Konstellation fremd. Die Schlachten eines Alexander und eines Caesar wurden gewonnen, gerade weil man die Truppen asymmetrisch eingesetzt hat. Auch jede Belagerung einer Stadt oder einer Festung im Mittelalter war asymmetrisch hinsichtlich der Mittel und der Taktiken. So ist die Vorstellung, dass immer nur reguläre Truppen gegeneinander ins Feld ziehen, ein (im Prinzip neues) Konzept des absolutistischen Staates gewesen. Der Dreißigjährige Krieg kennt ganz andere Erscheinungsformen und die Indianerkriege im Wilden Westen sind das genaue Gegenteil von symmetrischer Kriegsführung.[52]

---

50   Kinder, die wie *Hitler the Killer* schon ab dem 6. oder 7. Lebensjahr in Liberia gelernt haben zu töten, sind ein typisches Phänomen dieser small-budget-geführten Kriege. Hitler the Killer gab im Interview mit 11 Jahren an, bereits mindestens 10 Menschen umgebracht zu haben. – Vgl. Kurbjuweit (1998): 3. Eine Psychologin von der Universität von Burundi bilanziert über ihre Arbeit mit posttraumatisierten ehemaligen Kindersoldaten: „Kinder sind leicht zu manipulieren, können oft nicht genau zwischen Gut und Böse unterscheiden, streben nach Anerkennung, können Gefahren nicht richtig einschätzen und sind sich der Finalität des Todes nicht bewusst. […] Gefühle werden ihnen systematisch abtrainiert. So werden sie oft besonders brutale Soldaten."– Hier zit. n. Hedemann (2012): 8. Grundsätzlich dazu Pittwald (2008) u. Biedermann (2007).

51   Insbesondere Münkler (2006 u. 2007) betont dies immer wieder. Vgl. hier auch Voigt (2008).

52   Vgl. grundsätzlich hierzu Brown (1974) u. Thornton (1990).

Insofern überzeichnet auch Carl Schmitt die neue Bedeutung des Partisanen für den modernen Krieg. Die Schlacht von Waterloo hat zweifellos eine symmetrische Konstellation gehabt, doch die vielen Scharmützel aus dem Hinterhalt in Spanien und in Russland waren dies gerade nicht. Als Kennzeichen der Neuen Kriege ist der Topos der Asymmetrie also nicht so gravierend neu und andersartig, wie die Geschichte der Kriegsführung zeigt. Erst aus der Sicht des Staates betrachtet erscheint dieses Phänomen als *neu*, sofern man davon ausging, dass das Gewaltmonopol des Staates sowohl theoretisch wie auch praktisch in all seinen Funktionen nicht ernsthaft herausgefordert werden kann. Dabei wurde und wird übersehen, dass gerade die Hobbessche Theorie sehr genau belegt, wie brüchig dieses Gewaltmonopol sein kann bzw. durch den tendenziellen Rückfall in den Naturzustand permanent bedroht bleibt.[53] Diese Bedrohung, d.h. die Destruktion und Delegitimation des staatlichen Gewaltmonopols, ist in der Gegenwart stärker gegeben denn je, da bereits kleinste Gruppen aufgrund der technischen Mittel bis hin zum Massenmord in der Lage sind, den Staat herauszufordern bzw. in Frage zu stellen. *9/11* ist in dieser Hinsicht auch symbolisch der Auftakt für eine neue Form von Kriegen, in der terroristische Attentate als Kalkül militärischer Strategie erscheinen.[54] Terrorismus und Partisanentum lassen sich hierbei nicht (mehr) trennen.[55] Die Asymmetrie besteht dann auch schon in der Form der Legitimierung der Gewaltanwendung und der Kampfhandlungen selbst: Was der einen Seite als *Terrorist* erscheint, ist für die andere Seite ein *Freiheitskämpfer!*[56] In der Diskreditierung klarer Regeln

---

53 Vgl. dazu auch Nitschke (2004): 46ff.

54 Vgl. auch Kümmel/Collmer (2003).

55 So auch Horowitz (1997): 104.

56 Die *Tamil Tigers*, die tschetschenischen Widerstandskämpfer, die ETA, die IRA, die Liste ist lang – und der (kleine) Krieg ist immer asymmetrisch. Die Aufständischen in Bengasi waren für die westlichen Medien *Rebellen*, für Gaddafi *Terroristen*. Auch für den Diktator in Syrien sind die Aufständischen allesamt nur Terroristen. In einer seiner seltenen Fernsehansprachen formuliert Assad: „Ich denke, es gibt keinen einzigen vernünftigen Menschen, der glaubt, dass man mit Terrorismus politisch umgehen könne […] Mit Terrorismus kann es keine Lösung geben, außer ihn mit eiserner Faust zu bekämpfen." – Hier zit. n. Hackensberger (2013c): 6.

und logischer Anerkennungsmuster hat die asymmetrische Kriegsfüh-rung zugleich auch etwas Totalisierendes: Alles und jeder kann davon betroffen sein. Besonders dann, wenn man aufgrund eines Feindbildes kollektivistisch dazu gerechnet wird.[57] Ein asymmetrischer Krieg, wie er von der Hamas im Gazastreifen vom Dezember 2008 bis Mitte Januar 2009 gegen die Streitkräfte Israels geführt wurde, richtet sich gegen alle, auch gegen die eigenen *Zivilisten*, die hier als Mitkombattanten eingesetzt werden, ob sie dies wollen oder nicht.[58]

Was bleibt also als Fazit angesichts der Ambivalenz der Phänomene von der These der Neuen Kriege? – Einzeln für sich betrachtet wirken sie nicht unbedingt neu, in der Summe, vor allem im Hinblick auf ihre Vermischung, zeigen sie jedoch an, dass die Epoche der Staatenkriege, die Clausewitz im frühen 19. Jahrhundert zum Kern seiner Vorstellungen von einer Theorie des Krieges gemacht hat, obsolet geworden ist. Damit ist aber auch eine Theorie vom Gerechten Krieg nicht mehr haltbar. Um den Schutz des jeweiligen Volkes in einer konkreten Bedrohung geht es immer – und da sieht sich jede Seite im Recht. Die Notwendigkeit der Kampfmaßnahmen, die Verhältnismäßigkeit der Mittel und vor allem das gern geforderte Differenzierungsgebot zwischen Kämpfern und Nicht-kämpfern,[59] wird in den Neuen Kriegen de facto nicht beachtet.

Denn das „Pulsieren der Gewaltsamkeit", das wusste auch schon Clausewitz,[60] kann zu einer Dynamik führen, die noch jede Logik der Kriegsführung, des strategischen Interesses, des taktischen Kalküls hin-weg gespült hat. Auch hierin sind die *Neuen* Kriege nicht wirklich anders als die Alten.

---

57   Scheich Omar al-Talmassani, der Führer der ägyptischen Muslimbruderschaft vor dem *Arabischen Frühling*, wird von einem seiner Anhänger mit den Worten zitiert: „Kein Jude ist unschuldig! Alle Juden müssen getötet werden. Sie un-terdrücken das palästinensische Volk und haben der Menschheit in ihrer lan-gen Geschichte nur Unglück gebracht. Unser Heiliger Krieg wird diese Rasse und ihre Verbündeten endgültig ausrotten." – Hier zit. n. Berkéwicz (2002): 47.

58   Vgl. auch Halbertal (2009): 8.

59   Vgl. ebd.: 9.

60   Clausewitz (2008): 46.

Literatur

Arndt, Johannes (2009): Der Dreißigjährige Krieg 1618-1648. Stuttgart.

Berkéwicz, Ulla (2002): Du bist getötet worden, weil du getötet hast. In: Frankfurter Allgemeine Zeitung (11. Mai 2002) Nr.108, S.47.

Biedermann, Jürgen (2007): Wie ein Kindersoldat denkt und fühlt. Eine Analyse von Erlebnisberichten ehemaliger Kindersoldaten über ihren Militärdienst in der LRA. Saarbrücken.

Brown, Dee (1974): Begrabt mein Herz an der Biegung des Flusses. München/Zürich.

Callot, Jacques (1982): Kleine und große Schrecken des Krieges. Hrsg. u. mit einem Nachwort v. F. Winzinger. Dortmund.

Chojnacki, Sven (2007): Auf der Suche nach des Pudels Kern – Alte und neue Typologien in der Kriegsforschung. In: Formen des Krieges. Von der Antike bis zur Gegenwart. Hrsg. v. D. Beyrau u.a. Paderborn, S.479-502.

Clausewitz, Carl von (2008): Vom Kriege. Hamburg.

Creveld, Martin van (1998): Die Zukunft des Krieges. München.

Creveld, Martin van (2009a): „Nur die Toten erleben das Ende des Krieges". Ein Interview mit dem Militärhistoriker. In: Junge Freiheit (14. August 09) Nr.34, S.6-7.

Creveld, Martin van (2009b): Die Gesichter des Krieges. Der Wandel bewaffneter Konflikte von 1900 bis heute. München.

Debiel, Tobias/ *Ropers*, Norbert / *Wollefs*, Elisabeth (1997): Krieg und Frieden. In: Globale Trends 1998. Fakten, Analysen, Prognosen. Hrsg. v. I. Hauchler u.a. Frankfurt a.M., S.342-375.

Erling, Johnny (2013): Militärausgaben steigen in den Krisenregionen. In: Die Welt (16. April 2013) S.7.

Freudenberg, Dirk (2008): Theorie des Irregulären. Partisanen, Guerillas und Terroristen im modernen Kleinkrieg. Wiesbaden.

Friedrich, Jörg (2005): Mongolensturm des Abendlandes. In: Die Welt (10. Februar 2005) S.8-9.

Greiner, Bernd (2004): Das alltägliche Verbrechen – Sexuelle Gewalt im Vietnamkrieg. In: Massenhaftes Töten. Kriege und Genozide im 20. Jahrhundert. Hrsg. v. T. Kühne. Essen, S.224-243.

Hackensberger, Alfred (2013a): Islamisten in Mali rücken unaufhaltsam vor. In: Die Welt (12. Januar 2013) S.8.

Hackensberger, Alfred (2013b): Wie weit kann der Krieg gehen? In: Die Welt (16. Mai 2013) S.7.

Hackensberger, Alfred (2013c): Assad droht Rebellen mit der „eisernen Faust". In: Die Welt (6. August 2013) S.6.

Halbertal, Moshe (2009): Neue Regeln für neue Kriege. In: Welt am Sonntag (22. November 2009) Nr.47, S.8-9.

Hedemann, Philipp (2012): „Die Nächsten zu töten war nicht mehr schwer". In: Die Welt (8. Februar 2012) S.8.

Horowitz, Irving Louis (1997): Taking Lives. Genocide and State Power. Fourth Edition, expanded and revised. New Brunswick/London.

Janssen, Dieter (2008): Krieg. In: Handbuch der Politischen Philosophie und Sozialphilosophie, Bd.1 (A-M). Hrsg. v. S. Gosepath u.a. Berlin, S.661-667.

Jolie, Angelina / *Hague*, William (2013): Vergewaltigung ist Krieg. In: Die Welt (19. September 2013) S.2.

Kaldor, Mary (1997): New and Old Wars. Organized Violence in a Global Era. Cambridge.

Kermani, Navid (2000): Die Herrschaft der Clans. Der tadschikische Bürgerkrieg und der Frieden der Milizen. In: Frankfurter Allgemeine Zeitung (27. Mai 2000) Nr.123, Ereignisse und Gestalten, S.III.

Kümmel, Gerhard / *Collmer*, Sabine (Hrsg. / 2003): Asymmetrische Konflikte und Terrorismusbekämpfung. Prototypen zukünftiger Kriege? (Militär und Sozialwissenschaften, Bd.32) Baden-Baden.

Kurbjuweit, Dirk (1998): Der Fluch der neuen Kriege. In: Die Zeit (16. April 1998) S.3.

Le Billon, Phillipe (2003): Natürliche Ressourcen und die politische Ökonomie des Krieges. In: Politische Ökonomie der Gewalt. Staatszerfall und die Privatisierung von Gewalt und Krieg. Hrsg. v. W. Ruf. Opladen, S.144-164.

Levene, Mark (2004): Warum ist das Zwanzigste das Jahrhundert der Genozide? In: Zeitschrift für Weltgeschichte 5 (2004) H.2, S.9-37.

Linder, Douglas (2007): An Introduction to the My Lai Courts-Martial. Unter: http://ssrn.com/abstract=1029398 (vom 13. November 2007, aufgerufen am 7. Juli 2011).

Lock, Peter (2003): Kriegsökonomien und Schattenglobalisierung. In: Politische Ökonomie der Gewalt. Staatszerfall und die Privatisierung von Gewalt und Krieg. Hrsg. v. W. Ruf. Opladen, S.93-123.

Ludendorff, Erich (1935): Der totale Krieg. München.

Markusen, Eric / *Kopf*, David (1995): The Holocaust and Strategic Bombing. Genocide and Total War in the Twentieth Century. Boulder/San Francisco/Oxford.

Meyers, Reinhard (2006): Krieg und Frieden. In: Handwörterbuch Internationale Politik. Hrsg. v. W. Woyke. 10., durchgesehene Aufl. Opladen/Farmington Hills, S.286-305.

Münkler, Herfried (2006): Der Wandel des Krieges. Von der Symmetrie zur Asymmetrie. Weilerswist.

Münkler, Herfried (2007): Die neuen Kriege. 3. Aufl. Reinbek b.H.

Nitschke, Peter (2004): Das Gewaltmonopol in der Defensive – Zur Veränderung von Staatlichkeit im Bereich der Inneren Sicherheit. In: Polizei & Wissenschaft (2004) Ausgabe 1, S.46-51.

Nitschke, Peter (2011a): Die Wissenschaft vom Staate. In: Kulturwissenschaften der Moderne. Bd.2 - Das 19. Jahrhundert. Hrsg. v. dems. Frankfurt a.M. u.a., S.115-141.

Nitschke, Peter (2011b): Oswald Spengler und Carl Schmitt – Zur Morphologie des Kampfes. In: Freund-Feind-Denken. Carl Schmitts Kategorie des Politischen. Hrsg. v. R. Voigt. (Staatsdiskurse 15) Stuttgart, S.131-147.

Nitschke, Peter (2012): Eine zeitgemäße Lehre vom Gerechten Krieg? Begründungen und Erweiterungen zu Michael Walzer. In: Freiheit, soziale Güter und Gerechtigkeit. Michael Walzers Staats- und Gesellschaftsverständnis. Hrsg. v. K.-H. Nusser. (Staatsverständnisse, Bd.45) Baden-Baden 2012, S.314-338.

Nordstrom, Carolyn (2005): Leben mit dem Krieg. Menschen, Gewalt und Geschäfte jenseits der Front. Frankfurt/New York.

Pittwald, Michael (2008): Kindersoldaten, neue Kriege und Gewaltmärkte. Belm-Vehrte.

Scahill, Jeremy (2007): Blackwater. Der Aufstieg der mächtigsten Privatarmee der Welt. München.

Schabas, William A. (2010): Ausweitung der Kampfzone. Allzweckwaffe mit Nebenwirkungen – Die Geschichte des Genozid-Begriffs. In: Internationale Politik 65 (2010) Nr.1, S.23-27.

Schlichte, Klaus (1996): Krieg und Vergesellschaftung in Afrika. Ein Beitrag zur Theorie des Krieges. Münster.

Schmitt, Carl (1995): Theorie des Partisanen. Zwischenbemerkung zum Begriff des Politischen. 4. Aufl. Berlin.

Schmitt, Uwe (2013): „Tötet alles, was sich bewegt". In: Die Welt (6. März 2013) S.8.

Scholl-Latour, Peter (1980): Der Tod im Reisfeld. Dreißig Jahre Krieg in Indochina. Stuttgart.

Seewald, Berthold (2011): Wollt ihr den totalen Bürgerkrieg? In: Die Welt (12. März 2011) S.27.

Strizek, Helmut (2011): Clinton am Kivu-See. Die Geschichte einer afrikanischen Katastrophe. Frankfurt a.M. u.a.

Thornton, Russell (1990): American Indian Holocaust and Survival. A Population History since 1492. University of Oklahoma.

Turse, Nick (2013): Kill Anything That Moves – The Real American War in Vietnam. New York.

Uesseler, Rolf (2008): Krieg als Dienstleistung. Private Militärfirmen zerstören die Demokratie. Berlin.

Ulfkotte, Udo (2000): Ein schweres koloniales Erbe. In: Frankfurter Allgemeine Zeitung (2. Juli 2000) N.127, S.5.

Voigt, Rüdiger (2008): Krieg ohne Raum. Asymmetrische Konflikte in einer entgrenzten Welt. Stuttgart.

Walzer, Michael (1977): Just and Unjust Wars. A Moral Argument with Historical Illustrations. 3. Aufl. New York 2000.

Walzer, Michael (2002): Der Sieg der Lehre vom gerechten Krieg – und die Gefahren ihres Erfolges. In: Ders., Erklärte Kriege – Kriegserklärungen. Essays. Hrsg. u. mit einem Nachwort versehen v. O. Kallscheuer. Hamburg 2003, S.31-51.

Welzer, Harald (2010): Unüberbrückbar ungleich. Warum Menschen zu Massenmördern werden. In: Internationale Politik 65 (2010) Nr.1, S.32-37.

XIII. Internationaler Terrorismus

Dank der medialen Vernetzung im Zeitalter der Globalisierung zeigt sich
(leider) auch ein altbekanntes Phänomen aus dem Bereich der inneren
Sicherheit von Staaten in einer neuen Dimension. Der internationale
Terrorismus ist seit Beginn des 21. Jahrhunderts zu einem der prägenden
politischen Prozesse für die meisten Länder dieser Welt geworden.[1]
Bush's *War on Terror* hat nicht zufällig die großen Linien der internationalen Politik bestimmt und neu vermessen. Wer nun glaubt, dies alles sei
(nur) auf den 11. September 2001 zurückzuführen, der greift in der Analyse der Terrorstrukturen zu kurz. 9/11 ist zweifellos das dramatische
Paradigma für das erste Jahrzehnt des neuen Jahrhunderts, aber auch
schon vor diesem Datum hat es eine Reihe von blutigen Terroranschlä-
gen gegeben, nur hat die Weltöffentlichkeit (hier vor allem die Medien
im Westen) dies nicht mit Aufmerksamkeit registriert und weiter verfolgt.[2]

---

1   Schier unübersichtlich ist die Zahl der differenten bzw. in sich ausdifferenzie-
    renden Terrorismus-Definitionen. Zunächst recht einfach ist eine Beschrei-
    bung, wenn man unter *Terrorismus* mit André Glucksmann eine „Aggression
    gegen zwangsläufig überraschte und wehrlose Zivilisten als Zivilisten" ver-
    steht. – Glucksmann (2007): 1. Allerdings bringt es wenig, Terrorismus nur
    mit Gewalt zu assoziieren (vgl. auch Knop 2004: 47). Die Erzeugung von
    Angst und Schrecken dient einer politischen Absicht, das zumindest bleibt
    trotz aller Differenzierungen unbestritten. Auch eine Regierung kann sich ter-
    roristisch verhalten. Tatsächlich kennt gerade die Moderne seit dem 20. Jahr-
    hundert eine Menge von Terror-Regimen. Grundsätzlich sind Diktaturen
    hierdurch gekennzeichnet. In Bezug auf den Internationalen Terrorismus ist
    jedoch der Akzent ganz anders: hier geht man von Gruppierungen aus, die
    den Terror als taktische Waffe gegen eine Regierung einsetzen – und dies
    nicht nur auf deren eigenem Hoheitsgebiet, sondern überall auf der Welt, wo
    man institutionelle Symbole dieser Regierung oder ihrer Gesellschaftsform an-
    trifft. Für die terminologische Übersicht vgl. u.a. Bock (2008): 64ff., Münkler
    (2007): 11, Hirschmann (2006), Burns/Peterson (2005), Weidenfeld (2004).
2   Bereits in den 1970er Jahren sind verschiedene Attentate, etwa die Entfüh-
    rung der *Landshut* durch ein palästinensisches Terrorkommando zur Freipres-
    sung der RAF-Häftlinge in Deutschland, durch ein internationales Format ge-
    prägt. Insofern kann man durchaus zu Recht z.B. im Attentat von München
    während der Olympischen Spiele im September 1972 den Auftakt für den in-

Die von al-Qaida organisierten Bombenanschläge gegen die amerikanischen Botschaften in Nairobi (Kenia) und Daressalam (Tansania), die
fast zeitgleich im August 1998 stattfanden und eine (für damalige Verhältnisse) verheerende Wirkung mit über 200 Toten hatten, waren (im
Nachhinein betrachtet) nur so etwas wie der Test für 9/11.[3] Dabei wird
die Philosophie, die von Osama Bin Laden für die terroristischen Attentate gegen westliche Ziele zugrunde gelegt wurde, bereits in diesen beiden Anschlägen überaus deutlich. Es geht bei dieser neuen Form des
Terrorismus nicht mehr darum, irgendeinen wichtigen Repräsentanten
des politischen Regimes, gegen das man opponiert, zu liquidieren, sondern eine Masse von Menschen zu treffen. Damit verfolgt al-Qaida eine
militärische Agenda bei den terroristischen Anschlägen. „Wir machen
keinen Unterschied zwischen Menschen in Militäruniformen und Zivilisten: Sie alle sind Ziele", erklärt Osama Bin Laden in einem Interview im
Mai 1998.[4]

Im Grunde setzt al-Qaida damit eine Logik um, die als analytische
Konsequenz direkt aus den Kampfstrategien des Zweiten Weltkrieges
gezogen worden ist.[5] Der taktische Einsatz von Massenvernichtungswaf-
fen resultiert aus dieser Logik. Die heutige Einschätzung, dass man bei
Einsätzen der Luftwaffe Kollateralschäden in Kauf nehmen müsse, ist
nur der vorsichtige Versuch, sich ein wenig von dieser Linie abzusetzen.
Und diese Sensibilität gilt auch nur für Demokratien. Faktisch werden
immer Zivilisten getroffen und getötet, wenn es zu Bombardements
kommt. Im Grunde wird damit eine genozidale Perspektive für die moderne Kriegsführung akzentuiert.[6] Zwischen Kombattanten und Nicht-
kombattanten wird kaum unterschieden. Die Kriegsführung ist (besonders bei Bürgerkriegen) total: Massaker mit genozidalen Ausmaß sind in
Ruanda 1994, Bosnien in der ersten Hälfte der 1990er Jahre und Darfur
im Sudan zu Beginn des 21. Jahrhunderts nur die bekanntesten Beispiele

---

ternationalen Terrorismus sehen, nicht zuletzt auch deshalb, weil diese Aktion
eine breite mediale Wirkung in der Welt erzeugt hatte. – Vgl. hier Hoffmann
(2007): 121.

3   Vgl. hierzu dezidiert Bergen (2001): 133ff.
4   Ebd.: 133.
5   Vgl. dazu bereits Kapitel XII.
6   Vgl. auch Markusen/Kopf (1995).

hierfür. Gezielt wird die Gesellschaft (der jeweiligen Gegenseite) als Ganzes attackiert und mit den brutalsten Mitteln, die überhaupt denkbar sind, bis hin zur möglichst vollständigen Liquidierung schonungslos traktiert.

Al-Qaida folgt mit den Anschlägen in Nairobi und Daressalam, dem Angriff auf die *Twin Towers* in New York und dem Pentagon, dem Attentat auf die Pendlerzüge in Madrid 2004 und der Londoner U-Bahn 2005 dieser nihilistischen Strategie des modernen Krieges. Nicht die Kämpfer und politisch Verantwortlichen in der Regierung sind das Ziel der Terrorattentate, sondern in erster Linie das Volk selbst, die *Anhänger des Systems*.[7]

Damit ist ein folgenschwerer Wandel im Terrorismus eingetreten: Terror ist nicht mehr das Produkt kleiner Splittergruppen in einer Gesellschaft, die mit ihren oft abstrusen Vorstellungen von der *wahren Ordnung*, die sie angeblich mit ihren Taten erreichen wollen, spektakuläre Anschläge gegen symbolische Repräsentanten des Systems machen. Das war das vorherrschende Kennzeichen der westeuropäischen Terrorgruppen, die seit den 1960er Jahren die politische Ordnung in Spanien, Italien, Deutschland und in Großbritannien herausforderten. Auch wenn die Motive dafür unterschiedlich waren, zwischen einem ethnonationalistischen Anspruch auf Befreiung von hegemonialer Bevormundung durch ein nationales Zentrum (wie im Falle der ETA im Baskenland oder der IRA in Nordirland) auf der einen Seite und der Vision einer angeblich klassen- und gewaltfreien Gesellschaft auf der anderen Seite (in der blutig-utopistischen Perspektive der RAF in Westdeutschland und den *Roten Brigaden* in Italien),[8] gemeinsam war all diesen Terrorgruppen, dass sie sich in ihrer Ideologie neomarxistisch legitimiert haben. Wie schon bei den postkolonialen Befreiungsbewegungen in der Dritten Welt diente eine verquere Marxlektüre als Begründung für einen Emanzipationsanspruch durch massive Gewalt.[9]

---

7   Vgl. auch Nitschke (2008): 15ff.
8   Vgl. hierzu u.a. Pflieger (2007), Enderwitz/Haardt (2008), Taylor (2001).
9   So hat auch Michael Walzer Terrorismus als „revolutionary violence" verstanden (Walzer 1977: 197). Das war seinerzeit sicherlich noch sehr stark unter dem Eindruck der postkolonialen Freiheitsbewegungen der 1950er und 1960er Jahre in Afrika und in Indochina gesehen. Ein strukturelles Manko ist

Bei al-Qaida und all den sich darauf beziehenden oder ähnlich argumen-
tierenden Terrororganisationen wie der *Hamas* oder der *Hizbullah* ist die
Argumentation und Konzeption jedoch eine andere. Zum einen sind
diese Terrororganisationen z.T. regelrechte Volksbewegungen geworden,[10] die auch karitativ mit Elementarschulangeboten und Krankenver-
sorgung die Bevölkerung erreichen und dabei das Antlitz einer NGO
tragen. Zum anderen ist die Begründung für den Terror theologisch motiviert. Terrorismus ist ein nützliches, weil taktisches Mittel im Rahmen
einer asymmetrischen Kriegsführung – somit kein Selbstzweck.[11] Das
war er schon bei Baader-Meinhof nicht. Terrorismus ist immer *Mittel zum
Zweck.* Der Zweck ist die Erzeugung von Angst und Schrecken – in
struktureller Hinsicht verbunden mit der Perspektive:

a) den Gegner zu frustrieren und in seiner Kampfbereitschaft zu de-
motivieren,

b) die eigenen Anhänger und Sympathisanten in ihrer Radikalität zu
bestätigen und zu aktivieren.

---

es ohnehin in der Lehre von Marx, dass der Gewaltbegriff im Rahmen einer
Soziologie der Herrschaft nicht weiter ausdifferenziert wird. Tatsächlich hat
Marx sogar die schonungslose Niederwerfung des Aufstands in Indien durch
die britische Kolonialarmee Mitte des 19. Jahrhunderts als einen Akt der Vernunft dechiffriert, weil seiner Ansicht nach das indische Volk noch gar nicht
so weit gewesen sei, um sich wirklich im Sinne der Klassenfrage zu emanzipie-
ren. So suggeriert die marxistische Theorie, erst recht wenn sie orthodox ausgelegt wird, eine Logik der Gewaltanwendung, die durch die Beseitigung von
Unterdrückungsverhältnissen gerechtfertigt ist. Vgl. hier Marx z.B. in seiner
Argumentation zum *Bürgerkrieg in Frankreich*, in der er die Staatsmacht als „*Terrorismus* der Klassenherrschaft" stigmatisiert, was eine Gewaltanwendung
durch die Aufständischen als einen emanzipativen Akt erscheinen lässt, bei
dem eigentlich jedes Gewaltmittel gerechtfertigt wird. – Marx (1871): 517
(Hervorhebung v. Marx), ebd. auch: 554.

10 Vgl. auch Hellmich (2012).

11 Hätte die Hamas Panzerdivisionen und eine richtige Armee, dann würde sie
versuchen Jerusalem zu erobern. So bleibt es bei Nadelstichen mit terroristischen Attacken auf die israelische Gesellschaft. Gleiches gilt für die tschetschenischen Terrorkommandos in ihrem Krieg gegen die russische Okkupa-
tion, den Überfällen der PKK in der Osttürkei etc.

Terroristische Attentate wie das auf Djerba in Tunesien (April 2002) und auf Bali im Oktober 2002 (mit 202 Toten und ebenso vielen Verletzten), die Geiselnahme im Moskauer *Dubrowka-Theater* im gleichen Monat, bei dem am Ende ca. 129 Geiseln starben, weil die russischen Einsatztruppen brachial vorgegangen waren, oder die Erstürmung des weltberühmten *Taj Mahal*-Hotels im indischen Mumbai im November 2008 sowie weiterer zentraler Plätze in der Stadt, die den Krieg der fanatischen Attentäter aus Pakistan mitten in die Metropole brachte und mindestens 174 Menschen das Leben kostete, demonstrieren, dass bei diesen neuen Formen des internationalen Terrorismus niemand mehr (wirklich) sicher ist.[12] *Das Attentat* kann jederzeit überall auf der Welt passieren – und jedermann kann davon betroffen sein, weil er oder sie zur falschen Zeit am *richtigen* Platz ist.[13]

Terrorismus ist nicht nur eine bestimmte *Methode* der Kriegsführung,[14] sie setzt auch einen ganz spezifischen *Akteur* des Kriegers voraus,

---

12 Alle genannten Beispiele sind im Grunde *weiche* Ziele, also Örtlichkeiten, die sich nur schwer präventiv schützen lassen. So folgt auch der Anschlag auf das Einkaufszentrum *Westgate Shopping Mall* in Kenias Hauptstadt Nairobi im September 2013 dem gleichen Muster wie der Anschlag von Mumbai 2008. Die Al-Schabab-Miliz, die für den Anschlag verantwortlich ist, hat dies auch so proklamiert. Schon der Name der Mall ist bezeichnend: das Einkaufszentrum gilt als beliebter Treffpunkt für Touristen aus dem Westen. Insbesondere Menschen aus Indien, aus Frankreich aus China und aus Kanada sind hier getötet worden. Besucher, die arabisch lesen konnten, sind von den islamistischen Terroristen nicht behelligt worden. Allerdings hat es auch Opfer unter muslimischen Bürgern im Einkaufszentrum gegeben. Weil er die Frage nach seiner Religionszugehörigkeit mit der Zusatzfrage, wie der Name der Mutter des Propheten laute, nicht beantworten konnte, ist einem muslimischen Besucher in den Kopf geschossen worden! – Vgl. Putsch/Borgstede (2013): 10.

13 Dadurch wird die Bedrohungslage für die Gesellschaft ebenso diffus wie total. „Es gibt", so der Bundesanwalt Volker Brinkmann in seinem Plädoyer beim Prozess gegen die so genannte *Sauerland Gruppe*, die ein Bombenattentat in Deutschland geplant hatte, „bei der Wahl der Mittel keine Tabus mehr. Die Auswahl der Opfer wird beliebiger." – Frigelj (2010): 4.

14 Eigentlich in allen Epochen tritt die Erzeugung von Terror als taktisches Mittel der Kriegsführung auf. Vgl. für das Mittelalter Feuerle (2008).

der diese Methode bereitwillig anwendet.[15] Nicht jeder Soldat würde terroristische Mittel anwenden – obwohl auch hier die Hemmschwelle (leider meist) niedriger ist, als man dies nach den Vorstellungen des Völkerrechts normativ vermuten würde. Die Massaker und Genozide des 20. Jahrhunderts geben ein ziemlich genaues (und damit beunruhigendes) Bild von dem, was bereitwillig auch von disziplinierten Militärs hier ohne Skrupel gemacht worden ist, sofern bestimmte Voraussetzungen vorlagen oder Umstände dies ermöglichten.[16]

Zum Terroristen wird man nicht einfach aus Laune so nebenbei: Die Radikalität der Ansichten, die ideologische Kompromisslosigkeit mit der diese dann vertreten werden, ergeben ein spezifisches Profil, das immer *extremistisch* zu nennen ist. Zwar wird nicht jeder Extremist zum Terroristen, aber es hat noch keinen gegeben, der nicht vorher (auch) extremistische Ansichten vertreten hätte. So schwierig es auch ist, eine Charakterologie des Terroristen als Typus zu bestimmen,[17] so unstrittig ist es doch, dass bestimmte Faktoren hier in einer sich zuspitzenden Konstellation vorliegen müssen, wenn jemand zum Terroristen wird. Man mag die Gründe in das „Reich der Psychopathologie" einordnen,[18] es ändert nichts daran, dass die Motive von Terroristen einem rationalen Kalkül der Zwecksetzung hinsichtlich ihrer Ziele und Mittel entsprechen. Die Attentäter von 9/11 mögen fanatisierte religiöse Spinner gewesen sein, die Durchführung ihres Attentats auf die *Twin Towers* und das Pentagon war professionell bis in das kleinste Detail kühl kalkulierend durchorganisiert. Gerade das Beispiel dieser Selbstmordattentäter zeigt eine Nähe

---

15 Hier ist ausnahmsweise Herfried Münkler einmal nicht zuzustimmen, der den modernen Terrorismus nur auf die Methodik hin und nicht für die Akteursebene charakterisiert. Vgl. Münkler (2011): 27. – Hierbei wird übersehen, dass eine je spezifische Methode ihren konkreten Akteur voraus setzt, denn es geht immer um personale Handlungen in der Interaktion von Menschen. Ein Schuster hat eine konkrete Methode, um *Schuhe machen* zu können, ein Krieger *das Kämpfen* (und innerhalb des Kämpfens verschiedene Formen des Kampffes). Beides voneinander zu trennen, ist analytisch unsinnig.

16 Vgl. hier Laqueur (2010): 10ff., Bloxham/Moses (2010), Levene (2004).

17 Vgl. hier Forest (2005).

18 Laqueur (2004): 57.

zum Genozidtäter.[19] Denn es geht dem terroristischen Attentäter, der sich mit einer Bombe selbst in die Luft sprengt, nicht einfach nur um die symbolische Botschaft, sondern auch darum, möglichst viele Menschen mit in den Tod zu nehmen. Wie Daniel J. Goldhagen betont:[20] „Es handelt sich beim Eliminationismus um kühl kalkulierte politische Entscheidungen, nicht um ethische Konflikte, die irgendwie aus dem Ruder gelaufen sind."

Betrachtet man den Typus des Selbstmordattentäters unter dieser Perspektive, dann wird deutlich, dass es sich hierbei nicht einfach um einen (allerdings sehr erfolgreichen) Effekt der asymmetrischen Kriegsführung handelt,[21] sondern dass damit auch das intendierte Ziel von Terrorattentaten, nämlich die moralische Erschütterung des Gegners in einer Größenordnung erreicht werden kann, die politisch gewünschte Entscheidungen zur Folge haben können.[22] Selbstmordattentäter sind im spezifischen Sinne der harte Kern des neuen Terrorismus. Als methodisches Prinzip sind sie a) kostengünstig und b) relativ zielgenau einsetzbar – wobei die Wirkung c) weitgehend ist,[23] gerade weil man sich gegen die-

---

19 Vgl. Goldhagen (2010): 30.

20 Ebd.: 31.

21 Der Typus des Selbstmordattentäters oder auch der Attentäterin (man denke an die *Schwarzen Witwen* aus Tschetschenien) ist keine Erfindung von Al-Qaida oder entspringt der Unlogik einer bestimmten Koran-Interpretation. Als Erfinder von terroristischen Selbstmordanschlägen gelten die *Tamil Tigers*, die bei ihrem Befreiungskampf für einen unabhängigen Tamilenstaat auf Sri Lanka seit den 1970er Jahren zu diesem extremen Mittel in der Kriegsführung gegriffen haben. – Vgl. Weiss (2011). Zur Instrumentalisierung bzw. agitativen Inkorporation von Frauen als Vorkämpferinnen für einen *wahren* Islam in der Auslegung von Al-Qaida oder der *Muslimbruderschaft* vgl. Flade (2011): 8.

22 Ein Beispiel für das schockartige Nachgeben lieferte 2004 die neu gewählte spanische Regierung, als sie die spanischen Truppen aus dem Irak-Krieg abzog, nachdem der verheerende Anschlag auf die Vorortzüge in Madrid erfolgt war.

23 Auch in einem scheinbar klassischen Krieg lässt sich der Selbstmordattentäter systematisch verwenden. So hat die iranische Militärführung im Ersten Golfkrieg in den 1980er Jahren ohne Bedenken über 500.000 Schüler an der Front eingesetzt, von denen ca. 36.000 als Märtyrer ums Leben kamen, weil sie u.a. einfach in die Minenfelder geschickt wurden, um durch ihre Körper dort die Minen zur Explosion zu bringen. Die irakischen Einheiten, die derartiges mit-

se Form des Terrorangriffs nur bedingt schützen kann. Allerdings bedarf es einer besonderen Motivation hierfür: *Hass* auf das Regime, welches bekämpft wird, ist ebenso notwendig wie meist eine psychologische *Ungebundenheit* von den sozialen und kulturellen Verhältnissen, in denen dann das Attentat erfolgt.[24]

Selbstmordattentäter sind speziell ein Ausdruck des radikalen Islamismus. Kein Vertreter der IRA oder der ETA hat sich selbst je bereitwillig in die Luft gesprengt. Im Gegenteil: die terroristische Strategie bestand bei den Ablegern des westlichen (neomarxistisch geprägten) Terrorismus stets darin, möglichst die Verluste auf der eigenen Seite zu vermeiden. Der politische Islam hingegen „hat genozidale oder eliminatorische Bestrebungen entweder durchgeführt oder angedroht", konstatiert Goldhagen:[25] „Dass er das getan hat, ist eindeutig Ergebnis einer politischen Ideologie, die den Tod glorifiziert – sowohl die Ermordung von anderen als auch das Opfern des eigenen Lebens." – Im *Koran* ist auffallend oft vom *Töten* die Rede, insbesondere, wenn es um Konstellationen zu den Nichtgläubigen geht.[26] Der imperative Duktus der Aussa-

---

angesehen haben, waren derart geschockt, dass sie von der Front abgezogen und ersetzt werden mussten. Ein 14jähriger schrieb in seinem Testament vor seinem letzten Einsatz an der Front: „Wie erbärmlich, wie niedergeschlagen, wie unwissend habe ich 14 Jahre meines unglücklichen Lebens ohne das Wissen um Allah verbracht. Der Imam hat mir die Augen geöffnet. … Wie süß, süß, süß ist der Tod. Er ist wie ein Geschenk, das Allah seinen Auserwählten vorbehalten hat." – Hier zit. n. Rühle (2012): 7.

24 Nach einer Studie des Politikwissenschaftlers Mohammed Hafez von der University of Missouri, der sich systematisch mit den Lebensläufen von 139 Selbstmordattentätern im Irak beschäftigt hat, stammten die meisten Attentäter nicht aus dem Land selbst, sondern waren sunnitische Extremisten, die überwiegend aus Saudi Arabien gekommen waren! Fast alle Selbstmordattentäter sind unter 30 Jahre alt gewesen – und männlich. Man kann den Dschihadismus insgesamt auch als eine Antwort auf die bedrohte Männlichkeit sehen, denn tatsächlich ist die Mehrheit der Dschihadisten männlich. – Vgl. hier Wanner (2007): 6 u. Lohlker (2009): 150.

25 Goldhagen (2010): 30.

26 So heißt es in der *Sure* 9, Vers 5: „Sind die heiligen Monate abgelaufen, dann tötet die Beigeseller [Heiden], wo immer ihr sie findet, ergreift sie, belagert sie, und lauert ihnen aus jedem Hinterhalt!" – In *Sure* 4, Vers 91 steht in Bezug auf die Nichtgläubigen: „Wenn sie sich also nicht von euch fernhalten und euch

gen wirkt umso stärker, je unmittelbarer man sie auslegt. Das aber entspricht dann nicht einer zivilen Theologie, sondern einer archaischen Ordnungsvorstellung jenseits (oder *vor*) der Aufklärung. Allerdings sind Selbstmordattentate auch mit dem *Koran* nicht zu rechtfertigen. Hier gilt sogar ein striktes Verbot der Selbsttötung![27]

Wie immer man im Einzelnen die Aussagekraft von Versen im *Koran* bewerten mag, unstrittig ist, dass hierbei orthodoxe Interpretationen mit der Anleitung zu einer gewaltsamen Vorgehensweise systematisch möglich sind.[28] Die Totalität der Aktionen resultiert aus der dschihadistischen Interpretationslogik, demzufolge sich der Islam in einem Grundsatzkonflikt mit dem säkularen Westen befindet, und dementsprechend mit aller Macht hier von Seiten der wahrhaft gläubigen Muslime (gegen die Ungläubigen) vorgegangen werden muss. Auch wenn die terroristische Methodik nur punktuell ist, weil nicht an allen Orten zu jeder Zeit ein Angriff auf den Feind erfolgen kann, so ist die Auslegung im Rahmen des *Dschihad* doch umfassend. Man will nicht nur ein degeneriertes säkulares Regime in der eigenen kulturellen Hemisphäre beseitigen, also Ägypten, Saudi-Arabien etc. wieder wahrhaft *muslimisch* machen, sondern vielmehr die wahre Gottes-Herrschaft des einzig richtigen Glaubens (auf Erden) begründen. Dschihadisten sind jedoch keine Opfer der Globalisierung, auch wenn sie sich als solche gern verstehen. Eher sind sie ein Produkt der Globalisierung selbst.[29] Bei ihrer dogmatischen Zielsetzung lassen

---

keinen Frieden anbieten und ihre Hände nicht zurückhalten, so ergreift sie und tötet sie, wo immer ihr auf sie stoßt!" – Koran (2010): 160 bzw. 81.

27 Vgl. *Sure* 4, Vers. 29.

28 Für die iranische Menschenrechtlerin Mina Ahad ist daher der *Islamismus* als politische Ideologie „eine frauenfeindliche und zutiefst menschenfeindliche Bewegung, die ihre Ideologie des Mordes und der Ausgrenzung mit dem Koran begründet". – Ahad (2010): 5.

29 Vgl. auch Lohlker (2009): 147. – Die meisten Dschihadisten gehen bezeichnenderweise in die Fremde, um dort ihren heiligen Kampf zu führen. Allerdings kehrt eine nicht unbeträchtliche Zahl auch zurück und wird zum Attentäter im eigenen Heimatland. Dann sind sie aufgrund ihrer Professionalität umso gefährlicher. Nach der Studie von Hegghammer, der die Zahl der Dschihadisten untersucht hat, die zwischen 1990 und 2010 von Nordamerika, Europa oder Australien aus in den Terrorkrieg zogen, kann man dabei zwischen klassischen und globalen Dschihadisten unterscheiden (vgl. Heggham-

sich zwei Varianten unterscheiden: 1) ein Bestreben, muslimische Herrschaft überall dort zu erneuern, wo historisch der Islam bereits einmal zu Hause war.[30] 2) die Tendenz zur Verklärung des Islam als einzig wahres Weltmodell, d.h. mit dem impliziten Anspruch auf Weltherrschaft.[31] Die Charta der *Hamas* von 1988, die bis heute nicht geändert wurde, konstatiert unmissverständlich:[32] „Die Völker des Buches (das heißt: die Juden und Christen)" stellen die meisten „Bösewichte" auf Erden. Speziell für das Palästina-Problem sieht die *Hamas* keine friedliche Verhandlungslösung, nur durch den Dschihad. In Artikel 5 der Charta heißt es:[33] „Das Endziel ist der Islam […] Seine spezifischen Dimensionen erstrecken sich auf Erden, wo immer es Muslime gibt […] Somit dringen sie in die tiefsten Ausläufer des Landes und in die höchsten Sphären des Himmels vor." Der Kampf der Hamas gilt also nicht nur Israel, sondern dem Wes-

---

mer 2013): Die klassischen Dschihadisten konzentrieren sich auf bestimmte Regionen in ihrem Kampf, die globalen Aktivisten sind hingegen überall einsetzbar. Es spielt keine Rolle, ob sie vorher in Afghanistan waren, später im Libyschen Bürgerkrieg mitgekämpft haben und dann weiterziehen nach Mali oder nach Syrien. Insbesondere für Europa sind die Zahlen nach dem 11. September ziemlich hoch (vgl. ebd.: 4f.): etwa 500 Dschihadisten werden hier seit 2000 angezeigt.

30   So hat sich beispielsweise *AQIM*, der Al-Qaida-Ableger im Maghreb, das Ziel gesetzt, die spanischen Enklaven von *Ceuta* und *Melilla* zu erobern. – Vgl. Europol (2011): 19. Die Rückeroberung Andalusiens ist ebenfalls ein ständig wiederkehrendes Motiv in den Statements islamistischer Gruppen. – Vgl. Steinberg (2005): 17.

31   Der Religionswissenschaftler Thomas Schirrmacher konstatiert daher zur Struktur des Terrors im Nahen Osten (2011: 5): „Das Feindbild der Terroristen ist jedenfalls gröber, undifferenzierter geworden. Alle Christen werden nun in einen Sack gesteckt: Einheimische, Ausländische, Orthodoxe, Katholische, Evangelikale." – Wie der Vater einer Selbstmordattentäterin, die sich am 26. März 2010 in Moskau in die Luft gesprengt hatte, auch im Nachhinein die Tat seiner Tochter für richtig hält, weil alle säkularen Systeme wie etwa die russische Regierung *Mafia-Systeme* seien. Deshalb findet *gegenwärtig* seiner Meinung nach „auf der ganzen Welt ein Krieg statt zwischen den Kufar, den Ungläubigen, und dem Islam, der höchsten Form des Glaubens". – Hier zit. n. Quiring (2010): 7.

32   Hier zit. n. Morris (2006): 7.

33   Ebd.

ten insgesamt. Israel ist nur der Vorposten – der Dorn im islamischen Fleisch, doch der Strauch, von dem dieser Dorn stammt, ist für Hamas das eigentliche Übel. So gesehen gibt es eine ideologische Kette, in welcher der 11. September, der 11. März, der 7. Juli oder der Mord an Theo van Gogh zusammenfällt mit der Geiselnahme eines jungen israelischen Soldaten.

All diese Taten im Namen der angeblich wahrhaft islamischen Botschaft brechen mit ihrer Brutalität in das Alltagsgefüge der westlichen Gesellschaften ein und zerstören die Regularität des Daseins. Je totaler, je *perverser*, desto besser, lautet die Strategie – wobei dies nun überhaupt nichts mehr mit dem islamistischen Terrorismus speziell zu tun hat, sondern seit jeher Bestandteil von Terrorakten war und ist. Die Singularität des terroristischen Ereignisses ist umso paradigmatischer, je unwiderruflicher und paradoxer die *Aktion* ist. Quasi ein temporärer Kurzschluss in dem gewohnten Raum-Zeitgefüge einer Gesellschaft.[34] Terrorattentate sind *unwirklich* in dem Sinne, dass sie die Realität des Gewohnten durchbrechen – und zwar auf eine ziemlich groteske Weise: Das war bei *9/11* der Fall – und auf der norwegischen Ferieninsel *Utøya* am 22. Juli 2011

---

34 Vgl. auch Baudrillard (2002): 58.

ebenso.[35] Der Terrorist „greift dort an, wo es am tiefsten trifft und am meisten blutet".[36]

Das Attentat in Norwegen ist geprägt durch einen eschatologischen Rigorismus, wie er auch für die Islamisten kennzeichnend ist. Im Grunde leben Attentäter wie Breivik in einer Art von phantastischer Alternativwelt.[37] Exakt dies ist das Gefährliche daran: Die Vision wirkt utopisch –

---

35 Grotesk auch die Tötung von 9 ausländischen Bergsteigern und ihrem einheimischen Sherpa im Juni 2013 durch ein Kommando der Taliban auf einer Ebene, die 3.000 Meter hoch am Fuße des Nanga Parbat liegt. Verkleidet als Polizisten hatten die Taliban das Lager der Bergsteiger überfallen und ein Massaker angerichtet. Offiziell als Vergeltung für die Tötung eines ihrer regionalen Anführer, der Ende Mai bei einem Drohnenangriff ums Leben kam, bedeutet diese Tat jedoch weitaus mehr: sie demonstriert symbolisch, dass nichts und niemand ihrer Aggression entgehen kann, selbst friedliche Bergsteiger nicht, und schon gar nicht touristische Besucher! Getötet wurden 5 ukrainische, 3 chinesische und ein russischer Bergsteiger sowie ihr einheimischer Bergführer. „Wir werden noch mehr Ausländer angreifen", kündigte ein Sprecher der Taliban gegenüber der BBC an. Das Zeltlager der ausländischen Bergsteiger war nicht leicht zu erreichen: die Taliban mussten dafür eigens zwei ortskundige Bergführer kidnappen, die sie dann über eine Tagestour bis hin zum Zeltlager führten. – Vgl. Tandler (2013): 6.

36 Christensen (2011): 23. – Der Attentäter von Utøya, Anders Breivik, hatte seine Tat damit begründet, dass er ein nationales Zeichen im Kampf gegen den Internationalismus setzen wolle, der sich aus seiner Sicht durch eine schleichende Islamisierung verbunden mit einem seichten Multikulturalismus zu einer nationalen Gefahr für das *christliche* Norwegen entwickelt habe. Neun Jahre lang hatte er sich auf das Attentat vorbereitet und ein abstruses Memorandum an die westliche Gesellschaft vorab ins Internet gestellt. Das Memorandum ist als „eine Kriegserklärung gegen die Linken, gegen die Muslime" in Europa bezeichnet worden (Hermann/Leyendecker/Richter 2011: 3). Tatsächlich zielt der internationale Aufruf, den Breivik damit verbindet, auf nicht weniger als eine neue (dieses Mal rechtsgerichtete) Terrorbewegung in den westlichen Gesellschaften. Das käme einer neuen Front im internationalen Terrorismus gleich.

37 Breivik und Mohammed Ata haben insofern Gemeinsamkeiten. Sie sind nicht nur „blockierte Elitekinder" ihrer Gesellschaft gewesen (Böhmer 2011: 3), sondern sie flüchten sich geradezu in eine fundamentale Eigenerzählung gesellschaftlicher Wert- und Ordnungsvisionen.

und zwar durch eine theologische Beanspruchung, weil sich Breivik in der Deutungshoheit über den Endkampf der Christenheit sieht.

Breivik ist (wie auch die Studentin Roshanara Choudry oder der amerikanische Mayor Nidal Mail Hasan) ein so genannter *homegrown* Terrorist, d.h. selbstgemacht, angeleitet durch Informationen und Hasstiraden aus dem Internet, aber eigentlich autark, ohne eine systematische Verbindung zu einem sozialen oder politischen Netzwerk.[38] Obwohl die westliche, d.h. säkulare und liberale Sozialisation für diese Menschen gilt, haben sie sich irgendwann in ihrer Biografie entschieden, genau dieses Lebensmodell abzulehnen und massiv zu bekämpfen. Eine polizeiliche Prävention ist bei diesem Typus des modernen Terroristen umso schwieriger, weil sie als Einzeltäter agieren. Wo schon Netzwerke, etwa bei Al-Qaida sich „durch das Fehlen von formal hierarchischen Strukturen" auszeichnen,[39] existiert bei diesem Tätertypus meist noch nicht einmal ein soziales Umfeld, das Warnhinweise geben könnte. Erst nach der Tat, wenn die Ermittlungsexperten in die Computer dieser Täter blicken, ist man schlauer, warum und wie die Tat zustande kam.

Das Internet ist für die Stimulation und als kommunikatives Medium für terroristische Attentäter eine zentrale Quelle. Mittlerweile existiert bereits eine eigene Online-Plattform für Frauen bei Al-Qaida, das Forum

---

38 Die Anglistik-Studentin Choudry war eine der besten Studentinnen am *Kings College* in London und eigentlich bei ihrem Abschluss im Fach, als sie am 14. Mai 2010 in einem Londoner Stadtteil den dortigen Labourabgeordneten Stephen Timms bei seiner Bürgersprechstunde mit zwei Messern attackierte. Sie wollte den Abgeordneten töten und ihn dafür bestrafen, dass er seinerzeit den Einmarsch der britischen Truppen in den Irak im britischen Parlament mit unterstützt hat! Die Anregung hierzu hatte sie durch die Lektüre der Hassseiten des jemenitischen Predigers Anwar al-Awlaki im Internet bekommen. Al-Awlaki hatte schon den amerikanischen Major Nidal Malik Hasan zu seinem Massaker unter US-Soldaten auf dem Stützpunkt *Fort Hood* in Texas am 15. Dezember 2009 inspiriert. – Vgl. Kielinger (2010): 8. Man benötigt in der neuen Dimension des weltweiten Terrorkriegs also nicht unbedingt mehr Ausbildungslager in fernen, abgelegenen Ländern: die Medientechnologie im globalen Dorf ermöglicht die Rekrutierung von fanatischen oder zu fanatisierenden Anhängern überall in der (westlichen) Welt.

39 Bundesamt für Verfassungsschutz (2007): 6.

nennt sich *Al-Shamikha* (Die Majestätische).[40] Ebenso existiert eine Website, auf der die Namen und Adressen sämtlicher Tory- (139) und Labourabgeordneten (244) angezeigt sind, die im März 2003 für die Irak-Invasion gestimmt haben.[41] Der Begriff *nationale Verantwortung* bekommt hier eine völlig neue Dimension: Parlamente und Parlamentarier werden im globalen Dorf geoutet und erpressbar gemacht. Die Vorstellung von politischer Repräsentation wird diffus und damit zu einer Beliebigkeit: Wenn man Angst haben muss um sein Leben, weil irgendwo in der Welt der eigene Name auf einer Liste im Netz auftaucht und manche Zeitgenossen dadurch inspiriert werden, zu töten, wird die Frage immer wichtiger: wer trägt dann noch gerne Verantwortung für eine nationale Entscheidung, die international wie auch in der eigenen Gesellschaft bei radikalen Minderheiten fundamentale Gegenpositionen mit einer *fatalen* Handlungslogik auslöst?

Literatur

Ahad, Mina (2010): „Bei Steinigungen wird jeder zum Komplizen". In: Die Welt (11. August 2010) S.5.

Baudrillard, Jean (2002): Die Gewalt des Globalen. In: Ders., Der Geist des Terrorismus. Wien, S.37-64.

Bergen, Peter (2011): Heiliger Krieg Inc. Osama bin Ladens Terrornetz. Berlin.

Bloxham, Donald / *Moses*, A. Dirk (Hrsg. / 2010): The Oxford Handbook of Genocide Studies. Oxford.

Bock, Andreas (2008): Al-Qaida, Terrorismus und die Frage der Rechtfertigung. In: Globaler Terrorismus und Europa. Stellungnahmen zur Internationalisierung des Terrors. Hrsg. v. P. Nitschke. (Studien zur inneren Sicherheit, 11) Wiesbaden, S.61-77.

Böhmer, Daniel-Dylan (2011): Bruder Breivik. In: Die Welt (1. August 2011) S.3.

Bundesamt für Verfassungsschutz (Hrsg. / 2007): Integration als Extremismus- und Terrorismusprävention. Zur Typologie islamistischer Radikalisierung und Rekrutierung. Köln.

---

40   Vgl. Flade (2011): 8.
41   Vgl. Kielinger (2010): 8.

Burns, Vincent / Peterson, Kate D. (Hrsg. / 2005): Terrorism. A Documentary and Reference Guide. Oxford.

Christensen, Lars Saabye (2011): 22. Juli 2011. In: Die Welt (26. Juli 2011) S.23.

Enderwitz, Sandra / *Haardt*, Martina (2008): Der nordirische Friedensprozess – Ein Beispiel erfolgreicher Terrorismusbekämpfung? In: Jahrbuch Terrorismus 2007/2008. Hrsg. v. Institut für Sicherheitspolitik an der Universität Kiel. Opladen/Farmington Hills, S.239-253.

Europol (Hrsg. / 2011): EU Terrorism and Trend Report 2011. Unter: https://www.europol.europa.eu/sites/default/files/publications/te-sat2011.pdf (aufgerufen am 1. August 2011).

Feuerle, Mark (2008): Die Logik des Terrors – christliche und islamische Wurzeln im Mittelalter. In: Globaler Terrorismus und Europa. Stellungnahmen zur Internationalisierung des Terrors. Hrsg. v. P. Nitschke. (Studien zur inneren Sicherheit, 11) Wiesbaden, S.35-60.

Flade, Florian (2011): Die weibliche Seite des „Heiligen Krieges". In: Die Welt (4. Juli 2011) S.8.

Forest, James J. F. (2005): The Making of a Terrorist. Recruitment, Training, and Root Causes, 3 Vols. Oxford.

Friedrich, Jörg (2005): Mongolensturm des Abendlandes. In: Die Welt (10. Februar 2005) S.8/9.

Frigelj, Kristian (2010): „Sie freuten sich auf einen Massenmord". In: Die Welt (4. Februar 2010) S.4.

Glucksmann, André (2007): Mitten im Vierten Weltkrieg. In: Die Literarische Welt (24. November 2007) Nr.47, S.1.

Goldhagen, Daniel Jonah (2010): „Kopfgelder haben funktioniert". Wie eine wirksame Prävention von Völkermord aussehen könnte. In: Internationale Politik 65 (2010) Nr.1, S.28-31.

Hegghammer, Thomas (2013): Should I Stay or Should I Go? Explaining Variation in Western Jihadists' Choice between Domestic and Foreign Fighting. In: American Political Science Review Vol.107 (February 2013) No.1, S.1-15.

Hellmich, Christina (2012): Al-Qaida. Vom globalen Netzwerk zum Franchise-Terrorismus. Darmstadt.

Herrmann, Gunnar / *Leyendecker*, Hans / *Richter*, Nicolas (2011): Wer bist du? In: Süddeutsche Zeitung (26. Juli 2011) Nr.170, S.3.

Hirschmann, Kai (2006): Internationaler Terrorismus. In: Handwörterbuch Internationale Politik. Hrsg. v. W. Woyke. 10., durchgeseh. Aufl., Opladen/Farmington Hills, S.253-266.

Hoffmann, Bruce (2007): Terrorismus – der unerklärte Krieg. Frankfurt a.M.

Kielinger, Thomas (2010): Im Namen Allahs. In: Die Welt (9. November 2010) S.8.

Knop, Katharina von (2004): Die Quellen der Macht von Al Qaida. Aus der Perspektive der Theorie des Institutionalismus nach Robert Keohane. Frankfurt a.M. u.a.

Koran (2010): Der Koran. Aus dem Arabischen neu übertragen v. H. Bobzin unter Mitarbeit v. K. Bobzin. München.

Laqueur, Walter (2004): Krieg dem Westen. Terrorismus im 21. Jahrhundert. Berlin.

Laqueur, Walter (2010): Verarbeiten, verurteilen, verhindern. Genozid und internationale Gemeinschaft. In: Internationale Politik 65 (2010) Nr.1, S.10-16.

Levene, Mark (2004): Warum ist das Zwanzigste Jahrhundert das der Genozide? In: Zeitschrift für Weltgeschichte 5 (2004) H.2, S.9-38.

Lohlker, Rüdiger (2009): Dschihadismus. Materialien. Wien.

Markusen, Eric / *Kopf*, David (1995): The Holocaust and Strategic Bombing. Genocide and Total War in the Twentieth Century. Boulder/San Francisco/Oxford.

Marx, Karl (1871): Erster Entwurf zum „Bürgerkrieg in Frankreich". In: Karl Marx / Friedrich Engels, Werke, Bd.17. Berlin 1968, S.493-571.

Morris, Benny (2006): Ich will angreifen und töten. In: Literarische Welt (22. Juli 2006) S.7.

Münkler, Herfried (2007): Was heißt Terrorismus? In: Handelsblatt (30. Mai 2007) S.11.

Münkler, Herfried (2011): Wie ich ein Experte wurde. In: Die Welt (5. Mai 2011) S.27.

Nitschke, Peter (2008): Globaler Terrorismus – Die neue Dimension. In: Globaler Terrorismus und Europa. Stellungnahmen zur Internationalisierung des Terrors. Hrsg. v. dems. (Studien zur inneren Sicherheit, 11) Wiesbaden, S.13-33.

Nitschke, Peter (2011): Extremismus in der postmodernen Konstellation – Typologische Bemerkungen am Beispiel der Bundesrepublik Deutschland. In: Gewalt und Krieg, Extremismus und Terror. Beiträge zu immerwährenden Problemen menschlichen Zusammenlebens. Hrsg. v. J. Kuropka. Berlin, S.179-188.

Pflieger, Klaus (2007): Die Rote Armee Fraktion – RAF. 14.5.1970 bis 20.4.1998. 2. Aufl. Baden-Baden.

Putsch, Christian / *Borgstede*, Michael (2013): Terror im Einkaufszentrum. In: Die Welt (23. September 2013) S.10.

Quiring, Manfred (2010): Russlands wilder Westen. In: Die Welt (22. Dezember 2010) S.6-7.

Rühle, Hans (2012): „Wie süß, süß, süß ist der Tod". Kinder als Dschihadisten und Märtyrer. In: Die Welt (31. Januar 2012) S.7.

Schirrmacher, Thomas (2011): „Hass bis in unsere Breiten". In: Die Welt (8. Januar 2011) S.5.

Steinberg, Guido (2005): Terror – Europas internes Problem. In: Internationale Politik 60 (November 2005) Nr.11, S.14-21.

Tandler, Agnes (2013): Massaker am Nanga Parbat. In: Die Welt (24. Juni 2013) S.6.

Taylor, Peter (2001): The War against the IRA. London.

Valentino, Benjamin A. (2004): Final Solutions. Mass Killing and Genocide in the 20th. Century. Ithaca.

Walzer, Michael (1977): Just and Unjust Wars. A Moral Argument with Historical Illustrations. 3. Aufl. New York 2000.

Wanner, Judith (2007): Selbstmordattentäter im Irak kommen häufig aus dem Ausland. In: Die Welt (13. Oktober 2007) S.6.

Weidenfeld, Werner (Hrsg. / 2004): Herausforderung Terrorismus. Die Zukunft der Sicherheit. Wiesbaden.

Weiss, Gordon (2011): The Cage – The fight for Sri Lanka & the Last Days of the Tamil Tigers. London.

XIV. Klima-Politik

Das Klima ist unser aller Schicksal. Niemand kann sich dem entziehen. Die Auswirkungen aufgrund gravierender Veränderungen im ökologischen Design der Erde mögen regional unterschiedlich sein und können zweifellos durch bestimmte Maßnahmen gemildert werden, betroffen bleibt man davon allemal.[1] Der amerikanische Ozeanograph Roger Revelle hatte bereits 1957 konstatiert:[2] „Die Menschen führen ein langfristiges geophysikalisches Experiment einer Art aus, das in der Vergangenheit nicht möglich gewesen wäre und in der Zukunft nicht wiederholbar sein wird."

Die ökologische Frage ist insofern mehr noch als die ökonomische Frage die entscheidende Dimension für die globale Welt. Bei diesem Thema wird die Politik tatsächlich zu einer Art neuer *Welt-Innen-Politik*. Der einzelne Nationalstaat ist für Steuerungsfragen in der Bewältigung des Klimawandels eindeutig zu klein. Die vom *Intergovernmental Panel on Climate Change* (IPCC) als Prognose formulierte Version zur zukünftigen Entwicklung der Klimabedingungen auf der Erde geht von einer allgemeinen Temperaturerwärmung von 2,5 Grad für die nächsten Jahrzehnte aus.[3] Da die Geschwindigkeit, mit der diese Erwärmung von statten geht,

---

1   Nach Angaben des WWF sind bis zum 20. August 2013 die natürlichen Ressourcen der Erde für das Jahr 2013 allesamt aufgebraucht gewesen! Der WWF erklärt deshalb diesen Tag zum *Welterschöpfungstag*. Dieser Tag ist im Vergleich zum Vorjahr 2012 zwei Tage früher eingetreten! Nach den Berechnungen verbrauchen die Menschen auf dem Blauen Planeten jedes Jahr mehr Ressourcen als nachhaltig vorhanden – und das schon seit etwa 30 Jahren! – Vgl. Welt-Wissen (2013a): 20.

2   Hier zit. n. Vorholz (1995): 50.

3   Allerdings hat das IPCC in seinem neuesten Bericht die Aussagen zur allgemeinen Erderwärmung insofern korrigiert, indem erstmals eingeräumt wurde, dass die Erwärmungsrate von 1998 bis 2012 mit 0,05 Grad pro Dekade deutlich geringer ausgefallen sei als ursprünglich angenommen. Zugegeben wird nun auch, dass es bereits im Hochmittelalter (950-1250) eine Phase der Erderwärmung gab, die regional genauso hoch ausfiel wie in der Gegenwart! Zwar bleibt mit großer Wahrscheinlichkeit der Mensch als Hauptverursacher der Klimaerwärmung bestehen, doch relativiert sich damit die bisherige

recht schnell ist, werden alle Biosysteme auf der Erde einem Klimastress unterworfen, bei dem die Mikroorganismen, weil sie natürlicherweise nur eine kurze Lebensdauer haben (und sich entsprechend evolutiv umstellen können) noch am besten abschneiden werden. Für den Menschen bedeutet dies jedoch eine Vielzahl von neuen Krankheiten und unmittelbare Konfrontationen durch Naturkatastrophen.[4]

In den 1990er Jahren wurden über 90 Prozent der durch Katastrophen verursachten Todesfälle durch hydrometeorologische Ereignisse ausgelöst.[5] Überschwemmungen sind für zwei Drittel aller Naturkatastrophen verantwortlich. Wiederum zwei Drittel aller Todesfälle, die durch Naturkatastrophen verursacht werden, fallen auf die Ärmsten der Armen (wie beim Erdbeben in Haiti oder bei der Flutkatastrophe in Pakistan). Nur zwei Prozent aller Todesfälle dieser Art finden in den Industrienationen des Westens statt.[6]

Die Klima-Politik steht auf der Agenda internationaler Organisationen wie der UN oder NGOs wie Greenpeace seit den 1970er Jahren, als das Ende des Wachstums proklamiert wurde. Die seitdem wissenschaftlich angeleitete Politik der nationalen Regierungen hat zunächst schleppend, dann jedoch seit den 1980er Jahren in steigendem Maße sich der Perspektive einer durch menschliches Handeln erzeugten Veränderung der natürlichen Lebensbedingungen auf der Erde zugewandt. Einen we-

---

Schuldzuweisung in ihrer Eindeutigkeit. – Vgl. Eder/Kulke (2013): 11 sowie Kulke (2013): 22.

4 Nach einer Studie des *Millenium Ecosystem Assesment* von 2005 nimmt die Fähigkeit der Ökosysteme, die weltweite Verschmutzung abzubauen, an vielen Orten auf der Erde signifikant ab. Damit steigt die Gefahr für Epidemien und Naturkatastrophen. Gleichzeitig nimmt der Ressourcenverbrauch rasant zu: Die USA, die EU, China, Indien und Japan verbrauchen heute ca. 75 Prozent der biologischen Kapazitäten der Erde. – Vgl. Scholz (2006): 331f.

5 Vgl. ebd.: 334. In Pakistan gab es 2011 Höchstwerte in der Niederschlagsmenge mit Überflutungen, die ca. 3.000 Tote verursachten und etwa 20 Millionen Menschen betrafen. Nach Berechnungen der Weltorganisation für Meteorologie (WMO) sind in den letzten 20 Jahren mehr als 710.000 Menschen direkt an den Folgen von Wetterextremen gestorben. Auf dem Langzeitindex dieser Organisation steht an erster Stelle Bangladesch, gefolgt von Birma und Honduras. – Vgl. Resenhoeft (2012): 22.

6 Vgl. Scholz (2006): 334.

sentlichen Schub in der Dramaturgie der Einschätzungen zum Klimawandel brachte die Diskussion über das *Ozonloch.*[7]
Beim Treibhauseffekt und Ozonloch zeigte sich erstmals das, was Kritiker wie Revelle bereits seit Jahrzehnten gesagt hatten: Der Mensch hat
durch sein strukturelles Handeln als Gattung die Klimabedingungen auf
der Erde signifikant verändert – und zwar zum eigenen Nachteil! – Der
Treibhauseffekt ist durch die anthropogenen Emissionen entstanden,
hier vor allem durch die Produktion von Fluorchlorkohlenwasserstoffen
(FCKW) seit der Industrialisierung. Die Treibgase mit FCKW befanden
sich praktisch in jedem Haarsprühgerät und in jedem Kühlschrank! Wegen der befürchteten massiven Steigerung von Hautkrebs war der öffentliche, mediale Druck auf die Regierungen hier besonders hoch – gerade
weil das Ozonloch *alle* betraf. Zwei Jahre nach dem ersten Bekanntwer-
den des Ozonlochs einigten sich die Staaten der UN in Montreal (1987)
auf einen gemeinsamen Ausstieg aus der Produktion von FCKW. Zum
Schutz der natürlichen Ozonschicht sollte die Verwendung von FCKW
bis 2010 komplett eingestellt werden. Die Industriestaaten der westlichen
Welt gingen in den 1990er Jahren mit gutem Beispiel voran und verzich-
teten ab 1995 ganz auf die Verwendung dieser Stoffe. In europäischen
und amerikanischen Autos existieren seitdem keine Klimaanlagen mehr,

---

7   Am 16. Mai 1985 wurde die Weltöffentlichkeit erstmals darüber informiert,
    dass es am Südpol ein Ozonloch gibt. Die Lage wurde seinerzeit als sehr dra-
    matisch eingeschätzt. Die Ozonschicht in der Atmosphäre schützt die Lebe-
    wesen auf der Erde vor einer zu starken Sonneneinstrahlung (speziell hier die
    UV- und Infrarotstrahlung). Als Ursache für das Ozonloch wurden schnell die
    so genannten Treibhausgase, hier insbesondere die Emissionen von Fluor-
    chlorkohlenwasserstoffe (FCKW), ausgemacht. Ein einzelnes Chloratom kann
    bis zu 10.000 Ozonmoleküle spalten bzw. vernichten. Da die Verweildauer
    der FCKW in der Stratosphäre mit 50-130 Jahren recht lange vorhält, ist die
    Wirkung erst mit einer entsprechenden Zeitverzögerung (für unsere Gegen-
    wart) festgestellt worden. Die Treibhausgase vermindern in ihrer verstärkten
    Konzentration mit den beiden genannten Gasen die Ozonschicht und tragen
    dazu bei, dass zugleich die durch die Sonnenstrahlen produzierte Wärme von
    der Erde nicht in gleicher Weise wieder in das All abgegeben wird. Indem die
    Treibhausgase die Ozonschicht ersetzen, blockieren sie mehr Wärme für die
    Remission ins All. Das führt zum so genannten *Treibhauseffekt* – einer Rück-
    kopplung der Wärme auf die Erde. – Vgl. Altmann (1997): 13ff.

die mit den FCKW-Stoffen betrieben werden.[8] Ab 2005 durften auch die Entwicklungsländer nur noch halb so viel FCKW verbrauchen wie zuvor. Allerdings existieren bis heute noch Kühlschränke mit FCKW-Stoffen, vor allem in Asien wird weiterhin illegal damit gehandelt.[9]

Die Erwärmung der Erde kommt aber auch wegen der verstärkten Emissionen von CO_2 und Methan zustande. Beides bedingt sich durch die anthropogenen Einflüsse, die im Kontext der Industrialisierung seit nunmehr fast 200 Jahren eine strukturell deutlich fixierbare Dimension erreicht haben.[10] Kohlendioxid (CO_2), Wasserdampf (H_2O) und Ozon (O_3) bilden in der Stratosphäre eine Schutzhülle um die Erde. Die natürliche Atmosphäre benötigt ein bestimmtes Maß an CO_2, um stabil zu bleiben. Genau das aber ist das Problem mit den CO_2-Emissionen: Steigt ihre Konzentration in der Stratosphäre, denn erhöht sich die Wärme auf der Erde. Die natürlichen CO_2-Senken in Form der Ozeane und der großen Wälder bleiben wegen des gigantischen Abbaus nicht konstant. Also emittiert immer mehr CO_2 in die Stratosphäre. Insofern ist der Treibhauseffekt ein doppelter: a) wird die Erde wärmer und b) verdunstet aufgrund der erhöhten Wärme mehr Wasser in den Ozeanen und intensiviert damit den Wasserkreislauf, was wiederum dazu führt das noch weniger CO_2 von den Ozeanen gebunden wird.[11]

---

8 Vgl. Kroker (2005): 31.

9 Vgl. Bovet u.a. (2008): 67.

10 Auf Hawaii existiert die älteste Kohlendioxidmessstation der Welt seit Ende der 1950er Jahre. Ihre Messwerte gelten als Richtwerte für die Klimadebatte. Am 9. Mai 2013 hat die Messstation auf Hawaii mit mehr als 400 ppm ((Teilchen pro Million) einen Belastungswert für CO_2 ermittelt, der so hoch wie nie zuvor war. Als die Untersuchungen auf der Messstation seinerzeit (1958) begannen, lag der Wert bei 317 ppm. Man schätzt, dass der Wert vor der Industriellen Revolution bei etwa 280 ppm gelegen hat! Ein Wissenschaftler konstatiert: „Es gibt keinen Präzedenzfall in der Geschichte der Erde für solch einen abrupten Anstieg der Treibhausgaskonzentrationen." – Welt-Wissen (2013b): 20.

11 Den weltweiten CO_2-Emissionen wird ein Anteil von ca. 50 Prozent an der Veränderung des Treibhauseffektes zugewiesen. Je kühler das Wasser der Weltmeere, desto besser für die Bindung des CO_2. Vgl. Altmann (1997): 15, grundsätzlich dazu auch Rabe (1990) u. Schönwiese (1994).

Um gegen den Anstieg der Erderwärmung strukturell etwas zu unternehmen, bedarf es also der individuellen wie gesamtgesellschaftlichen Umorganisation von Arbeitsabläufen, Lebenseinstellungsmustern und Verhaltensnormen im Umgang mit den natürlichen Ressourcen dieser Erde. Die Diskrepanzen sind derzeit jedoch gerade in der globalen Perspektive enorm und zeigen eine regelrechte Herrschaftsstruktur im Umgang mit dem Energiegebrauch von Staaten und Nationen an. So lebten in Nordamerika Mitte der 1990er Jahre nur etwa 5 Prozent der Weltbevölkerung, die jedoch 28 Prozent der Weltenergie für sich verbrauchten.[12] Bei einer statistischen Lebenserwartung von 80 Jahren verbraucht ein US-Amerikaner im Durschnitt ca. 200 Millionen Liter Wasser, 20 Millionen Liter Benzin, 10.000 Tonnen Stahl und das Holz von 1.000 Bäumen. Würden alle Länder dieser Welt dem amerikanischen Beispiel folgen (wollen), dann würde man 20 Planeten von der Größe der Erde benötigen, um diese Ressourcenwünsche kompensieren zu können![13]

„Über den Wohlstand von morgen entscheidet die Energiepolitik von heute".[14] – Was aber ist die richtige Energiepolitik? – Um sich vom Erdöl und vor allem von den autokratischen Regimen des Nahen Ostens, die darüber verfügen, unabhängiger zu machen, hat man seinerzeit ab Mitte der 1970er Jahre in den westlichen Industriestaaten die Kernenergiegewinnung forciert. Auch in Deutschland ist man diesen Weg gegangen, allen Widerständen durch neue soziale Bewegungen, von denen

---

12 Zum Vergleich: In Afrika lebten um 1995 hingegen 12 Prozent der Weltbevölkerung mit einem Energiegesamtverbrauch von (nur) 3 Prozent! – Vgl. Altmann (1997): 17.

13 Vgl. ebd. – Auch das *World-Wide-Web* ist hier ein Energiefresser, vor allem, wenn der Strom regional aus Kohlekraftwerken kommt, ein besonders schmutziger Energiefresser. Nach einer Studie von Wissenschaftlern der TU Dresden wird im Jahr 2030 allein das Web so viel an Strom benötigen wie heute die gesamte Weltbevölkerung. Allein die zahlreichen Internet-Datendienste werden, weil sie abhängig sind von ihrem jeweiligen Serverstandort und ihren Rechenzentren, zwischen 50 bis 80 Prozent aus Kohlestrom betrieben! – Vgl. Clauss (2011): 22.

14 So der Vorstandsvorsitzende des norwegischen Energie- und Aluminiumkonzern *Norsk Hydro* (hier zit. n. Reiten 2006: 8).

politisch besonders wirkungsmächtig die *Grünen* wurden, zum Trotz.[15] Dann aber kam es zur Katastrophe von *Fukushima* und auf einmal war nichts mehr so (sicher) wie es vorher immer verkündet worden war. Die deutschen Kernkraftwerke seien die besten und sichersten auf der Welt, hatte die Bundesregierung noch im Oktober 2010 verkündet. Nach dem Tsunami am 11. März 2001 vor der japanischen Ostküste und nach dem Reaktorschaden in *Fukushima* stimmte davon nichts mehr. Die älteren Kernkraftwerke wurden mit einem verfassungsrechtlich bedenklichen Moratorium über Nacht still gelegt, obwohl sich durch den Unfall im fernen Japan in Deutschland „sachlich nichts verändert" hat: Die Sicherheit der deutschen Kernkraftwerke „ist gleich geblieben, Tsunamis kommen nicht vor, Erdbeben sind tausendmal schwächer als in Japan, und gegen Flugzeugentführer helfen Passagierkontrollen", urteilt der Physiker Konrad Kleinknecht.[16] Der Strom kommt zwar weiterhin aus der Steckdose, aber die Steckdose wird deswegen nicht ökologisch *grüner*.[17] Die Kohlekraftwerke, die nun in Deutschland den Ausfall des

---

15 Die apokalyptische Vision, die dem Bericht des *Club of Rome* in den *Grenzen des Wachstums* (1972) zugrunde lag, bestimmt auch heute oft noch die Rhetorik in der westlichen Welt. Allerdings zu Unrecht, wie der dänische Umweltwissenschaftler Lomberg meint. Tatsächlich sind viele Effekte, die seinerzeit als drohendes Verhängnis für die Menschheit beklagt wurden, gar nicht eingetreten oder haben sich in ihr Gegenteil verkehrt. Die Prognosen seien deshalb „spektakulär falsch" gewesen (Lomberg 2013: 2). De facto sind die Ressourcen von Quecksilber, Erdgas, Öl nicht zu ihrem Ende gekommen, das bis 2013 taxiert worden war. Der Quecksilberverbrauch ist gegenüber den 1970er Jahren sogar um 98 Prozent weltweit gesunken und der Preis um 90 Prozent! Obwohl die Menschheit heute mehr Erdöl und Erdgas benötigt als seinerzeit, sind die Gasressourcen (dank der Gewinnung von Schiefergas in den USA) heute doppelt so hoch wie seinerzeit, und der Preis hat sich halbiert!

16 Kleinknecht (2011): 30.

17 Deutschland hat seit dem Abschalten der sieben alten Kernkraftwerke ab dem 17. März 2011 Strom aus Tschechien bzw. aus Frankreich zur Kompensation einkaufen müssen. Da beide Länder massiv auf die Kernenergie setzen (Tschechien zu 34 Prozent und Frankreich sogar zu 80 Prozent), sind die 50 Gigawattstunden, die seitdem pro Tag importiert wurden, in der Regel Atomstrom! – Auch die 21.000 Windräder und die 300.000 Solarstromanlagen, die es in Deutschland gibt, haben den Ausfall nicht kompensieren können. Woher auch, sind sie doch massiv wetterabhängig! – Vgl. Dierig/Wetzel

Atomstroms kompensieren, müssen weiter ausgebaut werden.[18] Damit kommt es eben nicht zu einer Drosselung der CO_2-Emmissionen, sondern zu ihrer Steigerung! Der deutsche Beitrag zum *Kyoto-Protokoll*, das auf eine Reduzierung dieser Emissionen setzt, ist demnach kontraproduktiv. Die hysterische Reaktion der deutschen Öffentlichkeit auf die Ereignisse in Fukushima ist beispiellos einmalig und in gewisser Weise irgendwie negativistisch.[19] Sie ist aber auf jeden Fall irrationalistisch, weil sie Ursache-Wirkungsweisen in geradezu endzeitliche Untergangsvisionen umdeutet. „Viele Menschen unterliegen der Täuschung, dass sich genau während ihrer Lebensspanne die allerwichtigsten Ereignisse abspielen".[20] Diese selbstbezogene Einschätzung resultiert wahrscheinlich aus der Aufklärung – mehr noch aus dem gnostischen Projekt im Aufbruch zur Moderne: Das Individuum muss sich selbst Gott und die Welt erklären und es kann dies nur innerhalb einer (nämlich *seiner*) Lebensspanne tun. Das bedeutet: alles, was um uns herum passiert, bekommt

---

(2011): 9. Rechnerisch betrachtet liefern allein etwas mehr als drei Atomkraftwerke aus Frankreich den notwendigen Strom zur Kompensation für den deutschen Bedarf täglich. Vgl. Wetzel (2011a): 9. – Bis zum Jahr 2011 stellten die erneuerbaren Energieträger auf dem deutschen Markt nur rund 16 Prozent der Energieerzeugung, davon die Windkraft mit 6 Prozent noch den größten Anteil, während die Photovoltaik (obwohl hochgradig subventioniert) nur knapp 2 Prozent beisteuerte. Vgl. Kleinknecht (2011): 31.

18   Bis zur radikalen Änderung in der Energiepolitik durch die Bundesregierung unter Merkel im Frühjahr 2011 kamen 50 Prozent des Stroms, den die deutsche Industrie benötigt, aus der Atomenergiegewinnung, 40 Prozent aus der Braunkohle und nur 10 Prozent aus Wasserkraft! Die Einspeisung von Sonnenenergie spielt bis dato für die deutsche Wirtschaft so gut wie keine Rolle, obwohl Deutschland derzeit etwa 50 Prozent aller weltweit betriebenen Photovoltaikanlagen besitzt – mit einem Subventionsgegenwert von 28 Milliarden Euro! – Vgl. Vahrenholt (2009): 3, ebenso Kleinknecht (2011): 32.

19   Die extrem negative Berichterstattung in Deutschland erklärt sich aber auch dadurch, dass in den deutschen Medien in den letzten 20 Jahren eine bemerkenswert einseitige Personalentwicklung stattgefunden hat, was die Perspektive auf ökologische Interpretation angeht. – Vgl. auch Kepplinger (2011): 2.

20   Reichmuth (2010): 25. Insbesondere die deutsche Anti-Atomkraftbewegung hat sich hier stets von einem die Sachfrage dramatisch-verkürzenden, eschatologischen Grundtenor leiten lassen. – Vgl. zur Geschichte dieser Bewegung Radkau (2011a): 7ff. u. ders. (2011b).

eine besondere Signifikanz zugesprochen, weil die Einmaligkeit der Ereignisse eben nur *einmal* vom Individuum abgerufen werden kann! In einem generativen Bewusstsein, welches auf die ontologische Ordnung etwa der kollektiven Existenz verweist, würde diese heuristische Funktion zwar nicht ihre Gültigkeit komplett verlieren, sie würde aber deutlich relativiert, weil das erkenntnisfördernde Subjekt *sub specie aeternitatis* nicht zentral ist.

Bezogen auf die Frage der Klimaerwärmung bedeutet dies, dass eine Unterstellung, *alles* resultiere aus dem verhängnisvollen Umgang des Menschen mit seinen Ressourcenbedürfnissen und technischen Veränderungen an der *Natur*, eine Hypothese ist, die sich politisch sehr viel wirkungsvoller in Strukturveränderungen (auch Umverteilungspostulaten) abbilden lässt, als wenn man nur auf konkrete Rahmenbedingungen vor Ort (d.h. in einem spezifischen Raum-Zeitverhältnis) dringen würde. Die Totalität,[21] mit der die Klimafrage als eine sehr nahe Katastrophe für die Menschheit als Gattung behandelt wird, hat zugleich jedoch auch die Schwäche, dass diese Perspektive eben doch ganz unterschiedlich nach den jeweiligen Interessenslagen der nationalen Gesellschaften interpretiert werden kann.[22] Unbestreitbar ist, dass es besser wäre, wenn die In-

---

21 Wer die totale Reichweite der Klimaproblematik skeptisch in Frage stellt, etwa weil es (auch) Belege für einen natürlichen Wandel im erdzeitlichen Klima über die Jahrtausende gibt, ohne dass der Mensch hier signifikant mit Emissionen in Erscheinung getreten wäre (etwa Grönland oder die Vegetation, die man beim Rückgang der Alpinen Gletscher nach dem Verschwinden des Eises entdeckt hat), der wird als ein so genannter *Klimaleugner* schnell in die Ecke der Holocaustleugner gestellt. – Vgl. auch Reichmuth (2010): 41.

22 So zeigen auch gerade die globalen Klima-Konferenzen wie in *Kopenhagen* (2009) oder *Cancun* (2010) in schöner Regelmäßigkeit ein eher didaktisch anmutendes Spektakel an: „Es ist dieser ewige Kreislauf von Untergangsdrohung und Vergesslichkeit, neuer Dramatisierung und erneuter Vertagung des Untergangs, der die ungeheure Distanz schafft zwischen der reklamierten Gewichtigkeit der Klimadebatte und ihrer weitgehenden Folgenlosigkeit für den Lauf der Welt" (Graw 2010a: 3). – In der Tat ein seltsames dialektisches Vor- und Zurückspringen in der Selbstwahrnehmung der globalen Konstellation, die dieses Thema für alle Beteiligten (d.h. hier: die Menschheit) hat. Nur agieren die Beteiligten hierbei nicht als *Menschheit*, sondern als Nationen, die ihre Regierungen eigensüchtig ins Feld ziehen lassen. Im Grunde scheitern die

dustriegesellschaften ihr Wachstum nicht mit einem hemmungslosen Verbrauch nichterneuerbarer Energieressourcen organisieren würden. Doch woher sollen die Zukunftsträger in der Energiegewinnung bei den erneuerbaren Energien im großen Maße kommen?

Bioenergie, also aus agrarischen Produkten hergestellte Energie, kann angesichts der weltweiten Lebensmittelverknappung und -verteuerung nicht die Lösung sein. Derzeit verbrauchen allein die USA ein Sechstel der weltweiten Maisbestände, um die Autos mit Biosprit zu versorgen. Diese Menge würde ausreichen, um 350 Millionen Menschen ein Jahr lang zu versorgen![23] Allein die Menge, die nötig ist, um zwei Tankfüllungen von je 60 Liter mit reinem Biosprit abzudecken, würde ausreichen, um einen Menschen ein ganzes Jahr lang ernähren zu können! Würde man in den USA den Benzinbedarf der Autofahrer komplett auf Biosprit umstellen, dann müsste die gesamte Mais- und Sojaernte der Nation dafür vollständig verbraucht werden![24]

Solarenergie ist zwar dauerhaft vorrätig, jedoch nicht in allen Regionen in der gleichen Intensität. Zudem ist diese Energiequelle bisher extrem kostenintensiv. In den USA ist der Marktpreis für eine Energieeinheit, die durch Sonne oder Wind erzeugt wird, fünfmal so hoch wie bei der Einheit, die durch Gas, Öl oder Atomkraft generiert wird. Wollte man den kalifornischen Energiebedarf beispielsweise allein durch Sonnenenergie erzeugen, so müsste man ganz Kalifornien mit Sonnenkollektoren ausstatten.[25] Deutschland ist weltweit einer der Vorreiter in der

---

handelnden politischen Akteure an der Komplexität des Themas, nämlich „gleichzeitig Fortschritte bei der Verbesserung der Energieversorgungssicherheit und bei wirtschaftlichen sowie ökologischen Zielen erreichen" zu wollen, die sich teilweise in der Entscheidungskonsequenz widersprechen. – Hier zit. n. dem Befund der *Internationalen Energie-Agentur* (IAE) bei Wetzel (2012): 9.

23   Vgl. Lomborg (2011): 2.
24   Vgl. ebd.
25   Vgl. Sorman (2011): 2. – Das grundsätzliche Problem bei den erneuerbaren Energien ist ihre derzeit hohe Subventionsabhängigkeit. Weltweit betrug 2011 die Ökostromsubventionierung durch die öffentlichen Haushalte schon 88 Mrd. US-Dollar, bis 2035 rechnet hier die IEA mit einem Anstieg auf 240 Mrd. Alleine erneuerbaren Energieträger, inklusive der Biokraftstoffe, werden dieser Berechnung zufolge bis 2035 weltweit mit einer Summe von 4,8 Billionen US-Dollar subventioniert sein! – Vgl. Wetzel (2012): 9.

Nutzung der Sonnenenergie, obwohl die Sonnenintensität im Jahres-
durchschnitt nur der von Alaska entspricht! Das Ergebnis ist entsprechend bescheiden: „Ineffiziente, nicht wettbewerbsfähige Solartechnolo-
gie auf den Dächern eines ziemlich bewölkten Landes, die unbedeutende
0,1 Prozent der gesamten Energieversorgung in Deutschland liefert und
die Auswirkungen der Erderwärmung im Jahr 2100 um sieben Stunden
hinauszögern wird", urteilt ein Kritiker der bisherigen Umwelt- und Sub-
ventionspolitik.[26]

Auch die Intensivierung der Nutzungsmöglichkeiten der *Windenergie*
ist zunächst einmal sehr kostenintensiv. Der Strom, der hierbei gewonnen wird, muss mit neuen Leitungssystemen direkt an die Verbraucher,
vor allem an die stromintensive Wirtschaft in Mittel- und Süddeutsch-
land weitergeleitet werden.[27]

Wenn man also die Kernenergie nicht will, was jedoch nach Fukushima nur in Deutschland so deutlich der Fall ist, dann kann man derzeit
den Energiebedarf nur mit den herkömmlichen Kohlekraftwerken weiterhin einigermaßen kostengünstig organisieren. Trotz aller Bekenntnisse
zum Kyoto-Protokoll hat weltweit der Ausstoß von CO_2 zugenommen.
Das CO_2 problematisch ist in den Emissionen, ist eigentlich unstrittig.
Entscheidender ist die Frage, wie hoch diese Wirkung zu veranschlagen

---

26 Lomborg (2011): 2.
27 Bis zur Fukushima-Katastrophe existierte in Deutschland nur ein einziger
Offshore-Windpark (*Alpha Ventus*) in der Nordsee. – Vgl. Exner (2011): 6.
Nach dem derzeitigen Stand der Dinge müssten in Deutschland ca. 4.000 Kilometer neu mit Hochspannungsleitungen ausgelegt werden. Bei diesen Hochspannungsleitungen handelt es sich um 380-KV-Leitungen, die Masten hierzu
sind bis zu 75 Meter hoch. Eine systematische Verlegung unter die Erde
kommt für ein so dicht besiedeltes Gebiet wie die Bundesrepublik nicht in
Frage. Bisher existiert auch nur eine Teststrecke in Berlin mit 5 Kilometer
Länge. Das Erdreich um diese Kabel herum kann bis zu 20 Grad erhitzt werden, die Auswirkungen auf die Fauna sind also beträchtlich. Gebäude dürfen
erst in einem Abstand von 50 bis 80 Metern stehen. Der bürgerliche Widerstand, der sich gegen einen Ausbau der Hochspannungsleitungen über der
Erde massiv äußert, wird sich also kaum auf eine Technologie unter der Erde
umleiten lassen. Die Kosten wären auch viel zu groß: gegenüber der Freiluft-
leitung (mit 1,5 Millionen Euro pro Kilometer) ist die unterirdische Verlegung
mit 10 Millionen Euro einfach zu teuer. – Vgl. Vitzthum (2012): 5.

ist. China (24 Prozent) und die USA (18 Prozent) erzeugen zusammen fast schon die Hälfte der weltweiten Treibhausgase.[28] Selbst Südafrika, 2011 Ausrichter für den Klimagipfel in Durban, ist jedoch (wie so viele andere Schwellenländer auch) kein Vorbild für den Klimawandel, wird doch gerade hier das viertgrößte Kohlekraftwerk der Welt gebaut.[29] Kohle ist eben billiger als viele andere Rohstoffe für die Energiegewinnung.

Paradoxerweise war und ist es gerade der Atomstrom, der keine schädlichen Emissionen in die Umwelt entlässt. So lange nichts passiert (wie in *Fukushima*, *Harrisburg* oder *Tschernobyl*), ist die Nutzung der Kernenergie eine saubere Technologie. Die Kosten für die Erstellung einer Kernenergieanlage sind zwar auch hoch, dafür ist die Nachhaltigkeit der Nutzung relativ lang und die Investitionen haben sich in zeitlicher Perspektive schnell amortisiert. Europa bleibt auch ungeachtet der Entscheidung in Deutschland ein Zentrum in der weltweiten Nutzung der Kernenergie. Bis dato hat sich keine andere Region auf der Welt dieser Technologie derart stark verpflichtet.[30] Gerade deshalb wirkt die deutsche Kehrtwende nach Fukushima wie das Verhalten der US-Kavallerie im Indianerland: Man igelt sich in einer Wagenburg ein, obwohl man

---

28 Vgl. Ehrenstein (2011): 14.
29 Vgl. ebd.
30 In Deutschland betrug der Anteil der Stromgewinnung aus der Kernenergie bis zum Ereignis von Fukushima etwa 23 Prozent. Für die EU-Mitgliedstaaten sind dies in der Regel sogar über 30 Prozent. Frankreich ist mit 59 Atomkraftwerken der Spitzenreiter in dieser Technologie. Auch das Europäische Parlament hat im Oktober 2007 bei einer Abstimmung mit der deutlichen Mehrheit von 509 zu 183 Stimmen für die Beibehaltung der zivilen Nutzung der Kernenergie plädiert. Die Ziele der Klimapolitik, die Verringerung der Treibhausgasemissionen, sind anders nicht zu erreichen. – Vgl. Wetzel (2011b): 6. Auch für die amerikanische Regierung bleibt die Nutzung der Kernenergie ein systematisches Anliegen für die nahe Zukunft. Zwei Jahre nach Fukushima steigen die Umsätze in der Kernkraftindustrie weltweit wieder. Alle derzeitigen 30 Betreiberländer werden ihre Anlagen für die nächsten 40 bis 60 Jahre weiter unterhalten. Sieben Länder kommen mit neuen Atomkraftwerken hinzu, darunter die Vereinigten Arabischen Emirate, die Türkei, Saudi-Arabien und Vietnam. In Argentinien, China, Schweden, Brasilien, Kanada sowie Südafrika werden neue AKWs in Angriff genommen. Die USA, Großbritannien, Russland, Taiwan, Ungarn, Indien und Finnland halten an ihren Ausbauplänen fest. – Vgl. Ridderbusch (2012): 14 u. Wetzel (2013): 16.

doch, wenn etwas außerhalb der *atomfreien Zone* Deutschlands passieren würde, ebenso davon betroffen wäre. Ein Gau in dem französischen Atomkraftwerk im Elsass hätte auch dramatische Folgen für die Bevölkerung in Berlin.

Das eigentliche Dilemma der globalen Klima-Politik liegt aber auch gar nicht im Umgang mit der Kernenergie begründet, sondern resultiert aus dem ökonomischen Wachstumshunger der Industrienationen und der aufstrebenden Schwellenländer, die es ihnen gleich tun wollen. Insofern kommt es im 21. Jahrhundert auch nicht auf Deutschland an (und auch nur noch bedingt auf die EU-Staaten insgesamt),[31] sondern immer entscheidender wird, wie sich Indien und China zur Klimafrage verhalten. Bezeichnenderweise haben China und die USA das Kyoto-Protokoll zur Begrenzung der Schadstoffemissionen nie ratifiziert. Mittlerweile ist das Protokoll (2012) ausgelaufen. Seine Fortführung in den Verpflichtungszielen ist nicht gesichert. China definiert sich immer noch als ein Entwicklungsland und pocht dementsprechend auf ein Wachstum im Ressourcenverbrauch, wie dies ganz selbstverständlich im historischen Prozess der Industrialisierung die heute führenden Wirtschaftsmächte vorgemacht haben.

Doch China hat, obwohl das Land bereits jetzt den größten Anteil an den globalen Emissionen aufweist, kein Interesse daran, hier ökologisch Rücksichten zu nehmen, denn dies würde eine Verschlechterung der chinesischen Wettbewerbsbedingungen gegenüber den USA bedeuten.[32] Der amerikanische Präsident wiederum kann sich keine nennenswerten klimarelevanten Initiativen erlauben: die republikanische Mehrheit im Senat und die allgemeine Wirtschaftslage zwingen ihn zu ganz anderen Prioritäten in der Politik. Das Dilemma jeglicher Klimapolitik ist eben die Konkretisierung der Maßnahmen in einer je aktuellen politischen

---

31   Im Hinblick auf das Kyoto-Protokoll haben Deutschland und die übrigen EU-Staaten ihre Hausaufgaben erfüllt, eine CO_2-Reduktion von beachtlichen 26,5 Prozent erreicht. Doch das, was die EU-Mitgliedsstaaten sowie Länder wie die Schweiz, die Ukraine, Kroatien, Kasachstan, Weißrussland, Norwegen und Australien, die allesamt das Kyoto-Protokoll fortsetzen wollen, an Emissionen ausmachen, macht weltweit nur etwa 15 Prozent der globalen Treibhausgase aus! – Vgl. Hillmer (2012): 20.

32   Vgl. Graw (2010b): 7.

Perspektive, die doch (bei diesem Thema) weit über den Horizont der jeweils herrschenden Regierungen hinausgeht. Selbst wenn man bei manchen Regierungen, wie etwa der deutschen Bundesregierung, ein geradezu enthusiastisches Bekenntnis zur Bedeutung der Klimapolitik konstatieren kann, so bleibt doch der Ertrag aller eingeleiteten Maßnahmen und Proklamationen nur gering. Die erneuerbaren Energien haben global im Jahr 2010 nur einen Anteil von 1,8 Prozent im weltweiten Energieverbrauch abgedeckt! Der Anteil bei der globalen Stromerzeugung lag bei lediglich 3,3 Prozent.[33] Demgegenüber sind bis zum Jahr 2011 ca. 50 Prozent an Emissionen weltweit hinzu gekommen, verglichen mit dem Wert von 1990![34] All die schönen Klimaverhandlungen der letzten 20 Jahre haben nichts weiter erbracht als eine Reduzierung des Temperaturanstiegs um 0,5 Prozent! Bleibt es dabei im Verlauf des 21. Jahrhunderts, dann wäre am Ende nur eine Reduzierung des Temperaturanstiegs um ein Zweihundertstel Grad Celsius zu bilanzieren. Der Anstieg der Meeresspiegel würd sich dadurch nur um einen Millimeter verringern![35]

Insofern ist es einigermaßen befremdlich, mit welcher Inbrunst die Bundesregierung und alle Parteien im deutschen Parlament die Wende in der Energiepolitik diskutieren und organisieren. Die erklärten Ziele bleiben utopisch, sind jedoch von den Kosten, die verursacht werden, immens. Gerade in der Klimapolitik manifestiert sich daher eine ungleiche Gleichzeitigkeit – und zwar in Bezug auf die *Erkenntnis* und die *Folgen*: Politiker treffen heute Entscheidungen, deren Relevanz erst in ein paar Jahrzehnten (2040, 2050 etc.) wirkungsmächtig wird – oder eben nicht. Diejenigen, die solche Entscheidungen *heute* treffen (mit dem normativen Anspruch auf Über-Übermorgen) sind dann alle schon längst abgewählt oder tot!

Literatur

Altmann, Jörn (1997): Umweltpolitik. Daten, Fakten, Konzepte für die Praxis. Stuttgart.

---

33 Vgl. Nicolai (2011): 9.
34 Vgl. Lomborg (2012): 2.
35 Vgl. ebd.

Bovet, Philippe (Hrsg. u.a. / 2008): Le monde diplomatique – Atlas der Globalisierung. Spezial / Klima. Berlin.

Clauss, Ulrich (2011): Das Internet als Klimakiller. In: Die Welt (25. Mai 2011) S.22.

Dierig, Carsten / *Wetzel*, Daniel (2011): Deutschland braucht Atom-Hilfe. In: Die Welt (5. April 2011) S.9.

Eder, Florian / *Kulke*, Ulli (2013): Rückschlag für Klimaschützer. In: Die Welt (21. September 2013) S.11.

Ehrenstein, Claudia (2011): Neue Runde im Kampf gegen die Erderwärmung. In: Die Welt (28. November 2011) S.14.

Exner, Ulrich (2011): Wo der Wind weht. In: Welt am Sonntag (3. April 2011) Nr.14, S.6.

Graw, Ansgar (2010a): Was kann Cancun? In: Die Welt (3. Dezember 2010) S.3.

Graw, Ansgar (2010b): Wie rettet man die Welt? In: Die Welt (7. Dezember 2010) S.7.

Hillmer, Angelika (2012): Reden über das Klima. In: Die Welt (26. November 2012) S.20.

Kepplinger, Mathias (2011): Phantomangst Atomangst. In: Die Welt (11. April 2011) S.2.

Kleinknecht, Konrad (2011): Abkehr vom Klimaschutz? In: Aus Politik und Zeitgeschichte 61 (14. November 2011) H.46-47, S.29-36.

Kulke, Ulli (2013): Schwieriger Wandel. Klimarat ringt um Formulierungen im neuen Bericht. In: Die Welt (26. September 2013) S.22.

Lomborg, Bjørn (2011): Grün ist der Hunger. In: Die Welt (31. März 2011) S.2.

Lomborg, Bjørn (2012): Das andere Doha. In: Die Welt (19. Dezember 2012) S.2.

Lomborg, Bjørn (2013): Die Grenzen der Panik. In: Die Welt (26. Juni 2013) S.2.

Rabe, Werner (1990): Die Erde im Fieber. Die Folgen von Ozonloch und Treibhauseffekt. Göttingen.

Radkau, Joachim (2011a): Eine kurze Geschichte der deutschen Antiatomkraftbewegung. In: Aus Politik und Zeitgeschichte 61 (14. November 2011) H.46-47, S.7-15.

Radkau, Joachim (2011b): Die Ära der Ökologie – Eine Weltgeschichte. München.

Reichmuth, Alex (2010): Immer wieder Weltuntergang. Ökoszenarien hinterfragt. Berlin/Münster.

Reiten, Eivind (2006): Strom aus Wissen. In: Die Welt (25. April 2006) S.8.

Resenhoeft, Thilo (2012): Klimawandel schafft Extreme. In: Die Welt (27. März 2012) S.22.

Ridderbusch, Katja (2012): Neue Liebe zur Atomenergie. In: Die Welt (21. Februar 2012) S.14.

Scholz, Imme (2006): Ökologischer Fußabdruck und »asiatische Elefanten«. In: Globale Trends 2007. Frieden, Entwicklung, Umwelt. Hrsg. v. T. Debiel u.a.. Frankfurt a.M., S.329-344.

Schönwiese, Christian-Dietrich (1994): Klima im Wandel. Von Treibhauseffekt, Ozonloch und Naturkatastrophen. Hamburg.

Sorman, Guy (2011): Jenseits von Fukushima. In: Die Welt (23. Juli 2011) S.2.

Welt-Wissen (2013a): WWF – Ressourcen für 2013 sind aufgebraucht. In: Die Welt (21. August 2013) S.20.

Welt-Wissen (2013b): Begrenzung von CO_2 schnell nötig. In: Die Welt (13. Mai 2013) S.20.

Wetzel, Daniel (2011a): Kosten außer Kontrolle. In: Die Welt (16. November 2011) S.9.

Wetzel, Daniel (2011b): Europa ist abhängig vom Atomstrom. In: Die Welt (14. März 2011) S.6.

Wetzel, Daniel (2012): Die Energie fließt künftig aus dem Westen. In: Die Welt (13. November 2012) S.9.

Wetzel, Daniel (2013): Kernenergie ist international wieder gefragt. In: Die Welt (9. März 2013) S.16.

Vahrenholt, Fritz (2009): Abschalten? Nein Danke! In. Die Welt (7. Februar 2009) S.3.

Vitzthum, Thomas (2012): Die Energiewende lässt sich nicht vergraben. In: Die Welt (17. November 2012) S.5.

Vorholtz, Fritz (1995): Die Lunte brennt schon. In: Die Zeit (10. März 1995) S.50.

Nachwort

Was bleibt als Fazit nach der Erörterung all der hier genannten Phänomene und Probleme? – Mit *einem Fazit* allein ist es nicht getan. Im Grunde zeigen die 14 Kapitel jeweils für sich schon entsprechende Resümees an. Als systemischer Aspekt der Globalisierung tritt in der Verbindung der Themen die Krisenanhäufung zentral hervor. Aber auch davon sind die Menschen ganz unterschiedlich betroffen, je nach Land, Einkommensstandard und ökologischer wie zivilgesellschaftlicher Sicherheitslage. So sehr die Klima-Frage alle beschäftigt oder betrifft, so wenig wird hierbei jedoch an einem gemeinsamen Strang gearbeitet. Auch der Klimagipfel in Katar hat dies zum Ende des Jahres 2012 wieder gezeigt. Die Szenarien der Apokalypse werden immer dröhnender formuliert, was dazu führt, dass neben Sachargumenten auch massive politische Übertreibungen stattfinden, an Idealisierungen ist ohnehin kein Mangel. Die Zeit der alles verheißenden Lösungen ist eigentlich vorbei. Die Industriestaaten werden im Wettbewerb mit den Schwellenländern weiterhin die fossilen Energieträger beanspruchen

Das Thema *Klima-Politik* zeigt damit anschaulich, wie der Nationalstaat auf eine globale Politikperspektive reagiert: Im Zweifelsfall (wegen der Kosten) zugunsten der eigenen Steuerzahler. Für eine globale Politikagenda ist damit der Nationalstaat nicht die Lösung, sondern der Grund des Problems. Aber alle Universalisten dürfen sich hier nichts vormachen: So lange es um eine demokratische Legitimierung von staatlicher Politik geht, ist und bleibt der Staat im Rahmen der Nation die entscheidende Größe.[1] Allerdings wird die Handlungs- und Entscheidungsfähigkeit des Nationalstaats immer deutlicher begrenzt: Nicht nur an den Börsen produzieren die Marktbedingungen unterschwellig eine Notwendigkeit zur Vereinheitlichung. Die Krise des *Euro-Raumes* ist daher nur dem Namen nach eine Krise der Währung, strukturell ist sie eine Krise der unausgegorenen, weil nicht entscheidungsfähigen Institutionen und nationalstaatlicher Eigenvorbehalte. Die Fliehkräfte und Dynamiken der Globalisierung dekonstruieren die nationalen Selbstbezüge, aber sie ermöglichen noch keine sinnvoll identifizierbaren neuen politischen Le-

---

1   Das räumt (immerhin) auch Höffe ein (2008): 390.

gitimationsmuster, mit denen alle (d.h. Gewinner wie Verlierer) im globalen Geschehen einigermaßen zufrieden sein könnten.

Die (europäische) Form von Staatlichkeit scheint hierbei durchaus nicht auf der Gewinnerseite zu sein. Somalia als Failed State muss nicht die Ausnahme, sondern mag durchaus zur Regel werden in einer globalisierten Welt,[2] in der territoriale und soziale Fragmentierungen von Ordnungsansprüchen mittels modernster Technologie mit Gewalt behauptet und umgesetzt werden können. Die Schattenwelt jenseits des Staates ist in der Globalisierung stärker denn je. Historisch trat dieser Effekt immer auf, waren die *Schatten* stets mit präsent in den Sozialordnungen und Kulturen der Welt. Ihre wechselseitige Verbindung untereinander, über Kontinente hinweg, ist die neue Dimension, welche die Globalisierung mit sich bringt.[3] Man kann durchaus in den Netzwerken der Schatten eine anthropologische Grundströmung verorten, die ganz unabhängig ist von der jeweiligen politischen Kultur.[4] Gerade weil die Gewinne in der Illegalität hoch sind und viele der eigentlichen Gewinner dieser Strukturen im Hintergrund bleiben, haben es die Regelwerke des Staates so schwer in ihrer Anerkennung. Gewaltformationen schaffen Fakten jenseits der Ansprüche des Rechtsstaates – besonders in weiten Teilen der Dritten Welt.

Insofern ist die Konstellation für die Ordnungsansprüche staatlicher Institutionen in der Globalisierung geradezu paradox: Einerseits wirken sie normativ mit einem universalen Anspruch wie nie zuvor und verlangen nach einer systematischen Verrechtlichung, an deren Ende, wenn schon nicht der Weltstaat als Vernunftsystem, so doch zumindest regionale supranationale Foren der Herrschaftsverdichtung stehen müssten, andererseits jedoch wird genau diese normative Tendenz faktisch entzaubert doch fortwährende Aushöhlungen und Durchbrechungen eben dieser Legitimationsebene. Die Paradoxie der globalen (postmodernen)

---

2 Vgl. auch Heyer (1997).

3 Schätzungen zufolge beträgt der Gewinn im internationalen Drogenhandel weltweit pro Jahr mehr als 8 Prozent (= ca. 500 Milliarden Dollar) im Anteil am Welthandel. Das entspricht in etwa den Einnahmen im globalen Öl- und Gasgeschäft und ist höher z.B. als der Gewinnanteil im internationalen Automobilverkauf! – Vgl. Iwanow (2010): 6.

4 Vgl. Nordstrom (2005): 25.

Situation besteht demzufolge in der Signatur einer schleichenden Nicht-signifikanz des Staates. Die staatlichen Sinnansprüche dekonstruieren sich selbst in ihren normativen Verheißungen, weil sie (nicht nur im Falle Griechenlands) *ihre* Funktionen nicht mehr erfolgreich wahrnehmen können. Wer nun eine neue große Erzählung für die Institution *Staat* einfordert,[5] der übersieht, dass wir gegenwärtig das Ende eben jener großen Erzählung des westlichen Ordnungsmodells erleben. Eine neue große Erzählung findet zeitgleich anderswo statt – nur ist sie eben keine europäische oder westliche Erzählung mehr, sondern eine islamische bzw. konfuzianische. Diese *neue Erzählung* handelt dann von der Frage, wie ein tendenziell kapitalistischer Markt bei gleichbleibender ideologischer Autorität der Regierung und ihrer Gewaltansprüche funktioniert – ohne hierbei das großgeschriebene Individuum als den entscheidenden Handlungsakteur für die Legitimation der Ordnung zu bemühen? Oder – mit Blick auf Mekka bzw. Teheran – wie gestaltet man ein kollektives Bewusstsein ohne rationalistische Ansprüche auf individuelle Rechte?

In der Kontrastierung verschiedener kultureller Paradigmen, die um eine universale Deutungshoheit ringen, sah Toynbee den *Rhythmus des Zerfalls*, die jeweilige Sammlung der Kräfte in Form von Machtzentren und ihre jeweilige Zerschlagung bzw. Durchbrechung. Deren dialektische Formierung mache dann eben den Gang in der Weltgeschichte aus.[6] Wem das zu hegelianisch ist, der wird seine Antworten beim kantischen Rationalismus suchen, der aber dann eben auch nichts anderes ist als ein weiteres (idealisierendes) Angebot des Westens. Genau diese Art von rationalistischer Selbstzuschreibung ist in und mit der Globalisierung problematisch geworden.

Insofern ist das westliche Projekt (Staat, Demokratie, Individualismus) in eine Krise gekommen. Der Kern dieser Krise besteht nicht einfach in der Anfeindung dieses Projekts, sondern in der Interpretation bzw. Leugnung, dass es gar keine Krise gäbe. Die liberale Gesellschaft macht sich hier etwas vor, wenn sie meint, dass es keine *Feinde* mehr gibt. „Die westliche Welt leidet an einer Krankheit, die aus dem Glauben kommt, an das Ende der Geschichte gelangt zu sein", konstatiert André

---

5   Vgl. Münkler (2010): 54.
6   Vgl. Toynbee (1979): Bd.1, 708ff.

Glucksmann:[7] „Wenn man sich aber am Ende der Geschichte wähnt, hat man keinen wirklichen Feind, existiert kein wirkliches Risiko mehr." Insofern ist die hegelsche Version vom Ende der Geschichte, wie sie Fukuyama geliefert hat, tatsächlich eine Ankündigung über das Ende der westlichen Welt. Es fällt ihr nichts mehr Neues ein. Nur die Fortschreibung ihrer selbst zu einem Programm für die Ewigkeit. Das ist ein Projekt des Todes bzw. der Totgeweihten: Wenn keine Progression mehr da ist und nichts Neues gesehen wird, dann befindet sich eine solche Gesellschaft als Kultur im Endzustand. Und so sehen die großen Fragen der westlichen Politik auch aus: Verteilungskämpfe zur sozialen Ordnung – aber nur im Binnensystem ihrer abgeschotteten Sozialstaatsexistenz. Die Parteien machen sich dann etwas vor, wenn sie meinen hier *sachgerecht* zu verhandeln. Tatsächlich geht es ihnen nur um den Kontrakt mit den Besitzenden, nicht mit den Habenichtsen dieser Welt. Was zählt ist die regionale und lokale Integrität der Interessen. Deshalb findet die Globalisierung paradox statt – nämlich in Form eines örtlichen Handlungsbewusstseins.[8] Das aber ist fast schon wieder so etwas wie eine Universalie.

Literatur

Glucksmann, André (2011): Der Ausgang bleibt offen. Der Pariser Philosoph über Neonazis, Europa und Arabellion. In: Die Welt (1. Dezember 2011) S.8.

Heyer, Sonja (1997): Bedingungen von Staatsbildung und Staatszerfall in Somalia. Überlegungen zu einer Theorie des temporären Staates. In: WeltTrends (1997) Nr.14, S.81-96.

Höffe, Otfried (2008): Vision Weltrepublik. Eine philosophische Antwort auf die Globalisierung. In: Rechtsphilosophie im 21. Jahrhundert. Hrsg. v. W. Brugger u.a. Frankfurt a.M., S.380-396.

---

7   Glucksmann (2011): 8.

8   Originell auf den Punkt gebracht hat dies der Dritte-Welt-Forscher Ingolf Ahlers „Man redet bei uns über die Globalisierung und es gibt kein globales Bewusstsein. Da sind wir wieder bei der Kulturfrage: Kann es überhaupt ein globales Bewusstsein geben? Vielleicht ist der Satz richtig: All politics and all identities are local, local, local! Ich werde kein Japaner, wenn ich Sushi esse." – Hier zit. n. Lawendel (2008).

Iwanow, Viktor (2010): Global den Drogenhandel bekämpfen. In: Die Welt (16. November 2010) S.6.

Lawendel, Christian (2008): Der besondere Prof. Ein Interview mit Ingolf Ahlers. In: NullFünfElf (2008) Ausgabe 10. Unter: www.nullfuenfelf.com/magazin /ausgabe-10-08/der-besondere-prof---ingolf-ahlers.html (aufgerufen am 20. Juni 2013).

Münkler, Herfried (2010): Regierungsversagen, Staatsversagen und die Krise der Demokratie. In: Berliner Republik (2010) H.5, S.48-55.

Nordstrom, Carolyn (2005): Leben mit dem Krieg. Menschen, Gewalt und Geschäfte jenseits der Front. Frankfurt/New York.

Toynbee, Arnold J. (1979): Der Gang der Weltgeschichte. Bd.1 – Aufstieg und Verfall der Kulturen. 3. Aufl. München.

Register

Aktuelle Probleme moderner Gesellschaften
Contemporary Problems of Modern Societies

Herausgegeben von / Edited by Karl-Heinz Breier, Peter Nitschke, Corinna Onnen

www.peterlang.com